# 金融リテラシー入門
## 基礎編

幸田博人／川北英隆 [編著]

株式会社ニッセイ基礎研究所 [協力]

# Introduction to Financial Literacy

一般社団法人 金融財政事情研究会

# は じ め に

　「金融リテラシー」の大学生向けの教科書を作成しようと思い立ったきっかけは、筆者（幸田博人）と京都大学経営管理大学院の川北英隆特任教授（京都大学名誉教授）との共同で、2019年10月から京都大学経済学部において、「金融リテラシー」の講義を行ったことによる。京都大学で「金融リテラシー」の講義が行われるのは初めてであり、通常、経済学部の講義は、1・2回生は基礎科目中心で、専門科目は3・4回生に行うという枠組みである。そうしたなか、本「金融リテラシー」の講義は、2・3・4回生が履修可能ということで、幅広く学生が学ぶことが可能な形態として用意されたものである。私としては、こうした講義を行うことを通じて、学生が基礎的な「金融リテラシー」に係る素養を学んでいくとともに、日本の社会・経済構造の今後の大きな変化のなかで、個々人にとって、「金融リテラシー」が将来のライフプランのなかでいかに重要なのか、そうした問題意識を醸成していくことも期待したものである。

　2019年後期に行った京都大学での「金融リテラシー」の講義には、250人を超える多数の学生の履修登録があった。これは、当時話題となったいわゆる2,000万円問題の直後の講義スタートということもあり、学生の関心がきわめて高かったという背景もあった。14回の講義に、金融庁や金融機関などの外部の専門家を多数（10人）お招きして、現場にある「金融リテラシー」に係る問題意識を直接講義に取り入れることをねらいとした。また、学生にとって、この「金融リテラシー」の課題が、日本社会の将来の発展にとっていかに重要であるかを認識しつつ、リテラシーの水準が簡単には底上げされていかないだろうということも理解されることとなった。

　この講義を通じて、編者（幸田・川北）としては、「金融リテラシー」に関するある程度体系的な内容について、若い方々の共通理解が得られるように、地道に基盤を整えていくことが、きわめて大事なことではないかとの共通認識を有することとなった。2020年度以降も、京都大学での「金融リテラ

シー」の講義は継続的に行うことが予定されている。そうしたなかで、講義録そのものの書籍化というよりは、むしろ、大学生向けに体系的な教科書としての書籍を作成することが、こうした「金融リテラシー」に係る基盤を整えていくことに通じるのではないかと考えた次第である。こうした観点もふまえると、教科書としての「金融リテラシー」は、基礎的なことをきちんと学んだうえで、そのベースから発展する応用的な課題、たとえば、資産運用の高度化、金融テクノロジーである FinTech をめぐる状況変化であるとか、高齢化のなかでの金融ジェロントロジー（老年学）問題などについての理解を、さらに深めていくことがよいのではないかと考えた。全体として、ややボリュームの多い内容となることは、編者としてやや忸怩たるところもあるが、内容の多面性にも鑑みて、「基礎編」と「応用編」の2分冊方式とした。第1分冊としての「基礎編」には、「金融リテラシー」とは何か、なぜ「金融リテラシー」は必要なのか、ということについて、繰り返し、「金融リテラシー」の意味を探っていくようにしたものであり、主に基礎的な内容から構成したものである。保険リテラシー、資産運用、そして「金融教育」という基礎的な「金融リテラシー」に係る事項も、あわせて整理したものである。後述する「「基礎編」のねらいと構成について」を参照されたい。なお、第2分冊の「応用編」とあわせて、本書を熟読することが、「金融リテラシー」の全体像を理解するためには不可欠であることから、「応用編」についても、ぜひとも手にとっていただきたい。

　2020年に入った途端に生じた新型コロナウイルス（COVID-19）の広範囲な影響は、いまだに収まる見通しは立っていない。新型コロナウイルスがもたらす問題は、社会・経済の枠組みに大きな影響を与えつつ、新たな社会のあり方の構築に向けて大きな変化を生じさせている。また、日本においては、2020年代に入り、社会・経済構造の大きな変革期、転換期に、本格的に直面していくこととなる。具体的には人口減少・高齢化の加速、同時に地方の縮退など社会のあり方そのものに、どう立ち向かうか、すなわち社会・経済構造のあり方そのものが問われている。グローバル化の先行きの不透明さと自国中心主義の広がりのはざまのなかで、将来の道すじや方向感が定まり

2

づらい状況ともいえる。また、大企業停滞時代への突入、イノベーションへの取組みの遅れなど、日本が抱える構造的なさまざまな課題が突きつけられている。

「金融リテラシー」のなかで取り上げた資産形成などのテーマは、そうした社会・経済に係る構造上の問題から出てくる世代間格差や地域間格差の問題などとも、きわめて近接している。そういう意味においても、「金融リテラシー」を学んでおくことは、これから生じることとなる日本の社会・経済構造の大きな変貌が、日本の旧来型社会・経済システムに相応なる揺さぶりをかけてくるなかで、個々人にとってそれぞれの将来を考えるにあたっての材料になるものと思われる。また、そうしたリテラシーを学ぶことを通じてもたらされるであろう個々人の基礎的な共通認識が、日本の社会・経済構造の安定化にも通じることになりうると考えている。

足元、新型コロナウイルスの問題が明らかにした日本の旧来型社会・経済システム、特に、デジタル化の圧倒的な遅れは明確に認識され、行政や大企業の運営の仕組みそのものを、根本的に変えざるをえないこともはっきりしつつある。そうした大きな環境変化のなかで、「金融リテラシー」というものの重要性を日本国民が十分に認識して、ライフプランのなかでの金融と積極的にかかわり、資産形成に向けたアクションをとることで、日本全体の強みに変えていくことが大切となろう。ポストコロナ時代には、新しい働き方を前提に、「金融リテラシー」を有意義に活用した人生設計、あるいは人生100年時代を生き抜いていくことが求められる。

今回の「金融リテラシー」の2分冊での出版にあたっては、福本勇樹氏（ニッセイ基礎研究所）、森田宗男氏（金融庁）、加藤健吾氏（日本銀行）、増田剛氏（東京証券取引所）、山内恒人氏（慶應義塾大学理工学研究科）、佐藤雅之氏（金融庁）、安野淳氏（金融庁）、野尻哲史氏（合同会社フィンウェル研究所）、野村亜紀子氏（野村資本市場研究所）、松尾元信氏（金融庁）、髙橋則広氏（年金積立金管理運用独立行政法人（GPIF）前理事長）の本書作成に係るご協力に深く感謝を申し上げたい。また、「基礎編」の横ぐしを通す作業として、序章の作成および各章の冒頭の"まとめ"作成にご協力いただき、編集全体の

構成のサポートをいただいたニッセイ基礎研究所には、特に御礼を申し上げたい。

　あわせて、今次書籍化に伴い、有識者の方々に、「金融リテラシー」に係るコラムをお願いし、以下の皆様から深みのあるコラムのご寄稿をいただいた。「基礎編」の8名の方々（高田創氏、湯山智教氏、草鹿泰士氏、藤田和明氏、堀天子氏、奥野一成氏、松山直樹氏、河合江理子氏）、「応用編」の8名の方々（大澤佳雄氏、角田美穂子氏、大橋圭造氏、飯山俊康氏、吉永高士氏、門間一夫氏、大庫直樹氏、新井紀子氏）である。本書に少しでも視野の広がりがあるとすれば、こうしたコラムを通じてのさまざまな示唆が、きわめて参考になるところである。これらコラムからは、「金融リテラシー」に係るさまざまな視点の提示をいただいている。「応用編」の書籍の最後のまとめ部分（第9章）で、筆者からも、そうした論点について、少し触れて解説した。

　本書は、きんざい出版部の堀内駿さんの熱心なサポートとご協力なくして成立しなかったものであり、さらには、私の編集作業をサポートした黒田真一さんのご協力で実現したものであり、感謝している。

　冒頭ご紹介したように、もともとの京都大学の「金融リテラシー」の講義の内容が、本教科書作成の出発点であったことから、その講義に関しサポートいただいているみずほ証券株式会社に感謝するとともに、京都大学大学院経済学研究科長兼経済学部長の江上雅彦教授をはじめとする京都大学の皆様方のご支援に、御礼を申し上げる。また、この講義のゲスト講師として、多くの金融庁の方々にご参加いただいたことについても、金融庁としての強い問題意識に加えて、具体的な活動を積極的に進めていただいている一環として、本サポートに感謝したい。

　私は、社会人になってから通算36年にわたって金融機関で働いてきた。2018年7月からは縁あって、京都大学経営管理大学院特別教授としていくつかの講義を担当している。2019年に、「金融リテラシー」の講義を川北特任教授と共同で行い、これを契機にこうした教科書としての「金融リテラシー」の書籍を出版することができた。金融に携わってきたものとして、金融機能のベーシックな理解がさまざまな方々に広がることに、少しでもお役

に立てればと思う。

　本書籍は、できれば今後も改訂をしながら、長く若い方々の参考書籍になることを期待している。読者の皆様に、どこまでお役に立つのか、ぜひ、忌憚のないご意見を、私宛にお寄せいただければと思う。


幸田　博人

## 【執筆者紹介】

**幸田　博人**（こうだ　ひろと）　編著、「基礎編」のねらいと構成、各章序論

京都大学経営管理大学院特別教授・大学院経済学研究科特任教授
一橋大学経済学部卒。日本興業銀行入行、みずほ証券執行役員、常務執行役員、代表取締役副社長等を歴任。
現在（2018年7月〜）、株式会社イノベーション・インテリジェンス研究所代表取締役社長、リーディング・スキル・テスト株式会社代表取締役社長、株式会社産業革新投資機構（JIC）社外取締役、一橋大学大学院経営管理研究科客員教授、SBI大学院大学経営管理研究科教授など。
著書に、『日本企業変革のためのコーポレートファイナンス講義』（編著、金融財政事情研究会、2020年）、『プライベート・エクイティ投資の実践』（編著、中央経済社、2020年）、『日本経済再生25年の計』（編著、日本経済新聞出版社、2017年）、『金融が解る　世界の歴史』（共著、金融財政事情研究会、2020年）ほか。


**川北　英隆**（かわきた　ひでたか）　編著、第5章

京都大学名誉教授・同経営管理大学院特任教授
京都大学経済学部卒業、博士（経済学）。日本生命保険相互会社（資金証券部長、取締役財務企画部長等）、中央大学国際会計研究科特任教授、同志社大学政策学部教授、京都大学大学院経営管理研究部教授等を経て、現在に至る。
著書に、『株式・債券市場の実証的分析』（中央経済社、2008年）、『「市場」ではなく「企業」を買う株式投資』（編著、金融財政事情研究会、2013年）ほか。


**福本　勇樹**（ふくもと　ゆうき）　序章、各章序論

ニッセイ基礎研究所金融研究部主任研究員
2003年3月、京都大学総合人間学部卒業。2005年3月、京都大学大学院経済学研究科修了。2005年4月、住友信託銀行株式会社（現：三井住友信託銀行株式会社）入社。2014年9月、株式会社ニッセイ基礎研究所入社（2018年7月より現職）。

**森田　宗男**（もりた　ときお）　第1章

金融庁金融国際審議官

東京大学経済学部卒業。1985年、大蔵省（銀行局総務課）入省。国際通貨基金理事補、国際金融局総務課、証券局総務課調査室、金融企画局企画課および信用課、副大臣秘書官、国際通貨基金審議役を経て2007年より金融庁。金融庁監督局証券課長、同銀行第一課長、総務企画局国際担当参事官、同企業開示担当審議官、総括審議官、証券取引等監視委員会事務局長、金融庁総合政策局長を経て、現職。


**加藤　健吾**（かとう　けんご）　第2章

金融広報中央委員会事務局次長（日本銀行参事役）：執筆時

1987年日本銀行に入行。独Goettingen大学留学、考査局、フランクフルト事務所、経営企画室等に勤務、預金保険機構出向を経て、2017年に情報サービス局参事役兼金融広報中央委員会事務局次長就任。2019年10月より日本銀行函館支店長。


**増田　剛**（ますだ　つよし）　第3章

東京証券取引所金融リテラシーサポート部部長

1992年株式会社東京証券取引所入所。2010年「arrowhead」（世界最高水準の高速性・信頼性・拡張性を兼ね備えた売買システム）の稼働プロジェクトを推進。2013年より日本取引所グループ人事部にて、東証・大証の経営統合後の社内制度整備に携わり、2016年より人材育成部長。2017年より現職となり、金融経済教育、起業家育成プログラムおよび投資家層の裾野拡大を推進。


**山内　恒人**（やまうち　つねと）　第4章

慶應義塾大学理工学研究科特任教授。

1981年、東京都立大学理学部数学科卒業。1984年、慶應義塾大学大学院工学研究科修士課程修了、工学修士。2001年、筑波大学大学院経営科学研究科修士課程修了、法学修士。プルデンシャル生命保険株式会社、アクサ生命保険株式会社、（韓国）サムスン生命保険株式会社等を経て、現在に至る。日本アクチュアリー会正会員。

**佐藤　雅之**（さとう　まさゆき）　第6章

金融庁総合政策局リスク分析総括課リスク分析総括調整官
慶應義塾大学経済学部卒業。2005年、金融庁入庁。総務省総合通信基盤局消費
者行政課、日本銀行金融機構局・金融市場局等への出向、金融庁総務企画局等
を経て、2019年、金融庁総合政策局総合政策管理官（金融教育担当）。2020年現
職。

編集協力　株式会社ニッセイ基礎研究所

# 目　次

| 第2章 | 金融リテラシー──人生、お金、金融知識 |

加藤 健吾

## 第3章　金融リテラシーは生きる力
増田　剛

## 第4章　保険リテラシー
山内　恒人

# 第5章　金融リテラシーの基礎・資産運用　川北 英隆

## 第6章　金融経済教育のいま

佐藤　雅之

# 「基礎編」のねらいと構成について

幸田 博人

## 1 「金融リテラシー」とは

　現在、大学において「金融リテラシー」を学ぶことについては、「金融教育」の一環として、講義形態で行われることが増えつつある。しかしながら、こうした枠組みが日本のアカデミズムの場でどこまで広がり定着しているのか、今後、どう定着を図っていけるかは、まだまだ途上である。アカデミズムにおける研究のレベル感、また、アカデミズムと当局関係（金融庁など）、実務（金融機関など）の連携などを考えると、まだまだ欧米との彼我の差は大きいものと認識される。

### (1) 「金融リテラシー」とは

　まず、「金融リテラシー」とは何か、これは、決して金融業界で働く専門的な人材のみに求められるような高度な知識や能力を意味しているのではない。個々人が日常生活を送るうえで、また、将来のライフプランを描いていくうえで、誰にとっても必要な知識や判断力の１つとして不可欠なものである。

　本「基礎編」における各執筆者は、基本的には、OECD（経済協力開発機構）の定義を意識したうえで、記述している。OECD／INFE（International Network on Financial Education：金融教育に関する国際ネットワーク）が立ち上がり、2012年のロスカボス・サミットで承認されたOECD／INFE「金融教育のための国家戦略に関するハイレベル原則」では、「効果的な消費者保護のためには規制だけでは限界があるとの事実がある。加えて、金融危機に

より引き起こされたさまざまな事態は、金融リテラシーの低さが社会全体、金融市場および家計にもたらす潜在的なコストと負の拡散効果を顕らかにした」という問題提起がなされていると同時に、金融リテラシーとは、「金融に関する健全な意思決定を行い、究極的には金融面での個人のよい暮らし（well-being）を達成するために必要な、金融に関する意識、知識、技術、態度および行動の総体」という定義が示されている。

## (2) 「金融リテラシー」調査について

日本の「金融リテラシー」の状況がどういうレベルにあるかについて、各執筆者は、いくつかの調査やデータを活用して、議論を進めている。そうしたこともふまえ、どういう調査をベースにしているか、簡単に解説をしておきたい。

執筆者が、世界との比較で参考にしている調査は、2015年に発表された金融リテラシーに関する報告書（S&P Global Financial Literacy Survey）である。これは、141の国と地域における金融リテラシーの水準について調査している。日本人の金融リテラシーの調査について、金融リテラシーのある成人の割合は、日本では43％と報告され、世界ランクは38位となっている。

なお、OECDが進めているPISA（Programme for International Student Assessment）と呼ばれる15歳を対象にした国際的な学習到達度に関する調査がある。PISAの調査は３年ごとに実施されており、読解力、数学リテラシー、科学リテラシーの３分野の調査が中心である（日本も３分野の調査に参加）。PISAでは、金融リテラシーに関する国際的な調査が2012年から開始され、2018年の調査では20の国々と地域の約11万7,000名の学生が参加しているが、これまで日本はPISAの金融リテラシーの調査に参加していない。

また、FINRA Investor Education FOUNDATIONの調査（金融リテラシーの正誤問題６問の正答率は日本の47％に対して米国は53％）や、OECD／INFE "International Survey of Adult Financial Literacy Competencies (2016)" の調査（日本は平均で59点・順位は調査国中22位）などのデータもあり、日本国民の金融リテラシーは国際的にみても高くないとの評価となって

2

いる。

　一方、日本独自の「金融リテラシー」の調査はさまざまなかたちで行われていて、一般的によく活用されるのは、2019年に公表された「金融リテラシー調査（金融広報中央委員会）」である。日本における18歳以上の個人に対して行った金融知識・判断力に関する正誤問題の正答率が示されている。また、各論調査ということで、株式投資に係る調査は、東京証券取引所で行っているアンケート（【個人投資家の裾野拡大に関する調査レポート】＋YOUプロジェクトに関する調査、2016年）がある。日本証券業協会においては、「証券投資に関する全国調査」（2018年調査サンプル7,000人）を、1962年の初回調査に続き、1964年以降は3年間隔で実施している。QUICK資産運用研究所による「個人の資産形成に関する意識調査」（2016年12月初回〜）は、個人の資産形成を中心に意識調査を行っている。

　金融庁金融研究センターのディスカッション・ペーパー（松本大輔・前川知英「顧客本位の業務運営（Fiduciary Duty）にふさわしい金融商品販売のあり方」（2018年7月）、松本大輔・中西孝雄「顧客本位の業務運営（FD）にふさわしい金融商品販売のあり方」（2019年8月））として公開されているものなども、Fiduciary Duty（顧客本位の業務運営）サイドからのアプローチではあるが、「金融リテラシー」の調査ともリンケージしている。

　こうした実態の把握に向けての調査は進んできてはいるが、まだまだ、調査データの蓄積やその分析、また、当局、業界団体、アカデミズムの連携などは十分ではない面もある。しかしながら、日本の「金融リテラシー」の状況に一定の課題が存在していることは浮かび上がってきている。本書の執筆者においても、そうした問題意識を前提として、「金融リテラシー」の全体像が理解できるように、執筆を行っているものである。

## (3)　大学における「金融リテラシー」について

　今回、京都大学ではじめて「金融リテラシー」の講義が行われたものである。その趣旨の1つは、大学生一般にとって、将来のライフプランを意識するなかで“お金に係る金融の基礎知識”を知っておくことの有用性という観

点、もう1つは、日本の今後の社会構造や金融構造の大きな変化のなかで、「金融リテラシー」というテーマが、アカデミズムとの連携にとっても意味を有していく可能性があること（たとえばジェロントロジー問題などは典型である）に由来しているものである。

「金融リテラシー」について、学生に向け、将来のライフプランに役立てるという側面を超えて、日本の社会課題として明確にとらえ、体系的に理解をしていくことも重要だと考える。「金融リテラシー」の教科書として、学生のみならず、金融関係者、当局など政策関係者、大学をはじめとしたさまざまな教育関係者を含めて、幅広い関係者との間でこうした「金融リテラシー」に係る問題意識を共有し、個々人にとっての大事なテーマとして認識され、活用していくことが大事と考える。

## ② 全体の構成について

### (1) 用語集とコラムの位置づけ

本項の次に、簡単な用語集を用意した。

30用語程度ではあるが、本書の理解を助けることとなると思われる。ぜひ活用いただきたい。

また、本「「基礎編」のねらいと構成について」のすぐ次のセッションのところに、8本のコラムを用意した。このコラムは、8名の有識者に、「「金融リテラシー」とは」、というお題でのコラムを依頼したところ、さまざまなユニークな視点を提示いただき、「金融リテラシー」を考えるにあたっての論点の提示が含まれている。そのタイトルを並べてみるだけでも、多様な視点が浮かび上がる。

また、このコラムを本文（序章・第1章～第6章）に入る前に熟読することで、この「金融リテラシー」についての問題意識のスコープが広がると思われる。これらを念頭に置くことで、まさに個々人にとっての「金融リテラ

シー」の有用性に理解が深まり、その活用の仕方がイメージできること、さらには、日本の今後の社会・経済構造の変化のなかで、「金融リテラシー」の重要性にも思いが広がる面がある。ぜひ、8本のコラムをお読みいただいたうえで、本文に進んでいただくことをお勧めしたい。

コラム執筆者とテーマは以下のとおりである（肩書は執筆当時）。

・高田創氏（岡三証券株式会社グローバル・リサーチ・センター　エグゼクティブエコノミスト　理事長）

「日本人は本当に金融リテラシーで劣るのか――日本人は合理的だったが、変化の兆しも」

・湯山智教氏（東京大学公共政策大学院　特任教授）

「「人生100年時代における金融リテラシー」に対するニーズと実践」

・草鹿泰士氏（ロボット投信株式会社　代表取締役会長）

「金融リテラシーとデジタル・トランスフォーメーション」

・藤田和明氏（日本経済新聞社　論説委員兼編集委員）

「米国の金融リテラシーから考える日本」

・堀天子氏（森・濱田松本法律事務所　パートナー弁護士）

「金融リテラシーを身につける意味」

・奥野一成氏（農林中金バリューインベストメンツ　投資最高責任者）

「「入り口」としての金融リテラシー」

・松山直樹氏（明治大学総合数理学部　専任教授）

「古くて新しい生命保険のリテラシー」

・河合江理子氏（京都大学大学院総合生存学館　教授）

「自己の生活を豊かにするための金融リテラシー」

## (2)　序章・第1章〜第6章の "序論" の位置づけ

本書は、序章において「金融リテラシー」の基本を理解する横断的な内容として構成を行い、そのうえで、第1章〜第6章により、「金融リテラシー」に係る基礎的な全体像の理解が進むような構成を行っている。

また、第1章以降の各章では、冒頭に序論を置き、各章の "まとめ" 的な

ポイントについて解説している。これは、それぞれの章立ての全体像がわかるようにそのエッセンスをまとめたものであり、「基礎編」のみの仕掛けである。こうしたものも生かして、「金融リテラシー」の基礎的な知識が、ある程度網羅性をもてるように工夫したものである。なお、各章の序論の記述の文責は、幸田博人と福本勇樹氏が負っていることを付言する。

## (3) 序章のポイント

序章は、「金融リテラシーとは何か」と題して、「金融リテラシー」に係る全体像を把握するための横断的な内容として構成した。

この序章の執筆者は、ニッセイ基礎研究所金融研究部主任研究員の福本勇樹氏である。福本氏は、金融機関における長年のリサーチ経験を有しており、デリバティブや仕組債などの複雑な金融商品に関するリスク管理を専門領域にされている。債券市場やキャッシュレスの動向にも通じており、全体像の執筆者として適任である。同研究所の専務取締役の安孫子佳弘氏には、サポートをいただき御礼を申し上げる。

本序章においては、導入部分で、OECDが進めているPISAと呼ばれる15歳を対象にした国際的な学習到達度に関する調査から、クイズ的な問題を設定して、「金融リテラシー」のイメージを把握しやすくしている。本来金融リテラシーとして必要とされている事柄は、普通の人が日常生活を送るうえで必要とされるお金に関する知識や判断力であることがわかるように工夫している。

そのうえで、①金融リテラシーとは何か、②金融リテラシーはあったほうがよいのか、③日本における金融リテラシーの水準はどうか、④金融リテラシーの水準に格差が生じるのはなぜか、⑤金融リテラシーを身につけるには、⑥金融に関する基礎知識とはどういうものか、⑦金融商品をどのように活用すべきか、から構成されている。

これらの内容について、読者の方々が読み進んでいくと、「金融リテラシー」の定義から、日本における「金融リテラシー」の状況、そして、どういう課題があるのか、また、金融商品の幅広さをふまえて何を頭においてお

く必要があるかなどの論点についても、ベーシックな理解が進んでいくことになる。第1章〜第6章の、「金融リテラシー」をめぐる状況について、金融庁・日本銀行・東京証券取引所などのそれぞれの立場からの「金融リテラシー」に係る状況を理解していく大前提として基礎的な内容の理解が可能とするための入り口の整理として、大変役に立つ内容となっている。

## (4) 第1章〜第6章のポイント

第1章は、「なぜいま、「金融リテラシー」なのか」と題して、金融庁の森田宗男氏（執筆時総合政策局長・現金融国際審議官）に執筆いただいた。森田氏は、長年にわたって金融行政にかかわってこられ、「金融リテラシー」に対する強い問題意識を有しておられることに加えて、国際金融問題に通じていることから、当局としての視点がわかりやすく示されている。

行政としての金融庁の位置づけを歴史的な経緯を含めて解説していただいた。「金融リテラシー」の意味について、①家計管理（日々あるいは毎月の収支が赤字にならないよう管理すること）、②生活設計（自分がどのような人生を過ごしていきたいかというライフプランを考えること）、③金融商品の選択・金融経済の理解（金融商品を選択すること、あるいは選択するために金融・経済環境への理解を深めること）を三位一体で考える必要があると整理している。また、①〜③を考えるにあたり、④外部の知見の活用が非常に重要になってくると認識している。そのうえで、金融取引において「金融リテラシー」が重要だといえる4つの理由、また、「金融リテラシー」の現状と課題、利用者を中心に据えた金融サービスの今後のあり方、さらには学校教育における取組みなどについて、金融庁としての問題意識や具体的に取組みを進めている政策などについて、解説している。行政当局としての、「金融リテラシー」を、いかに重視しているか、その課題解決に向けて何を政策的に重視しているかが、よく理解できる内容となっている。

第2章は、「金融リテラシー――人生、お金、金融知識」と題して、日本銀行の加藤健吾氏（執筆時金融広報中央委員会事務局次長・現函館支店長）に執筆いただいた。加藤氏は、日本における「金融教育」推進にあたっての中心

的な役割を果たしている日本銀行として、「金融リテラシー」の重要性を資金循環の全体像を含めて、本件の重要性について、わかりやすく説明している。

　マクロ経済学的な視点から、具体的には、日本の潜在成長率の低下との関係、グローバルの構造変化との関係、特に日本の置かれている社会・経済構造の変化に伴う影響との関係、生涯収入と支出との関係などをふまえて、「金融リテラシー」の位置づけについて説明している。さらには、資産形成の手段として、「稼ぐ」が重要で、その次は、「貯める・増やす」であることを、具体的に定量的なかたちで示している。現在のような低金利の状況では、預金だけで資産を増やすのは困難で、増やすためには投資について、「長期・積立・分散」で行う投資のメリットと方法についても、解説している。また、「金融リテラシー」の国際比較における日本の状況（「金融リテラシー」が必ずしも高くない）に関する見方も説明している。

　第3章は、「金融リテラシーは生きる力」と題して、東京証券取引所の増田剛氏（金融サポート部部長）に執筆いただいた。増田氏は、日本における「金融教育」推進にあたって、特に証券取引所の立場から、株式投資を広げていくための個人株主づくりの浸透において中心的な役割を果たしており、「金融リテラシー」の重要性のなかで、"投資"に焦点を当てて、わかりやすく説明している。

　日本取引所グループ（Japan Exchange Group：JPX）は、東京証券取引所と大阪証券取引所が統合し、持株会社JPXが生まれた。日本の株式市場を運営している母体の業務内容を紹介するとともに、株式市場に関する「金融リテラシー」について、基本的な事項の理解が進むようにわかりやすく説明している。特に、なぜ"投資"が進まないのか、"投資"が怖い日本人とは、どういうことなのか、株式"投資"という視点を中心に据えて、「金融リテラシー」の見方を提示している。なぜ投資をしないのかについては、「むずかしい」「よく勉強しないと始められない」という理由が多いが、"投資"に対して「投機的」「リスクが高い」というネガティブなイメージがあることや、投資をしない理由のなかに、「まとまった資金がない」「知識がない」と

いう理由をあげる人もいることに、大きな課題認識がある。

　第4章は、「保険リテラシー」と題して、慶應義塾大学理工学研究科特任教授の山内恒人氏に執筆していただいた。山内氏は、長年の保険会社勤務経験やアクチュアリーとしての専門性などもふまえ、日本における保険分野についての専門家としての立場から、「保険リテラシー」に係るわかりにくい基本的な保険用語の丁寧な説明をいただき、保険商品の仕組みの基本的事項について、説明している。

　「生命保険にとって、100年を見渡す目をもつことが重要なポイントである」という時間軸を提示することで、保険が、一般的な「金融リテラシー」の世界とはいかに異なっているかを明示している。そのうえで、生命保険の代表的な商品の紹介、保険を知るための基礎知識としての生命保険の基本的な用語と登場人物の説明を保険法に沿ったかたちで記述している。次に、個人にとっての生命保険加入の意義や保険加入の機会を説明したうえで、保険会社の経営面の話や求められる人材まで記述して、幅広く「保険リテラシー」が学べる内容となっている。

　本「金融リテラシー」の2分冊の書籍のなかで、「保険リテラシー」を学べる該当箇所は、この「基礎編」第4章のみであることから、やや分量は多めではあるものの、通常の「金融リテラシー」の話と異なる「保険リテラシー」について、正確に学べる貴重な内容となっている。

　第5章は、「金融リテラシーの基礎・資産運用」と題して、共同編者である京都大学経営管理大学院特任教授（京都大学名誉教授）の川北英隆氏に執筆していただいた。川北氏は、長年の保険会社勤務のあと、京都大学で長く教鞭をとられており、まさに「金融リテラシー」のプロフェッショナルといえる。「金融リテラシー」の基礎としての資産運用について、その基本的事項についての要点をわかりやすく説明している。

　特に、個人の一生を考えた場合に必要なお金の総額をイメージし、それに対する有価証券運用の有効性を説明し、その有価証券の代表格としての債券や株式に係る特性、それらの価値を説明し、さらには、実際に投資する方法について解説している。きわめてプラクティカルな内容となっており、「金

融リテラシー」の基礎としての資産運用について、役に立つものである。

　第6章は、「金融経済教育のいま」と題して、金融庁の佐藤雅之氏（総合政策局リスク分析総括課リスク分析総括調整官）に執筆していただいた。佐藤氏は、金融庁で15年以上にわたって金融行政にかかわってこられており、「金融リテラシー」に対する強い問題意識を有しておられる。「金融教育」に係る国際比較などにも通じていることから、当局としての「金融教育」に対する取組みについて、まとめている。

　国際的な「金融教育」の位置づけについて、2010年代前半にさかのぼって、経緯や状況の整理をしたうえで、「金融リテラシー」の定義、「金融教育」の意義や日本の戦後の「金融教育」などについて、解説したものである。さらには、金融に関する世界のイシューとして「金融教育」の位置づけがなされ、また、金融包摂ということの重要性や「金融教育」のアカデミズムとの連携などについて、詳述している。

　このように、序章に加えて、第1章～第6章までの全7章で構成した内容となっており、「金融リテラシー」の全体像の骨格が理解できるものと考えている。今後の大学生をはじめとした若年層の方々の「金融リテラシー」向上に資するだけではなく、グローバルイシューとしての「金融リテラシー」の重要性に鑑み、関係者の問題意識が醸成され、「金融リテラシー」の向上に向けた政策的な取組みがさらに浸透していく一助になることができれば、幸いである。

# ［用語集］

本用語集は、「基礎編」を理解するための、基本的な用語についてピックアップしたものである。

また、下記 1) および 2) の解説用語については、本文中で丁寧に解説されているので、用語集からは除外してある。1)、2)、3) をあわせてよく理解されることが望まれる。

なお、本用語集の解説は、基本的には文末に添付したいくつかの用語解説サイトをベースに取りまとめたものである。そうしたサイトでさまざまなかたちで「金融リテラシー」に係る基本用語についてサポートされていることに、御礼を申し上げたい。また、日本証券業協会のウェブサイト（投資の時間https://www.jsda.or.jp/jikan/）は、「金融リテラシー」のサイトとして大変充実しており、参考になる。

## 1) 序章での解説用語

- （名目）GDP（第3章でも）
- 間接金融
- 直接金融
- 預貯金
- 生命保険
- 損害保険
- 第三分野保険
- デリバティブ
- 融資（ローン）
- 債券（第5章でも）
- 株式（第5章でも）
- 投資信託
- 資金決済サービス

・証券市場の役割（発行市場と流通市場）

・期待収益率

・複利効果

・リスク（市場リスク、信用リスク、流動性リスク）

・確定給付年金と確定拠出年金


2）　本章（第1章から第6章）での解説用語

・ペイオフ解禁（第1章）

・サブプライム問題とリーマンショック（第1章（冒頭と本文））

・SDGs（第1章）

・スチュワードシップ・コードとコーポレートガバナンス・コード（第1章・第3章）

・アクチュアリー（第4章）

・配当割引モデル（第5章）

・割引率リスクフリーレート（もしくは無リスク金利）（第5章）

・インデックス（第5章）

・TOPIX（第3章・第5章）

・日経平均株価（第3章・第5章）


3）　用 語 集

| 機関投資家<br>（第3章） | 「個人投資家、企業等の顧客から預かった資金を基に証券投資に係るポートフォリオを構築・運用するプロの投資家」のことを指し、生命保険会社、投信会社、年金基金、投資顧問会社、信託銀行が該当する。 |
|---|---|
| 仕組債<br>（第5章） | 「仕組債」とは、一般的な債券にはみられないような特別な「仕組み」をもつ債券のこと。「仕組み」とは、スワップ（注1）やオプション（注2）などのデリバティブ |

（金融派生商品）を利用することにより、投資家や発行者のニーズにあうキャッシュフローを生み出す構造を指す。こうした「仕組み」により、満期やクーポン（利子）、償還金などを、投資家や発行者のニーズにあわせて比較的自由に設定することができる。

（注1）　スワップとは、金利（固定金利と変動金利）や通貨（円と外貨）を交換する取引をいう。たとえば、スワップを利用することにより、金利が低下したときに受取利子が増加する（逆に金利が上昇すると受取利息が減少する）仕組債をつくることができる。

（注2）　オプションとは、あらかじめ約束した価格で、1カ月後、1年後など将来に売ったり買ったりできる権利をいう。たとえば、株価があらかじめ定められた価格を下回ったときに、この権利が行使されて、償還金が減額するような仕組債もある。

| | |
|---|---|
| 信託報酬<br>（第2章） | 　投資信託を保有している間、保有額に応じて日々支払う費用。投資信託の信託財産から間接的に支払われる。運用にかかる費用、運用報告書の作成費や発送費、資産の保管のための費用などをまかなうもので、運用会社・販売会社・信託銀行の3者で配分される。 |
| 潜在成長率<br>（第2章） | 　一国の経済活動（実質GDP）を一時的な要因（景気循環など）による影響を調整し、持続可能な経済成長をみるために、推計したもの。日本の潜在成長率は、過去30年間をみると、1980年代後半までは＋4％程度であったが、足元は1弱％程度まで低下したと推計されている。政府は2％に引き上げることを目標に成長政策などの政策を推進している。 |
| 配当利回り | 　株価に対する「配当金額の割合」を示す指標。決算期の |

| | |
|---|---|
| （第5章） | 1株当りの年間配当金が、株価（投資金額）の何％に相当するかを示す指標。株式の配当利回りは預貯金の利率を上回ることが珍しくないため投資尺度の1つとしての配当利回りに注目する人が増えているが、配当金は会社の業績に応じて支払われることから、期待どおりの配当金が受け取れるとは限らない。また、日々の株価変動により利回りはたえず変化する。 |
| フィデューシャリー・デューティー（顧客本位の業務運営）（第1章） | フィデューシャリー・デューティーは、英米法において信認を受けた者が履行すべき義務を指し、受託者責任とも訳されている。また、金融庁の「顧客本位の業務運営に関する原則」において、「他者の信任に応えるべく一定の任務を遂行する者が負うべき幅広い様々な役割・責任の総称」と、広い概念として説明している。 |
| 分散投資（第3・5章） | リスクを減らす方法の1つ。分散投資には、①「資産・銘柄」の分散や②「地域の分散」などのほか、投資する時間（時期）をずらす③「時間（時期）分散」という考え方がある。<br>　これらを組み合わせることで、ある銘柄や資産が値下りした場合でも、他の資産や銘柄の値上りでカバーする、といったように、保有している資産・銘柄の間で生じる価格変動のリスク等を軽減することができる。 |
| リスク・リターン（第2章） | 金融商品の「リスク」とは「リターンの振れ幅がある」こと。「リターン」とは、資産運用を行うことで得られる成果のことであり、収益が得られることもあれば、損失が出ることもある。一方、一般的にリスクとは「危険なこと」「避けるべきこと」という意味で使われているが、資 |

| | |
|---|---|
| | 産運用の世界では、リスクとは、リターンの不確実性の度合い（振れ幅）のことを表している。リスクを低く抑えようとするとリターンは低下し、高いリターンを得ようとするとリスクも高まる。金融商品のリスクには、大きく分けると、「信用リスク」「価格変動リスク」「為替変動リスク」「カントリーリスク」などがあり、商品によって生じるリスクが変わる。 |
| ETF<br>（第3章） | ETFとは、証券取引所に上場し、株価指数などに代表される指標への連動を目指す投資信託で、「Exchange Traded Funds」の頭文字をとりETFと呼ばれている。ETFの代表的な商品として、「東証株価指数（TOPIX）」に連動するETFがあり、TOPIXの値動きとほぼ同じ値動きをするように運用されるので、このETFを保有することで、TOPIX全体に投資を行っているのとほぼ同じ効果が得られる。一般的には、ETFの特徴として、①わかりやすさ、②分散投資ができる、③少額からできる、④低コストがある。 |
| FinTech<br>（フィンテック）<br>（第1・6章） | FinTech（フィンテック）とは、金融（Finance）と技術（Technology）を組み合わせた造語で、金融サービスと情報技術を結びつけたさまざまな革新的な動きを指す。身近な例では、スマートフォンなどを使った送金があげられる。米国では、リーマンショックや金融危機を経て、インターネットやスマートフォン、AI（Artificial Intelligence、人工知能）、ビッグデータなどを活用したサービスを提供する新しい金融ベンチャーが次々と登場した。たとえば、資金の貸し手と借り手を直接つないだり、Eコマースと結びついた決済サービスを提供する企業があるほか、ベン |

| | |
|---|---|
| | チャー企業が決済などの金融サービスに参入する動きも増えている。また、分散型台帳技術（注1）やブロックチェーン（注2）といった技術も登場している。<br><br>（注1）　特定の帳簿管理主体を置くかわりに、複数の参加者が同じ帳簿を共有するかたちでの管理（分散型管理）を可能とする技術。<br>（注2）　分散型台帳技術の1つで、改ざんを困難とする効果などをもっておりビットコインを支える技術。 |
| iDeCo<br>（第2章） | 　iDeCo（イデコ・個人型確定拠出年金）は、確定拠出年金法に基づいて実施されている私的年金の制度。加入は任意。<br>　個人で申し込み、掛け金を拠出し、運用方法を選んで掛け金を運用し、掛け金とその運用益との合計額を給付として受け取ることができる。iDeCoでは、掛け金、運用益、そして給付を受け取るときに、税制上の優遇措置が講じられている。 |
| NISA<br>（第2章） | 　「NISA口座（非課税口座）」内で、毎年一定金額の範囲内で購入したこれらの金融商品から得られる利益が非課税になる、つまり、税金がかからなくなる制度のこと。2014年にスタートした毎年120万円までのNISA（通常NISA）とつみたてNISA（年間40万円まで）、ジュニアNISAの3種類ある（ジュニアNISAは2023年末で廃止）。英国のISA（Individual Savings Account＝個人貯蓄口座）をモデルにした日本版ISAとして、NISA（ニーサ・Nippon Individual Savings Account）という愛称がついている。 |
| OECD<br>（第3章） | 　OECDは、「Organization for Economic Co-operation and Development」の略称で、経済協力開発機構という。国際 |

| | |
|---|---|
| | 経済全般について協議することを目的とした国際機関で、「世界最大のシンクタンク」とも呼ばれている。欧州諸国、米国、日本などを含む34カ国の先進諸国によって構成されており、これら34カ国のほか、欧州委員会（EC）もOECD諸活動に参加している。日本は1964年、21番目の正式加盟国となった。 |
| PBR<br>（第5章） | 株価が割安か割高かを判断するための指標。株価純資産倍率（Price Book-value Ratio）という。純資産からみた「株価の割安性」。株価が直前の本決算期末の「1株当り純資産」の何倍になっているかを示す指標。純資産は、会社の資産のうち株主全体で保有している資産で、仮に会社が活動をやめて（解散して）資産を分けた場合に株主に分配される資産（金額）であるため「解散価値」とも呼ばれている。それを1株当りで表したのが「1株当りの純資産」。会社の資産と現在の株価との比較であり、PBRが小さいほど株価が割安であることを示す。 |
| PER<br>（第5章） | 株価が割安か割高かを判断するための指標。株価収益率（Price Earnings Ratio）のこと。利益からみた「株価の割安性」。株価が「1株当りの当期純利益（単に1株当り利益、1株益ともいう）」の何倍になっているかを示す指標で、一般にPERが高いと利益に比べて株価が割高、低ければ割安であるといわれる。 |
| REIT<br>（第3章） | この商品の仕組みはもともと米国で生まれ、「Real Estate Investment Trust」の略でREITと呼ばれている。日本では頭にJAPANの「J」をつけて「J-REIT」と呼ばれている。J-REITが初めて証券取引所に上場されたのは、 |

| | |
|---|---|
| | 2001年9月のことである。J-REITは、多くの投資家から集めた資金で、オフィスビルや商業施設、マンションなど複数の不動産などを購入し、その賃貸収入や売買益を投資家に分配する商品である。不動産などに投資を行うが、法律上、投資信託の一種である。 |
| ROE<br>（第3章） | 会社が自己資本をどれだけ有効に活用して利益をあげているかを示す指標。<br>　ROE（自己資本利益率）（％）＝当期純利益／自己資本×100<br>　自己資本利益率（Return On Equity）のことで、自己資本に対する「経営の効率性」を示している。ROEが高い水準で推移していれば、その会社の収益性や成長性も有望であるし、株主への利益還元も期待できる。 |

### 〈用語関連について参照したサイト一覧〉

参考：
○機関投資家
・日本銀行金融機構局レポート
　［マーケット・レビュー］2003年3月「わが国機関投資家の資産運用行動について」
○仕組債
・日本証券業協会ウェブサイト「安心して投資をするための情報」－「仕組債とは？」
○信託報酬
・投資信託協会ウェブサイト「投資信託を学ぼう」－「コストと税金」－「投資信託のコスト」
○潜在成長率
・みずほ総合研究所「みずほリサーチ　March 2017」
○配当利回り
・日本証券業協会ウェブサイト「金融・証券用語集」

○フィデューシャリー・デューティー（顧客本位の業務運営）
・金融庁「顧客本位の業務運営に関する原則」
・日本証券経済研究所ウェブサイト「変貌する金融と証券業」―第12章「顧客本位の業務運営に関する原則」と証券会社の対応
・SMBC日興証券ウェブサイト「初めてでもわかりやすい用語集」
○分散投資
・金融庁NISA特設ウェブサイト
○リスク・リターン
・日本証券業協会ウェブサイト「投資の時間」―「金融・証券用語集」
○ETF
・投資信託協会ウェブサイト「投資信託を学ぼう」―「ETFってなんだろう？」―「ETFの仕組み」
・日本取引所グループ（JPX）ウェブサイト「ETFの概要」
○FinTech（フィンテック）
・日本銀行ウェブサイト「教えて！にちぎん」
○iDeCo
・iDeCo公式サイト
○NISA
・金融庁NISA特設ウェブサイト
○OECD
・外務省ウェブサイト「よくある質問集」
○PBR・PER、ROE
・日本証券業協会ウェブサイト「金融・証券用語集」
○REIT
・投資信託協会ウェブサイト「J-REIT（リート）を学ぼう」―「J-REITってなんだろう？」―「そもそもJ-REITとは？」

# 日本人は本当に金融リテラシーで劣るのか
## ——日本人は合理的だったが、変化の兆しも

岡三証券株式会社グローバル・リサーチ・センター
エグゼクティブエコノミスト　理事長

高田 創

## 日本の家計の現預金比率は50%以上

　日本人の金融リテラシーが不足していたとされることも多い。その根拠として必ず持ち出されるのが、日本人の現預金保有比率の高さである。日本の家計の金融資産は1,900兆円に近く、過去最高水準にある。一方、その金融資産構成比を欧米と比較すると、日本の現預金比率の高さは50％を上回り、欧米と大きな隔たりがある（図表1参照）。また、資産運用業も欧米に比べて30年近い遅れがあると長年いわれてきた。

## 日本人は「雪の時代」での成功体験がなかった

　筆者は、日本人の現預金比率の高さの原因が日本人の能力や知識が不足していることによるという評価は誤りだと考えてきた。むしろ日本の個人はプロと呼ばれる金融機関以上に適切な投資行動をとってきた点も多く、日本の家計行動は過去の状況下、一定の合理性があった。図表2は、1980年代からの株式の時価総額を海外と比較したものだ。平成元年（1989年）をピークとした株式市場で、平成のバブル崩壊後、長らく続いた資産デフレと超円高があわさる、「雪の魔法がかかった」ような「雪の時代」においては、日本国民が円で、しかも現預金で資産を保有してきたのはきわめて合理的な行動だった。すなわち、日本人は長らくリスク性資産に投資して成功体験が得られる環境ではなかったなか、円の現預金で資産を保有するのは自然でもあっ

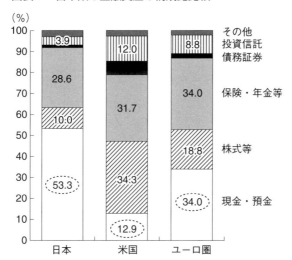

図表1　日米欧の金融資産の構成比比較

出典：日本銀行「資金循環の日米欧比較」より岡三証券作成

た。逆に、仮に外貨でしかも株式等で保有していれば、大きな損失を被った
ことになる。

## 米国では車の両輪がそろっていた

　日本とは対照的に、米国では1970年代に、預金からリスク性商品への資金
シフトが進行していた。米国で「貯蓄から投資」への潮流が生じた背景に
は、同時代にかけて官民一体になった取組み、制度改革による制度要因に加
え、グリーンスパンFRB議長の「金融にやさしい時代」で資産価格上昇の市
場要因が加わっていたことがあった。具体的には、米国では確定拠出年金
「401K」や個人退職勘定「IRA」等が整備された。また、長年、右肩上がり
の株式市場とドル安基調が続いていた。こうした状況は2020年まで続き、米
国株式市場は史上最高値を更新していた。すなわち、金融リテラシーが高い
とされる米国では、外貨で保有し、しかも多様な運用商品に資産の分散がな
されていたのは、半世紀近く続いた資産価格上昇や自国通貨安（ドル安）に

図表2　世界の株式の時価総額推移

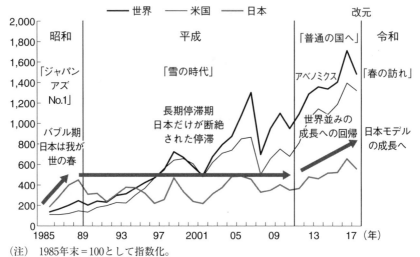

（注）　1985年末＝100として指数化。
出典：WFE（国際取引所連合）、世界銀行より岡三証券作成

加え、資産運用に関する制度的サポートの「車の両輪」の存在があった。すなわち、「成功体験」と「制度要因」が満たされていたことによる、行動バイアスに伴うものと評価される。

## 日本でもようやくそろいだした「車の両輪」

　欧米では制度要因に加えて資産運用のしやすい市場環境、「車の両輪」がそろったことが重要で、しかもそれが30年以上もかけて定着する歴史が存在した。一方、日本では平成の時代に続いた「雪の時代」において資産デフレと円高が続いたなかで成功体験を得ることができない環境であった。さらに、制度要因も30年近く遅れてスタートした。ただし、過去8年、アベノミクス以降の円安・株高環境でようやく日本でも「雪の時代」の魔法がとけ、制度要因のメニューも欧米並みになり、ようやく、「車の両輪」がそろいかけた環境にある。

## コロナショック以降、少なくとも日本は「普通の国」に

　市場要因として先の図表2にあるように、平成の「雪の時代」のように日本が世界から隔絶された状況から、ようやく、少なくとも世界並みの「普通の国」に戻る状況になっていることを認識する必要がある。今後もコロナショックで世界の株式市場は不安定な状況を余儀なくされるだろう。しかし、日本だけが停滞した平成の「雪の世界」のような環境ではない。今回の局面は、米国中心に過度に底上げされていた世界的な株式市場には調整が生じても仕方ない面があったとしても、日本については企業も家計もその影響は本来限られる状況にあることを認識する必要がある。

## 「2,000万円問題」から1年、「貯蓄から投資」はどうなったか

　2019年、金融庁の金融審議会で策定されたいわゆる「老後資金の2,000万円問題」の報告書が話題になった。筆者も同審議会に委員として参加したが、長い視野に立ってみれば、経済成長が続くなかでその果実を株式投資や、海外も含めた幅広い分散投資で享受する発想は揺るがないだろう。コロナショックのような危機局面では政府の支援と同時に、国民自身が株主になることも含め、国全体で資産形成を行うことへの国民合意実現に向けた成長戦略が重要と考える。

## コーポレートガバナンスとは企業収益を拡大させる成長戦略

　アベノミクスにおける企業をめぐる環境として重要であったのはコーポレートガバナンスを通じた企業収益拡大への圧力、さらに公的年金を預かるGPIFを通じて株式市場への資産配分を大幅に拡大させたことだ。この2つの動きは企業収益の拡大を国民に還元させる第一歩だ。また、投資家もスチュワードシップ・コードで企業の統治に関するモニタリングを強めることによって資金還流をもたらすことだ。そこで大事なのは国民一人ひとりが株主として企業収益に関与する仕組み、「インベストメント・チェーン」である。

## 「国民皆株主」で株式の大衆化

　国民一人ひとりをつなぐ「インベストメント・チェーン」の前提には幅広く国民が株主になって日本経済に参画することも選択肢になる。1967年にパナソニックの創業者である故・松下幸之助氏は「株式の大衆化が日本人を豊かにする」と主張した。第二次大戦後、GHQも株式市場の敷居を下げ一般国民の隅々まで行き渡るべきだと考えていたとされる。戦後、日本が敗戦で苦しい時期、広島で広島球団を支えたのは、広島市民による資金支援であった。終戦から間もない1951年に存続の危機にあった広島カープを支えたのが市民を中心とした支援者からの拠出金であり、広島市民が株主となって自らのチームとして支援したことが今日の姿につながっている。こうした「広島カープモデル」をいまや日本全体に広げることが重要だ。国民が日本の経済状況を「ヒトゴト」でなく、自らも株主となって経済に参画し、建設的な注文もつけることが持続的な経済発展に向けたガバナンスにつながる。国民が株式を保有することが、日本企業、日本経済に参画する新たなモデルであり、国民が企業経営に参画する意識をもつことでもある。実際に、コロナショック以降、ネット証券を中心に株式市場に若者世代の参加が急に増加しているとの統計もある。

## リテラシーへの第一歩は市場への参加から

　日本の資本市場においても、「日本的資本主義」として国民参加型のいわば、社会主義的側面をもつ「日本モデル」の資本主義があってもいい。そこでは草の根による底上げで日本の株式市場を支えるという動きが重要だ。それが、金融審議会の「2,000万円問題」で問題提起された「貯蓄から投資」の第一歩につながる。

　同時に、そうした国民の動きを支える面から欠かせないのが資産デフレにならないとの国としての強いコミットメントである。広い意味でのデフレ脱却は、単に消費者物価の2％の物価目標到達よりも、資産価格の安定が重要である。日銀のETF購入、公的資金でのGPIFでの株式市場への投資も含めて

一体となって資産価格をサポートする動きが重要になる。「2,000万円問題」から1年が経過するが、今日、投資に対する意識が特に若者中心に生じていることを重視すべきだ。同時にそうした動きがNISA市場や確定拠出年金等の拡大につながっていることも重要だ。また、リテラシーの問題への第一歩も国民の市場参加にあるのではないだろうか。

# 「人生100年時代における金融リテラシー」に対するニーズと実践

東京大学公共政策大学院　特任教授（執筆時）

**湯山　智教**

## 教養としての金融リテラシー講義を行ったきっかけ

　筆者は、もともとは金融庁に勤務する行政官であったが、2020年7月まで約3年間にわたり、東京大学で教育・研究活動を行う機会を得た。この一環で、2回にわたり駒場キャンパス（教養課程）で、「人生100年時代における金融リテラシーを学ぶ」と題する講義を、金融庁の協力を得ながら実施した。人生100年時代の到来や、ライフスタイルの多様化などに加えて、FinTechの台頭や、低金利環境の長期化など、現在の金融をめぐる状況は急速に変化している。このため、豊かな人生を送るうえでは、金融についての正しい知識（金融リテラシー）を身につけ、安定的な資産形成を行っていくことの重要性が以前にも増して高まっている。こうした背景のもと、教養としての「人生100年時代における金融リテラシーを学ぶ」ということをコンセプトとした講義を行ったわけである。

　そもそも、この講義を提供することとなったきっかけは、ようやく大学教員生活にも慣れてきた頃に1つ気づいたことがあったためである。1・2年生を中心とした駒場キャンパス（教養課程）で提供される全科目を検索したところ、「金融」という文字が授業名に含まれる講義がなんとゼロだったのである！　さすがに、専門課程である本郷キャンパスでは、経済学部などを中心にいくつかあるが、それでも東京大学は、京都大学と異なりビジネススクールを設置しなかったこともあり、経済学部にあっても金融や経営・マーケティングなどのビジネス実践系科目はやや手薄で、どちらかというと理

論・歴史系科目が多いのが特徴だった。金融リテラシーの重要性が唱えられるなかで、教養として金融を身につける機会があまりに少ないではないかと思い立ったのが、われわれが金融リテラシー講義を行うことにしたきっかけだった。そして駒場キャンパスは、教養課程であることから、文系理系を問わずに幅広い学生を対象として、まさに教養としての金融リテラシーを学ぶのに適した場であると考え、幸いにして、教務の理解と、時を同じくして出張授業などを通じて金融経済教育を強力に推進する政策を掲げていた金融庁の協力も得られたことから、教養課程の全学自由研究ゼミナールの1科目として実施に至ったわけである。

## 履修学生に理系学生が多かったことの背景

講義では、教員による講義のほか、金融庁の現役官僚をゲストスピーカーとして招き、私たち一人ひとりが豊かな人生を送るうえで知っておくべき金融リテラシーについての解説と質疑応答を行った。具体的には、金融取引の基礎理論、ライフプランニングや資産形成、保険とは何か（保険商品購入時の考え方）、FinTech・暗号資産（仮想通貨）の現状、不公正取引・ファンド詐欺等（―金融取引で騙されないために―）、起業体験プログラム（ベンチャー・ファイナンス）といったテーマである。文系・理系を問わず、金融リテラシーに関心のある学生のみなさんの幅広い参加を募ったところ、幸いにも計200名超の学生が履修した。やや意外だったのは、このうち7割超が理系であったこと、そして医学部に進む最難関の理科Ⅲ類学生もけっこう含まれていたことだった。この背景としては、文系ならば将来に企業や金融機関に入るなどして、財務や経理などの金融リテラシーの基礎的な考え方を学ぶ機会をもつ可能性があるけれども、理系で技術者・医者となると生涯そうした機会に恵まれない可能性もあるといったことがあったのかなと思う。

また、特に理系に限らずだが、将来資産を有することになっても、運用はよくわからないから全額預金のままであったり、あるいは、投資したとしても詐欺的な金融商品に騙されたり、勧められるがまま金融商品を購入し、投資知識が欠如していたために意図しなかった損失を被ったりといったケース

も依然としてみられることも背景にあると思う。筆者は、かつて金融庁で証券取引等監視委員会事務局にも勤務していたが、この時に無登録や詐欺的ファンドによる多くの詐欺的な投資勧誘事例の被害を目にし、その被害者には投資知識に乏しい富裕層（医者など）や高齢者が含まれていた。このため、「金融取引で騙されないために」をテーマとした講義回では、①金融庁登録のない業者との取引は行わないこと、②登録業者に対してもその信用力を慎重に評価すること、つまり、投資の場合には損をしてもそれが本当に投資の失敗なのか、経営者の流用によるものなのか、特に未上場会社では見分けがつきにくいので信用力に注意すること、③取引内容について理解すること、④「上場確実」「必ず儲かります」「元本保証」「高利回り」「未公開株」などのワードには警戒・注意すること、⑤最近の流行をキーワード（たとえば、仮想通貨、AI、SDGs、太陽光発電など）とした投資勧誘も、その取引内容（信託報酬などのコストも含む）をよく認識すること、などを解説し、不用意な投資リスクに対する認識が高まったという学生の感想も多かったように思う。

## 分散投資でリターン当りのリスクが減る

　他方で、だから投資は怖いといって、資産全額を預金のままにしておくこともまた人生100年を見越した長期的な資産運用の必要性といった観点からは必ずしも適切ではなく、本書の他章でもこの必要性はおおいに強調されていると思う。このため、「ライフプランニングや資産形成」「金融取引の基礎理論」といった講義回では、長期・積立・分散投資の効用を中心に、どのような資産運用が考えられるかを解説した。分散投資の効用については、多くの商品に分散投資することによって、リスクが分散されるのはわかるが、リターンも分散されてしまうのではないかというのが直感的な疑問だと思うが、実は分散投資をすることによって、同じ程度のリターンを期待しながら、リスクを軽減することができるのだという、ノーベル経済学賞も受賞した現代ポートフォリオ理論のさわりも解説した。学生からの感想でも「分散投資でリターン当りのリスクが減るというのが理屈で示せるというのは知ら

なかった」といった声が聞かれた。関連して、任意の読書課題として、バートン・マルキール『ウォール街のランダム・ウォーカー』やチャールズ・エリス『敗者のゲーム』といった、分散投資とインデックス投資の利点を強調する長期的ベストセラーを提示したところ、多くの学生がレポートを提出してきたことからも関心の高さがうかがえる。

## 長期・積立の利点・重要性

　長期・積立の利点・重要性という観点からは、次のようなクイズを行ってみた。毎年100万円を同じ商品のみに投資する（積立投資）として、この金融商品には金利・配当がなく、価格の上下のみで収益を評価するとした場合、A～Dのどの価格推移のケースが最も利益が上がるかというものである（図表1参照）。みなさんは、どう考えるだろうか。

　一見したところ、C商品が継続的に値上りしているから最も利益が上がっているようにみえるが、実はA商品が最も利益が上がり正解である。なぜならば、A商品はいったん価格が下がったときに、より多くの口数を買うことができ、それが6年目以降に価格が上昇に転ずるからである。他方で、いちばん利益が上がらないのはDである（答　A：1,391万円、B：1,107万円、C：1,241万円、D：812万円）。このように、長期・積立投資は、相場が下落

**図表1　クイズ：毎年100万円を投資したら、どの商品の価格推移が最も利益が上がるか？**

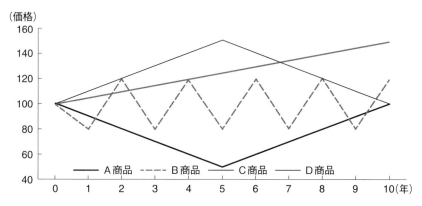

したときには、かえって機械的に購入口数が増えるメリットも生じるわけである。実は、受講生の回答ではAと回答した人はそんなに多くはなかったのだが。

## より身近に感じる保険商品理解に対するニーズ

このほかに学生からは、保険の仕組みがもっと知りたいという要望があった。実は、保険は、まだ目立った資産のない学生からしてみても、海外旅行保険や自動車保険、傷害保険などはまさに購入対象であるし、生命保険も比較的近い将来に購入する可能性が高いためであると思われる。「保険購入には生きていくうえで最低限必要な金融リテラシーが求められると思う」「保険や年金制度の本当の意義は何なのか」「数理的な視点からの保険の価値を知りたい」などの声があった。理系学生が多かったからか、大数の法則を活用しての保険料計算の考え方に関心を示した学生も多かったほか、仕組みとしての生命保険の種類（定期、終身、養老、終身年金）や払い方の類型（平準払い、一時払い）などの区分、貯蓄型保険と掛け捨て保険の保険料の考え方、第一分野（生保）、第二分野（損保）、第三分野（医療・介護・傷害・旅行保険など）、公的保険があるなかでの民間保険の必要性、逆鞘問題と過去の破綻事例のもたらした被害、手数料問題などはまさに生きていくうえで知っておいて損はない保険知識といえるのだと思う。

## おわりに

このほかにも、FinTechや暗号資産（仮想通貨）、ベンチャー・ファイナンスといったテーマも興味深かったという声も多く、ライフプランニングや資産形成についても、普段聞かない話であり、これからの人生について考えるきっかけになったといった声が聞かれた。いずれにせよ、「教養としての金融リテラシー」に対するニーズはやはり大きいと実感でき、本書もこうしたニーズに答えることで、まさに時宜にあった試みであると思う。

# 金融リテラシーとデジタル・トランスフォーメーション

マーサージャパン株式会社　代表取締役 CEO
（元ロボット投信株式会社　代表取締役会長）　**草鹿　泰士**

新型コロナウイルス（COVID-19）の状況は、時折いくつかの希望的ニュースに期待を抱かされつつも、世界規模での感染拡大の収束という事態には程遠く、われわれがこれまで当たり前としてきた経済や社会のあり方を大きく見直さざるをえない深刻な事態となっている。

一方で、この危機によって、従来からその必要性が唱えられていながら遅々として進まなかったことが一気に達成される状況も生まれつつあり、その筆頭でいわれるのは、デジタル・トランスフォーメーション（DX）であろう。

ビデオ会議やチャットなどは、在宅勤務を余儀なくされたことにより急速に企業や個人間でも浸透し、この「デジタルな新しい仕事の仕方」の流れは、仮にコロナが収束したとしてもおそらく元には戻らないであろう。

また、持続化給付金の支給、感染者数の集計、学校のオンライン授業など一連の行政の対応で露呈したのは、行政・医療・教育をはじめとするパブリック・セクターや社会インフラの分野において、わが国のデジタル化がいかに遅れているかということであり、政府はいまさらながらデジタル化を社会変革の原動力にすることを打ち出している。

こうしたなか、金融分野については、他セクターに比べて従来からDXの動きはすでに始まってはいたが、今回のパンデミックによりその動きが不可逆的にいっそう加速することになることが予想される。銀行の支店に来店し、混雑したロビーで番号札をとって順番を待ち、窓口で必要な書類に手書きで記載し、捺印して手続をする、といういままで当たり前とされたオペ

レーションの流れは「密」そのものであり、銀行はいま、「非対面」「非接触」を軸にした業務プロセスの改革に急速に舵を切りつつある。

「デジタル化」「テクノロジーの活用」がキーワードであるわけだが、その際に重要なのは、業務オペレーションをテクノロジーの活用により非対面化・効率化する、というだけではなく、テクノロジーの活用により革新的な金融サービスを顧客に提供する、という視点である。この点において、優れた顧客とのインターフェイスや顧客体験（UI／UX）を提供できるFinTechスタートアップが活躍できる余地は大きい。

わが国でも近年、決済・個人向け資産運用・個人向け資産管理などの分野でさまざまなFinTechサービスが出現しているが、革新的な金融サービスの提供が結果として金融リテラシーの向上にも役立つ、という見方は多い。

家計簿・資産管理アプリで注目を集めるマネーフォワードの辻庸介社長は「徹底してUX（顧客体験）にこだわり、ユーザーの意見を聞いて改善を続けてきた」「金融教育や投資啓蒙って、すごく大事だと思うのですが、やはり時間がかかります。お金に関する難しいことも、本当によいサービスをつくれば、みんなが使ってくれるのではないかという仮説があって、その仮説を検証するために起業した部分は大きい」「クックパッドや食べログみたいな、だれもが使えるお金のサービスがあったほうが、日本人のお金のリテラシーは上がると思った」と述べている（ハーバード・ビジネス・レビュー・ウェブ版（2016年9月1日）（https://www.dhbr.net/articles/-/4430））。

また、ロボアドバイザーによる個人資産運用サービスを提供するウェルスナビの柴山和久社長は、「金融リテラシーを身に付けるための投資教育はもちろん大事だと思います。しかし、投資教育が根本的な答えではないのでしょうね」「金融に限らずあらゆる分野において、政府の研究会の議事録を読むと「リテラシーが低いのが問題で、教育が必要だ」という結論で終わっています。どう解決していけばいいかという具体的な行動プラン、いつ効果が出るかといった目標設定はあいまいになりがちです。本当に効果を出していきたいなら、小さくていいから実際にやってみましょう、という話になるべきですよね」「リテラシーよりも成功体験のほうがカギになると思いますね」

と述べ、実際に資産運用にトライするためのハードルを下げるようなサービスを提供し、それにより成功体験を得ていくことの重要性を指摘している（ダイヤモンド・オンライン（2019年2月14日）（https://diamond.jp/articles/-/193762））。

このように、FinTechによる革新的なサービス提供、優れたUI／UXが結果として金融リテラシー向上に役立つという実務家からの意見は多いが、ここでもう1つ問題となってくるのは、そもそもそのサービスを利用するためのデジタル・リテラシー、あるいは、デジタル金融リテラシーというものの欠如である。

いうまでもなく、たとえばスマートフォンが使えなければFinTechのサービスのメリットは享受できないことが多いであろうが、仮にスマホが利用できても、デジタル金融サービスを賢く安全に利用するためのリテラシーが必要で、これは、従来いわれている投資教育的な金融リテラシーとはまた違う要素もあろう。

2019年G20大阪サミットの政策研究グループであるT20においては、このデジタル金融リテラシーについて、具体的に以下が説明されている（"Policy Brief Under T20 Japan Task Force 7: The Future of Work and Education for the Digital Age" By Peter J. Morgan, Bihong Huang, and Long Q. Trinh（https://t20japan.org/policy-brief-need-promote-digital-financial-literacy/））

・デジタルに提供される金融商品やサービスに関する知識（決済・資産運用・P2Pレンディング等）
・デジタル金融サービスに係るリスク（フィッシング・ファーミング（不正サイトへの誘導）・スパイウェア・ハッキング等）
・デジタル金融リスク管理（PINの管理等）
・個人データなどに関する権利

こうしたデジタル金融リテラシーがないと、FinTechによる革新的なサービス提供は社会の一部の層にのみ提供され、誰もが等しく取り残されることなく金融サービスへアクセスでき、金融サービスの恩恵を受けられる、「ファイナンシャル・インクルージョン（金融包摂）」の実現には程遠い。や

やもすると、FinTechサービスの普及が、逆に、「デジタル金融デバイド」ひいては「ソーシャル・デバイド」を助長することにもなりかねない。

　また、2020年6月に米国で発生した、スマホ株取引アプリ「ロビンフッド」をめぐって20歳の大学生が自殺した事件は、FinTechサービスを頻繁に利用したからといって必ずしもリテラシーが身についているわけではないことを知らしめることになった。大学生は、株のオプション取引で73万ドルの損失を出したと思い込み自殺に至ったが、実際には決済完了前の画面の数字を確定額と誤解した可能性が指摘されている。ロビンフッドは早速に、投資教育関連コンテンツの充実や画面表示の改善を発表したが、デジタル金融リテラシーについての課題を改めて提起することになった。

　今後、FinTechが金融リテラシーの向上に寄与する余地は間違いなく大きいが、一方で、利用者はデジタル・サービスならではの金融リテラシーを同時に身につけること、またサービス提供者は金融リテラシーを高めるような工夫（UI／UX含めて）を継続的に施すことが求められていくであろう。

# 米国の金融リテラシーから考える日本

日本経済新聞社　論説委員兼編集委員

**藤田　和明**

　日本人は「金融リテラシー」に欠けるのではないか。そんな議論を繰り返し聞く。ニューヨークで金融市場を取材した経験からすれば、その指摘は当たっている、とも感じるし、当たっていない、とも感じる。

　米国人の金融に対する発想が日本人と決定的に違うなと感じた印象深い場面がある。金融の中心地ウォール街でのインタビューではない。むしろ日常の生活。ニューヨーク郊外の小学校のPTAでの場面だ。

　娘が通っていた小学校のクラスで、修学旅行に向けた準備が進んでいた。子供たちの旅費など諸経費をいくらか補おうと、バザーをやる話になった。各家庭から不要なものを持ち寄って、値札をつけて学校の中庭で売る。子供たちも自分でレモネードをつくって、バザーに集まった親たちに買ってもらい、働いておカネを手にする大切さを知る。

　ここまでは日本人でも想像のつく話だろう。実は、ここからが始まりだ。

　バザーとレモネードで集まったおカネは、総額で10万円相当だっただろうか。このおカネをみながらPTAの幹部が切り出した。「これを2倍にしよう」。

　どうするか。「これで1日リムジンを借りる」。そうすると、「私の知り合いが放送局のCBSに勤めているから、ただで見学ツアーをつけられる」という別の親が出てきた。さらに「自分の店でイタリアンのディナーをつけよう」という声も続いてあがった。次々とオプションのアイデアを出し合って、あっという間に貸し切りリムジンでの1日マンハッタンツアーパックができあがった。それを学内で売り出し、見事20万円にすることに成功したのだ。

金融の用語で考えれば、10万円は自己資本（エクイティ）、これに魅力あるストーリーのついたビジネスにして、価値を上げることに成功した、とでもいえるだろうか。

　これがまさに米国流。たまたま住んでいた地域に金融に近い人やメディア、自営業の人が集まっていたというのもあるかもしれない。20万円をポンと出せる裕福な人が周囲にいたというのもあるだろう。それでも、おカネをうまく生かすことで価値を上げる発想を共有できる空間が、すぐ日常にあるというのは、日本人の私にはやはり驚きだった。おそらくそうした親の背中をみて、子供たちも育っていくに違いない。

　しかし、米国人がみんなそうかといえば、これまた違う。米国の南部アラバマ州に取材に訪れた時だ。退職が近くなった公務員向けに、老後に向けた資産づくりのセミナーがあるというので、のぞいてみた。どんな資産の組合せが最も有効かなどの議論かなといった予見は、見事なほどに裏切られた。

　「毎月の収支はつけていますか」「クレジットカードのローンの金利を知っていますか、年率10％を超えますよ」「金利10％というのはどんどん膨らみます……」といったところがスタート地点だった。返事もまばら。大丈夫かな、そんな心配がよぎった。

　まさに消費過多の国・米国を示しており、プラスチックのカード1枚でほしいものをポンポン買ってしまう。そこには、日本人が子供の頃につけたお小遣い帳のような、おカネの出と入りを考える意味での金融リテラシーは感じられない。

　もちろん、それこそが経済危機があっても消費から立ち直っていく米国経済の姿と、バブル後に預貯金が積み上がり、経済は萎縮してしまう日本の姿との違いだともいえようか。

　金融リテラシー。この言葉にわれわれ日本人は少々惑わされてはいないか。誰に、どの範囲で、どれだけ深い金融の知識をもっていてほしいのか。そこを切り分けて考える必要がありそうだ。Literacyという英語自体が受験英語では難関校レベルに区分されているようであり、一般の生活者からすれ

ば遠い言葉だ。

　金融リテラシーを、おカネのもつ力と怖さの両方を深く知り、うまく生かすための知識だとしよう。そう考えたとき、日本と米国との間で大きく差があって埋める必要がある層は、一般の生活者よりも、まず企業の経営幹部クラスなのではないかというのが私の意見だ。

　米国屈指の投資ファンドの創業トップの執務室に入ったことがある。壁に掲げられた大きな絵画は、巨大な氷山のわきをすり抜けていく帆船の船団が描かれていた。なぜこの絵なのかと聞いたところ、「これこそがビジネスだ」との返事だった。リスクを冒さなければ得られるものはない。ほかの船団より早く、行き着かねば宝の量も減ってしまう。遅い船を連れていては競り負ける――。たくさんのメッセージが読みとれる絵だった。

　出港する前に思いをはせれば、きっと金融の枠組みがあったはずだ。事業計画を披露し、たくさんの出資者から集めた元手。長い航行へ向けた設備をそろえ、必要な人を適所に配置する。そしてフロンティアへ。成功するために全力を尽くし、持ち帰ることができたものは配当となり、山分けするように出資者に戻す。現代に通じる米国ビジネスの基本だ。

　それに比べれば、いまの日本の多くの成熟企業は、いつしかリスクをとることを忘れてしまったかのようだ。顕著な調査がある。企業の設立からの年数ごとの総資産利益率（ROA）だ。日本企業は設立から10年前後のROAが10％水準と最も高く、米国をも上回る。しかしそこがピークで、その後は４％台での低迷が続く。対照的に米国は10％の高水準を100年経っても維持している。

　日本の日経平均株価は1989年の高値を抜けないままだが、米国のダウ工業株30種平均は同じ30年間あまりで10倍になった。その差はあまりに大きい。

　起業してまもないオーナー企業が、資金を外から融通してきて懸命に収益をあげる。そこに日米差はない。しかし日本ではその後バトンを渡された経営トップが健全なリスクテイクをせず、資本を効果的に使い切れない。

　もう１つ日米のギャップで大きいのは、国として金融市場を健全に維持することが重要であり、それを汚すものは決して許さない、という意識だ。米

エネルギー企業エンロンを破綻に追い込んだ不正会計事件で有罪判決を受け、服役していた同社の元最高経営責任者（CEO）が12年の刑期を終えて2019年に釈放された時、現地紙はこう伝えた。「エンロンの破綻を受けて、何千人もの人々が職や、老後の蓄えを失った」。

はたして、日本の市場運営者や規制当局はここまで、金融市場の不正に厳しい姿勢をみせるだろうか。金融の重要性への深い理解、リテラシーが、米国と比べればやはり欠けてみえる。

金融市場での資産運用を、自動車の運転と重ねて考えてみることがある。期待リターンは速度。早く目的地に着きたいと考えることと、資産をできるだけ早く増やしたいと考えることは同じだ。でもスピードを出し過ぎれば、もし事故を起こすと大けがになる。不相応のリスクを取り過ぎてはいけない。

アクセルとブレーキ、ハンドルの扱い方、交通のルール、悪天候を走行する際の注意など、基本を知っておくことが大事だ。それがすなわち、家計に必要な金融リテラシーに当たるだろう。

ただ、自動車に乗りたいと思えるのは、遠くの目的地に早く着ける手段として、自動車がちゃんと期待どおりに走ってくれる品質であることも大事だ。道路もきちんと整備され、心配なく走れる環境でなければ、とても怖い。

たとえば、家計の金融資産を預貯金でなく、一定の比率で株式をもったほうがいいとの議論がある。ただそれには、長期にもてば価値が上がっていく企業がたくさん並ぶ株式市場であること、市場が健全に保たれ、不正の入り込む心配のない場所であることは必ず求められる。それなしに、家計のリテラシー不足が日本は問題だ、と強調し過ぎてはいけないはずだ。

そのうえで、家計における金融リテラシーの課題をどう考えるか。

1999～2000年にかけて、もう20年以上前の経験になってしまうが、米国の大学に1年滞在した。その際に学部生や大学院生向けの金融の授業を複数のぞかせてもらう機会を得た。

金融専門ではない一般の学部生向けの金融の授業。なぜ金融を学ぶ必要が

あるのか、かたくるしい用語の定義は後まわしだ。学期始めの最初の授業で学生がたたくのは電卓。「金利のもつすごさ、怖さを知っておく」というのが教授の説明だった。複利効果や割引率を、たとえば授業料や教育ローン、社会人になってからの住宅ローンなどで計算してみて、数字でまず知る。金融の力に驚き、学ぶ動機になる。

もう1つは、金融専攻の大学院生向けの授業だ。投資の有効フロンティアやオプション価格の算出などの議論がどんどん進んでいったが、最も印象的だったのは、もっと別のことだ。

当時はまさにネット株バブル。社名に「ドットコム」がついていれば、収益がなくてもとんでもない株価がついた。教壇から、教授は切り出した。「いいか君たち。『IPO（新規株式公開）でこんな有望な銘柄がある』と証券会社から勧誘の電話がかかってくる。そういうときは、どうするか」。少し間をおいていった。「電話は切れ。もう一度いう、切れ」。

金融工学はどんどん高度になり、高株価を正当化する議論も湧き上がっていた。しかし一方で、惑わされることなく、本質を見抜く姿勢の重要性を、学生に刻みこもうとしているようにみえた。

日本経済は1980年代にかけてのバブルがあまりに大きく、その後処理で30年に及ぶ長い停滞を強いられた。

それをいかに打開するかを懸命に模索するなかで、日本人の金融リテラシーの欠如に理由があるとの指摘は、たしかに説得力をもっている。

ただそれが、誰かの都合や押しつけが見え隠れするような金融リテラシーの向上策であってはいけないだろう。

日本の家計は金融リテラシーに疎いというよりまず、金融リテラシーがあっても応えてくれない時代が続いてしまったことを忘れてはいけない。家計の期待にしっかりと応える金融市場・資本市場にしていくことが、最も重要であるはずだ。懸命かつ誠実に、日本市場を磨き上げていく不断の努力を欠かしてはいけない。

なぜ金融を学ぶのか、生活にどうかかわるのか、本当に大事なことは何なのか——。得た知識を実践してみて効果を実感できれば、もっと知識を増や

し、もう一歩踏み出してみようとなる。そう歯車が動き出すことで、金融リテラシーは机上を離れて、経済を前に回す力へとつながっていく。

# 金融リテラシーを身につける意味

森・濱田松本法律事務所　パートナー弁護士

**堀 天子**

## 金融リテラシーを身につける意味

　わが国には、約1,900兆円の家計金融資産が蓄積されており、人口の減少や高齢化の進展に直面するわが国経済にとって、これら蓄積された国民の金融資産を増大させていくことはきわめて重要である。

　個人単位でみても、人生100年時代といわれるようになり、中長期的な貯蓄と人生設計は不可欠となる。しかしながら、日本の家計の金融資産は約52％が現預金で、株式・投資信託等の割合が低いといわれており、預金は元本保証があり安全性が高い半面、銀行からのリターンはごくわずかである。自らリスクをとりながら相応のリターンを期待して、家計金融資産を増やしていく必要がある。

　昨今、情報処理技術の進展とスマートフォンの普及により、金融機関やFinTech企業が個人に対して直接提供する金融サービスが現れるようになっている。キャッシュレス推進や貯蓄から投資へ向かわせる動きは、政策としても推進され、いままで以上に、金融が身近なものとなっている。個人がさまざまなサービスとシームレスにつながるなかで、金融サービスだけが理解しなくてよいというものにはならないはずである。ITリテラシーや情報リテラシーとともに、金融リテラシーを身につけることは、非常に重要な意味をもつ。金融リテラシーとは、1人の個人として経済的に自立した生活を送るうえで必要となる、金融に対する知識や考え方を指す。金融リテラシーがあるとは、金融や経済全般の事象や情報を正しく理解・分析・整理し、判断する能力があるということである。この能力をもとに、自らの資産を管理し、

コントロールしていくこと、資産運用やリスクへの備えを適切に行い、個人の資産を増大させていくことにより、個人としては中長期的に経済的に自立した人生を全うすることができる。

## どのようなトラブルがあるのか

　金融サービスには、大きくその機能から分けて、預金、決済・送金、貸付、金融商品、保険といったものがある。

　預金は元本保証があり安全性が高いため、トラブルになりにくいが、外貨預金は為替リスクがあるほか、手数料の仕組み等が複雑となるため、トラブルに至るケースもある。

　決済・送金は、基本的には自身の資金を隔地へ送金したり、第三者が提供する決済手段を利用して商品・サービスを購入したりするケースであるが、リボルビング払いを利用する場合などでは、当面の支払額が固定されている半面、長期的には支払額が多額になるケースもあるので、手数料や利率の理解が不可欠である。

　貸付については、貸金業法施行以降、事業者に対する厳しい規制のもとで、違法な勧誘や取立て等は行われにくくなっているし、その利息については利息制限法の適用が行われ、かつてのグレーゾーン金利は一掃された。しかし、現在では、貸付と同様の与信機能を与えながら、商品やサービスの支払いという商取引の債権債務関係を前提とした、後払いサービスやファクタリングも出てきている。通常の後払いサービスやファクタリングは金銭消費貸借契約とは異なる類型であるから、貸金業法や利息制限法の枠外であるが、いわゆる給料ファクタリング（「給料を支給日前に受け取れる」などとうたい、無登録で資金を貸し付ける手法）や二者間ファクタリング（債権の売買を偽装して、無登録で資金を貸し付ける手法）は、違法な手口である。こうした事業者からの借入れは、利息制限法を遙かに超える利息を支払わせるケースもあり、結果的には多重債務に陥る危険性がある。

　金融商品については、特に相場の変動などにより元本が毀損したケースにおいて、利用者が事業者を訴え、その商品性とリスクに関して説明義務違反

や適合性原則違反に基づく損害賠償責任を追及するケースは後を絶たない。当然ながら、事業者は、顧客の知識や経験、資産状況、購入目的等を確認したうえで、顧客にあった商品を勧めることが義務づけられているうえ（適合性の原則）、元本欠損のおそれがあること、あるいは当初元本を上回る損失が生じるおそれがあること、リスクに関する具体的な説明（市場リスク、信用リスクなど）、取引の仕組みの重要な部分など、重要事項について事業者に説明を行うことが義務づけられている（説明義務）。しかしながら、トラブルになるケースをみると、「担当者を信頼した」といった理由で、リスクの高い商品を購入しているケースもあり、商品の内容やリスクとリターンとの関係性を理解せずに購入しているケースが少なくないことに驚かされる。結果として、損失が発生した場合に、「そんな商品だと思っていなかった」「騙された」ということになり、クレームや訴えに発展する。

　保険に関しても、変額保険等の類型にトラブルがあるが、これも商品性が複雑であるがゆえのものである。

　なお、昨今ブロックチェーン技術を背景に出現した暗号資産は、その有用性が期待されるものの、現実資産と結びついておらず、その値動きは複雑でボラティリティが高い。わが国では、他の国と異なり、経済成長率が低い、利回りが低いという現状で、リターンが低いことから資産運用への期待がなく、暗号資産やFX取引などに熱中しやすいという国民性があるといわれているが、かかる取引の本質をどうみるかも人によってさまざまである。

　総じて金融リテラシーはどのようなサービスを利用するにも不可欠であり、トラブルを避ける意味でも、顧客の側の理解は重要である。顧客保護を図るために事業者に対する規制を強めるだけでは、本質的な解決にはならない。国民の金融リテラシーの強化が両輪として必要であろう。

## 金融リテラシーを身につけるためには

　金融リテラシーを身につけるためには、一歩踏み出すことが大事である。当職が参加した金融リテラシー研究会の中間報告書（2018年6月5日、座長大阪大学経済学部安田洋祐准教授）では、①金融に対する漠然としたネガティ

ブなイメージ、②金融は情報の非対称性があるため悪者が淘汰されにくい、③投資は一部のお金持ちがやることで自分には関係ないという先入観、④投資の「成功体験」がない人が多いという理由から、投資が浸透していないといわれており、これを払拭するためには、「何を伝えるか」から「どのように伝えるか」とともに、「人々の行動への直接的な働きかけ」が大事であると結論づけている。そのアイデアとして、エンターテインメント（ゲーム、マンガ、YouTubeなど）により金融知識を楽しむこと、伝統的な金融教育のみならず、企業側も金融リテラシーを重視する採用を行い、公教育の革新や、テストや資格を用意すること、人間の行動を変えるような戦略や行動を誘導するようなデザイン設計を行うこと（たとえば投資コストの引下げや、成功体験をもった投資家の創出、確定拠出年金のデフォルト商品の見直しや、米国プログラムを参考として、企業型確定拠出年金について入社後に給与が上がっていくに従い拠出年金が増えていく設計とすること）などが提言されている。

　FinTechサービスのなかにも、金融リテラシーを学ぶことができるたくさんのサービスが存在する。Money ForwardやMoneytree、Zaimに代表されるような、個人の資産状況をアプリで一元的にみることができるようなサービスは、個人の金融資産を可視化できる優れたサービスである。これをもとに金融サービスの必要性を理解するならば、おつり投資やポイント投資など、少額から投資体験ができるサービスについては、国民が資産運用を学ぶことのきっかけとなり、資産運用などを適切に行う素地ができるだろう。アジアでは、アリペイ、WeChat、Grabをはじめとして、金融と非金融サービスをシームレスに提供するスーパーアプリが提供され始めており、日本でもこの潮流は避けられないと思われる。個々の利用者が、金融サービスを自分のものとして使いこなし、人生設計とともに中長期的に経済的な自立した生活をつかみとることが望まれる。

# 「入り口」としての金融リテラシー

農林中金バリューインベストメンツ　投資最高責任者

**奥野　一成**

　金融リテラシーという言葉を新聞でみない日がないくらい、近年ではその言葉が一般化していて、その重要性が叫ばれている。私は1992年に大学を卒業し銀行に入行して以来、一貫していわゆる金融畑に30年近く身を置き、その間、典型的な銀行融資、証券市場業務を経験し、現在は運用業務に従事している。そのような経験的な知見を生かして、大学などで金融リテラシーに関すること、そこから一歩進んだ企業価値分析についての講義なども行っているのだが、そもそももっと掘り下げて考えなければならないことがあるのではないか、と感じている。

　新聞を読んでいると「月次3％の配当の出る商品があります」的な詐欺の摘発が年にだいたい3回以上あることに本当にあきれるばかりである。騙す輩が絶対的に悪いことは議論の余地はないが、騙されるほうも「たいがいやなぁ」と感じざるをえない（関西弁だが……笑）。こういった詐欺に騙される人たちも、普通にお金を稼ぐには勉強もしなければならず、技能も身につけなければならず、汗も流さなければならないということはわかっているはずだし、現実に一生懸命働いているに違いない。にもかかわらず、なぜか「金融の世界」では、楽して短期間に儲けることができると思っているふしがある。不思議としかいいようがないが、ここではっきりいえるのは、そのような打ち出の小槌はどこにもないということである。また、書店に行けば、「秒速でうん億円儲けた」などいわゆる「億り人」たちが、ご丁寧にもその投資（投機）手法を御開陳してくれている。まるで「必ず勝つ方法」が、「金融の世界」にはあるといわんばかりである。そんなものは、金融だけでなくどの世界にあるわけもなく、それらの億り人はたまたま「マグレ」で賭

け事に勝ったにすぎない。もし仮に必ず勝つ方法が存在したとしても、あなたに教えてくれる合理的な理由は見当たらない。

　これらの事象の根底には、金融というものを良い意味でも悪い意味でも別物のように考える二元論的風潮があるように感じる。そして、この社会の根底に流れているこの「金融」と「事業」を明確に分けようとする二元論はほかにもさまざまなところでみられる。たとえば大学生の就職活動。学生は「事業会社」に行くのか「金融機関」に行くのかで就職先を選択しようとし、「事業会社」のなかでもとりわけ製造業に就職した人は、就職後もずっと「金融機関」に勤める人間をまるで別の世界にいるかのように考える傾向が強いようである。

　たしかに事業会社と金融機関では、扱う財・サービスが異なることは事実であるし、それに伴って働き方が違うことも確かである。しかし、事業会社であろうと金融機関であろうと、企業というものが顧客の問題を解決するために才能が集まったものであるという本質論からすれば、両者に違いはない。金融機関が提供する価値は目にみえないものが多いのは確かであるし、その公共性の高さから一部の業務においては規制で守られている（がんじがらめになっている）のも事実である。だからといって、顧客に対する価値提供という本来的な意義を見失っているような金融機関に未来はない。現に昨今の金融機関の凋落は目を覆わんばかりである。逆に、高い収益性を確保するような「製造業」は、単純なモノづくり企業にとどまってはいない。たとえばキーエンスは工場で使われるセンサーなどを製造販売している「製造業」ではあるものの、本質的には顧客の「困りごと」をシステマティックに解決するコンサルティング会社のような企業であり、粗利率8割以上、営業利益率5割以上をたたき出す突出した高収益企業となっている。

　このように「顧客の問題を解決する」という価値提供の切り口で評価した場合、事業会社と金融機関の違いは本質的ではないばかりか、そのような違いに足をとられている企業は事業会社であろうと金融機関であろうと厳しい競争のなかでは生き残ることはできないだろう。どんな財・サービスを提供しているのか、ということより、それが顧客に対して価値を創出・提供して

いるのかのほうがより本質的だからである。これを個人のレベルで直接的に
いうならば、金融のわからない事業家も、事業のわからない金融マンも、顧
客や社会に対して十分な付加価値を提供することはできないのである。

　これらの資本主義社会における根本的なことを教えるプログラムが高校生
くらいからは少しはあってもよいと思うのだが、あまり聞いたことがない。
日本の教育では、一定程度以上の「読み・書き・そろばん」と、全体の足並
みを乱さない協調性が重視され、能力面、性格面で画一的な人材が拡大再生
産されてきたと、私はみている。これは、1960年代、70年代の高度成長期に
おける日本経済に適した人材、すなわち金太郎飴的なサラリーマンや工場労
働者をつくりだすうえではおおいに役に立ったと思われる。つまり、既存の
安くて良いものを大量に生産するうえでは、年功序列賃金とあいまって、実
にうまく機能したのではないかと考えている。しかし、すでに先進国の仲間
入りをして、社会・顧客のための新しい価値創造が求められている現在にお
いて、金太郎飴ではなく、独自性をもった「突き抜けた」人材が必要になっ
ている。そのような時代の要請に応えることができなかったことが、日本経
済の「失われた30年」の遠因となったのではないだろうか。

　金融リテラシーはこのような資本主義の根幹について理解する入り口とし
ては、非常に身近でとっつきやすいものであることはいうまでもない。しか
し、単にNISA、iDeCoなどの税制優遇スキームや、ドルコスト平均法、国際
分散投資といった卑近なノウハウ、方法論に終始してしまうのでは残念であ
る。金融リテラシー教育を入り口として、資本主義の歴史的な背景、意義と
効用、その副作用と弊害についても理解を深め、持続的な社会の付加価値創
出に向けた実践的な取組みに昇華させるような本質的な議論に発展していく
ことを望んでやまない。そしてその実現に私も微力ながら尽力していきたい
と思っている。

# 古くて新しい生命保険のリテラシー

明治大学総合数理学部　専任教授

**松山　直樹**

## 不倒神話

　筆者がまだ学生だった40年前、「生命保険会社は潰れない」という不倒神話が巷では信じられており、筆者も含め特に野心のない安定志向の強い若者には生命保険業界は魅力的であった。

　その不倒神話が形成された理由の第一は、保険会社や銀行は公共の利益のために政府（金融庁）から監督を受けるが、その当時はいまの財務省に当たる大蔵省の銀行局の監督下にあり、いちばん遅い船すなわち経営体力が最も弱い保険会社すら置いていかない（潰さない）「護送船団行政」と呼ばれる保護的行政が行われているという安心感があった。第二には、生命保険は損害保険と違って、一般に保険期間が長期で継続的に保険料が払い込まれ、支払われる保険金も定額であることから、新設会社でない限り手元資金は潤沢であり、さらに経営規模拡大とともに大数の法則により保険収支の安定性は高まるので、経営は安定的だと考えられていた。

　こういった幻想が打ち砕かれたのが、1997年の日産生命の破綻を皮切りに2001年までに中堅生命保険会社が7社続けて破綻した生保危機である。破綻した会社はいずれも歴史が長く一定の経営規模を有していたため、それらが短期間に立て続けに倒れたということは世界的にみても特異な現象であった。この時期、海外に目を転じれば、2000年12月に世界最古の生命保険会社である英国のエクイタブル生命という名門が実質的に経営破綻するという衝撃的な事件が起こっている。その後、日本の生保業界では、リーマンショックの影響として説明されることの多い2008年10月の大和生命の破綻を最後

に、幸いなことに10年以上にわたり破綻を経験していない。

不倒神話崩壊の背景は、その原点を求めていくと1970年代に始まった世界的な「金融自由化」に行きあたる。これによってもたらされたものは、金融監督の重点が金融機関の保護ではなくなったことと、そしていまとなっては当たり前のことであるが、金利水準の決定を市場にゆだねる金利の自由化である。特に後者は、19世紀以来アクチュアリーと呼ばれる保険数理の専門職集団によって積み上げられてきた生命保険の技術的前提の1つを破壊する力をもっていた。

## 崩れた前提

生命保険会社の伝統的主力商品は、被保険者の老・病・死にかかわる金銭的リスクを引き受ける対価として長期平準的に保険料を保険会社が受け取る構造をもっている。この保険料平準払いという商品構造は、生命保険が社会の中間層である勤労者に広く普及するうえにおいて不可欠なものであったし、それが経営の安定をもたらすと考えられていたことは上に述べたとおりである。一方で、平準払いの保険料は契約時に将来払込み分まで含め金額が固定され、これは生命保険料計算のための予定利率・予定発生率・予定事業費率等の保証水準が契約時に固定されることを意味する。このうち、死亡率等の発生率や、契約の成立や維持管理にかかわる事業費率は、契約数を増やすことによる大数の法則やコスト単価軽減の効果により、予実差（予定と実際の乖離）による損失リスクを軽減できる。

一方で、予定利率の予実差による損失リスクは契約数を増やすと拡大するだけである。特に平準払いでは、将来払い込まれる予定の、いまは手元にない保険料についても利率保証があるため、現在手元にある資産の運用では予実差リスクの制御は不可能である。たとえば、1993年度に締結された標準的な平準払いの保険契約の予定利率は4.75％であるが、現在も継続的に払い込まれるこの保険契約の保険料を、現在のゼロ金利環境下で4.75％の利回りで確実に運用することは不可能に近い。こういった原理的にリスク制御が困難な平準払い商品の予定利率の固定化が容認できたのは、金融自由化前の金利

は長らく政府・中央銀行の完全な統制下にあり変動性が小さいという前提があったからであろう。しかしながら、金融自由化以降その前提は崩れ去って久しい。

## 逆鞘の呪縛

この前提崩壊のリスクが、長い潜伏期間のあと日本で顕在化したのが、日産生命の破綻を皮切りとした生保危機であったといえる。生保危機の直接の原因は「逆鞘問題」と説明されることが多く、逆鞘は保険契約の予定利息が、資産運用収益のうちの利息配当金収入（債券利息や株式配当など）を上回る状況を意味する。逆鞘を有価証券の売却益や資産運用以外の保険関係収益でまかなえれば問題はなく、生保危機を生き残った会社はそうしてきたのだが、破綻した7社はさまざまな要因からそれができない状況に追い込まれてしまった。

生保危機以降、マスコミや格付会社の注目が逆鞘に集まり、生命保険会社各社も逆鞘数値を積極的に開示するようになった。その後もゼロ金利に至る市場金利低下トレンドが続いたにもかかわらず、生保業界における逆鞘がおおむね解消されていったのは一見して驚くべきことであったが、これは再びの生保不倒神話の到来を意味するのだろうか。

長期にわたる市場金利低下局面で生保の逆鞘が解消できた背景には、常に長期債券を保有するようにしていれば資産ポートフォリオ全体での利息収入の低下は市場金利低下よりは緩やかで、新契約の予定利率の引下げとの相乗効果も働いたことが考えられる。しかし、それだけでは不十分で、高利回りの外国債券の利息を、為替コストを分離して利息配当金収入に計上する等のテクニカルな要因も大きい。

しかしながら、日本のゼロ金利長期化のなかで、かつての高利回りの長期国債の償還で保有債券の金利の消失が急激に進むことや、新型コロナウイルス感染症の影響もあって世界的にも金利の消失が拡大していること等から、従来の手法での逆鞘回避はもはや持続可能ではなくなってきている。

こういった状況下での逆鞘回避を考えるときに、思い出すべきは2008年に

破綻した大和生命のことである。この会社は破綻直前まで逆鞘がなく自己資本比率も健全とされる水準を達成していたが、それは外国証券を中心とするハイイールド商品に大きく依存し、さまざまなハイイールド商品の表面上隠れたスキーム的脆弱性を容認することで実現されていた。この会社の特異な資産運用がリーマンショックに耐えられなかったと説明されることが多いが、金融危機がなかったとしても持続可能性には疑問がある。これからの内外の金利が消失しつつある環境下での生命保険会社の逆鞘回避戦略が、大和生命の歩んだ道と交わらないと言い切ることはむずかしい。

## 求められる金融リテラシー

ここで、資本市場における標準的な金融リテラシーをもつ者がこの状況をみれば、少なくとも次のような3つの疑問をもつだろう。

①　売却損益等（キャピタルゲイン）を除外して利息配当金収入（インカムゲイン）だけで予定利息という収益目標を達成しようとすることは、資産運用の効率性を著しく損なうのではないか。

②　保険関係収益を勘案すれば資産運用の目標収益は予定利息よりも下がるので、予定利息を目標化する逆鞘回避戦略は過剰な資産運用リスクをとることになるのではないか。

③　伝統的平準払い保険の将来の払込保険料の利率保証は金利のフォワード契約に相当するから、本来はデリバティブと同等のリスク管理が必要ではないか。

3つの疑問に正しく対応しようとすれば、①キャピタルゲインとインカムゲインを区別せず、②リスクを種類別ではなく統合的に管理し、③リスク制御のためにデリバティブと同じ評価基準で保険契約の価値を市場整合的に評価する、いわゆる経済価値ベースのリスク管理が必要になる。もちろん会計上のさまざまな制約もあるので経済価値で100％制御できるわけではないが、何が本来のあるべき姿かを認識し、何が主で何が従かを間違えずに判断することこそが経営者がもつべきリテラシーといえるだろう。

折しも欧州ではこういった経済価値の考え方と整合的な健全性規制である

ソルベンシーⅡが保険監督に導入され、国際的にも同様の考え方のICS（In-surance Capital Standard）と呼ばれる、国際的影響力の大きい保険会社向けの健全性規制の導入が2025年に計画されている。これを受けて、日本でも金融庁の有識者会議が同時期の経済価値ベースの健全性規制の導入を目指すべきとする報告書を2020年6月に取りまとめた。世界的に金利が消失しつつあるいまのような局面で、規制当局が経済価値に舵を切ったのは偶然ではなく、従来発想のままでは保険会社を危機的状況に追い込む可能性が高いという判断による必然であった可能性もある。一方で、経済価値ベース健全性規制の導入は、③の観点で伝統的平準払い保険を提供しにくくするから消費者利益に反するという批判もあるが、金融リテラシーの観点から「みるべきものをみない不作為」を続けることが長期的には真の消費者利益につながらないことは、破綻の歴史が証明している。

　こういった金融リテラシーが求められるのは、何も生命保険会社の経営者や規制当局だけではない。マスコミや格付会社、投資家、そして生命保険会社を選ぶ消費者といったステークホルダー全体の金融リテラシーの底上げがなければ、現実には経済価値ベースの経営の定着はむずかしいのではないかと考えられる。

[参考文献]
・植村信保「生命保険会社の経営破綻要因」（『保険学雑誌』2007巻598号、pp35-52）
・金融庁「金融担当大臣談話　大和生命保険株式会社について」（2008年）（https://www.fsa.go.jp/common/conference/danwa/20081010.html）
・金融庁「経済価値ベースのソルベンシー規制等に関する有識者会議報告書」（2020年）（https://www.fsa.go.jp/singi/keizaikachi/index.html）

# 自己の生活を豊かにするための金融リテラシー

京都大学大学院総合生存学館　教授

河合 江理子

　金融庁のレポートで老後には2,000万円は必要と書かれたことが話題になったように、今後は国の年金のみならず金融資産がないと、豊かな老後が送れない。これは、ライフプランの計算をすれば一目瞭然である。

　それに加えて、企業も運用リスクつまり経営リスクのある「確定給付年金（DB）」を提供せず、「確定拠出年金（DC）」を増やす傾向にある。投資責任は企業から個人に移り、投資の判断の良し悪しで老後の生活も変わってくるようになってきた。金融リテラシーは国民が身につけるべき必須のスキルとなってきている。

　日本人の金融リテラシーは他の先進国に比べて低いといわれている。そこで、なぜ金融リテラシーが低いのか、それがわれわれの生活にどのように影響してくるか、金融リテラシーが豊かな生活のために必要な知見であるなら、どのようにして向上させていくのかについて考えてみたい。

　序章でも述べられているが、金融リテラシーの一般的定義は主に次の4領域を含む。すなわち、①家計管理、②生活設計、③金融と経済の基礎知識と金融商品を選ぶスキル、④外部の知見の活用、である。①と②は、学校教育で金融教育が実施されれば、レベルは上がると考えられる。しかし③の「金融と経済の基礎知識と金融商品を選ぶスキル」は学校で学ぶ知識や理論だけではなく、経済や金融市場を常にフォローして最新の知見を蓄積していく必要がある。知識のないまま、退職金をハイリスク・ハイリターンの金融商品に投資し失敗すれば、家計管理もむずかしくなり生活設計を見直さなければならない。米国では、リーマンショックの際に年金投資に失敗し、生活費を稼ぐために退職者が再び仕事に戻ったことを記憶している人もいるかもしれ

ない。一方で、不動産や株式投資で本業以上の収益をあげている人もいる。経済面での心配のいらない豊かな老後を送るためにも、一般の人がどのように投資スキルの大切さを理解し、自分のリスクとリターンに見合った金融商品を選ぶスキルを身につけることは大切であることを強調したい。

## 海外と比較して金融リテラシーが低い理由

日本人の金融リテラシー水準の評価は、S＆P Global Financial Literacy Survey（2015）の調査結果をみると、世界ランキングで38位と低い結果になっている。数学の能力があるにもかかわらず金融リテラシーが低水準にとどまっている要因の1つは、金融教育が教育機関で行われていないことである。その他の理由として、日本ではバブル崩壊後、長期にわたる株式・不動産市場の低迷のなかデフレ経済になり、株式市場に投資をするよりもリスクのほとんどない預貯金のほうが投資先として安定していたことがあげられる。株式に投資をしていたとしても、損をしている可能性が高い。他方で、諸外国では株価の順調な上昇により、個人でも株式などの金融商品に投資を増やし、それにより商品選択における金融リテラシーも向上している。ちなみに日本がバブル崩壊の1990年1月～2020年7月までTOPIXは45％下落したことに対して、米国のS＆P500は、628％上昇し、またMSCIEuropeも129％上昇した（円ベース）（図表1参照）。

## 投資に対する考えの違い

休暇で日本に一時帰国した際、「海外で金融の仕事をしています」というと、「胡散臭い」というイメージをもたれ、ショックを受けた経験がある。金融の世界ではさまざまなプレーヤーがいて、知識がない顧客が知らずにリスクをとったり、損失を被ったりしたこともあろう。顧客の利益を考えない強引なセールスや、「ハゲタカファンド」などネガティブなイメージもあったのかもしれない。

日本人の心情として、投資から得る所得への否定的な見方があるとも感じている。お金は勤労から稼ぐものであって、お金がお金をうむような生業は

図表1 日米欧の株価

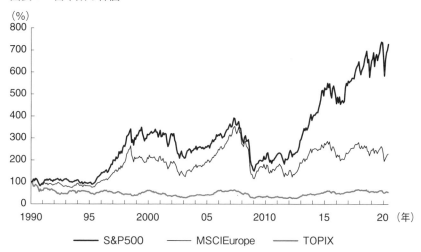

(注) 日米欧の株価インデックスは1990年1月を100とした数字（円換算）。
出典：Bloomberg

よくない、つまり「怪しいもの、強欲」と考える文化的素地があるのかもしれない。欧州の中世において金融業に携わるのは、敬虔なカソリック教徒ではなく『ヴェニスの商人』に象徴される異教徒のユダヤ人であった。日本でも、江戸時代における士農工商の階級社会のなかで、商人の仕事はいちばん下であるという認識が醸成されてしまったのかもしれない。

## 金融リテラシーとバブル

　筆者は1980年代後半、ロンドンのシティーで当時英国最大の資産運用会社における日本株の運用責任者であった。サッチャー首相になり同国の経済は回復してきていたが、ドイツなどに比して産業面での競争力を失っていた。だからこそ、英国国内株式への投資を減らし、経済が好調で企業活動の活発な国への国際分散投資が進んでいた。日本株については投機的な値上りがみられていたが、優秀な人材を使い情報を取り入れ、企業財務分析などのファンダメンタルズに基づいた投資をしていた。

　他方で、バブル時代の日本の機関投資家や個人投資家はファンダメンタル

な分析を軽視し、センチメントで投資というより投機をし続けた。その結果、バブルを招来し、その崩壊を経験することになってしまった。これは金融リテラシーの欠如以前の問題かもしれないが、個人の投資家も金融リテラシーがあればバブル崩壊の危険に気がついたかもしれない。

それから30年以上が経ち、投資手法・分析も金融理論に基づいたものに変わってきた。短期売買よりも長期投資がよいとされ、回転売買なども推奨されなくなった。しかしながら、バブル崩壊で大きな損失を受けた反動で、「投資＝投機＝危険」と考え、リスクを許容せず海外の投資の機会もうまくとらえられない悪循環にある。

## 国際分散投資と情報収集

日本の経済が人口減少とともに低迷していくなかで、投資のリターンを高めるため自国への投資バイアスを減らし、将来性のある海外の企業に国際分散投資をさらに進めていく必要がある。それを可能にするには、世界の政治経済の情報を集め、緻密な経済分析をすることが欠かせない。

海外から日本に帰国して驚いたことは、日本のニュース番組は国内の情報に限られている。また政治・経済よりも社会面に多くの時間が割かれている。世界経済や金融に関するわかりやすい説明や情報が不足していることが、金融リテラシーの向上を阻害しているといえよう。基本的な情報がないと、投資判断はむずかしい。たとえば、ブラジルの政治経済の動向を知ったうえでレアル投資を勧める金融機関のセールストークを聞いたほうがいい。「金利が高いがレアルの暴落リスクはないのか」など、さまざまな投資シナリオを自分の頭で考えてみる。

同じように、株式を買う場合、その会社の戦略や商品ラインアップ、業界の将来などについて十分考えて投資したほうがいい。その会社のリスクについても調べておけば、価格の変動にも一喜一憂しないですむ。デリバティブや仕組債など、しっかりと説明を受けて理解してから投資判断することが肝要である。そして、知識や投資情報を増やす時間のない人は、信用できる外部のアドバイザーを探し、外部の知見を活用することが推奨される。

## 豊かな生活を実現するためには

　日本の国民が頼ってきた、政府・企業による年金制度は、もはやそれだけで老後の生活を保障するものではなくなった。個々人が金融リテラシーを深めて、自分の生活を防衛していかなければならない。自国の経済の動向にかかわらず、将来性のある企業に長期的な視野に基づいた国際分散投資をすることによって、世界の経済のダイナミズムから利益を得ることができる。また、ハイリスクと考えられているデリバティブも使い方によっては投資の損失を抑えることもできる。これらの理由により、筆者は生きた金融・経済の知識と金融商品を選ぶ知見が国民の豊かな生活に必要なスキルだと考える。若いうちから金融市場や経済に興味をもち、外部の知見も活用しながら、必要な知識を蓄積することの重要性は、いくら強調してもし過ぎることはない。

# 序章

# 金融リテラシーとは何か

ニッセイ基礎研究所金融研究部主任研究員　福本　勇樹

# ① はじめに

　これから金融リテラシーについてさまざま議論していく前に、まずは手始めに、読者自身で以下の問題を解いてみてほしい。

【問題1】
　下記の請求書は、ＸＸがＹＹ株式会社から電子メールで受領したものである。

---

ＸＸ様
東京都○○区
□番△号

請求書
請求書番号：2034
発行日：2019年10月1日
ＹＹ株式会社
神奈川県横浜市■■区
●番■号

| 製品コード | 商品名 | 数量 | 単価 | 合計（税抜） |
|---|---|---|---|---|
| TO11 | Ｔシャツ | 3 | 2,000円 | 6,000円 |
| J023 | ジーンズ | 1 | 6,000円 | 6,000円 |
| S002 | スカーフ | 1 | 1,000円 | 1,000円 |

合計（税抜）：　　　13,000円
税金：　　　1,300円
送料（税込）：　　　1,000円
合計（税込）：　　　15,300円
前払金：　　　0円

請求額合計　　　15,300円
支払期日　　2019年10月31日

---

**Q 1** この請求書がＸＸに送付された理由は？（レベル１）

 1．ＸＸがＹＹ株式会社にお金を支払う必要があるため

 2．ＹＹ株式会社がＸＸにお金を支払う必要があるため

 3．ＸＸがＹＹ株式会社にお金を支払ったため

 4．ＹＹ株式会社がＸＸにお金を支払ったため

**Q 2** この請求書で請求されている配送にかかる費用はいくらか？（レベル２）


【問題２】

 以下のグラフは、過去１年間（2018年10月〜2019年9月）のＺＺ株式会社の株価推移について示したものである。

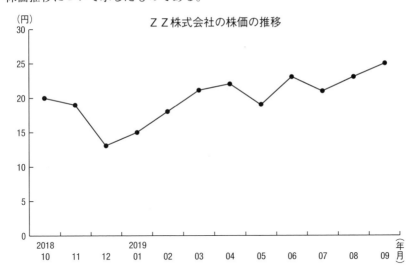

**Q 3** ＺＺ株式会社の株式を最も有利な価格で購入できたのは2018年12月であった（レベル３）。

 1．はい

 2．いいえ

**Q 4** ＺＺ株式会社の株価は、この１年間で50％上昇した（レベル３）。

 1．はい

２．いいえ

【問題3】

　以下は、ＸＸの就業先から受領した給与明細書の一部である。

```
給与明細書：ＸＸ様（社員番号：0xxxx56）
  役職：主任                    2019年7月1日～2019年7月31日

  総支給金額                         280,000円
  所得控除額                          30,000円
  差引支給金額                        250,000円

  今年度の総支給金額                 1,960,000円
```

**Q5**　雇用主から給与としてＸＸの銀行口座に振り込まれる額はいくらか？

（レベル4）

１．280,000円

２．30,000円

３．250,000円

４．1,960,000円

【問題4】

　ＺＺ銀行に銀行口座をもつＸＸは、以下の電子メールを受信した。

```
ＺＺ銀行に銀行口座を保有しているお客様

大変申し訳ございませんが、ＺＺ銀行のサーバーでエラーが発生し、インター
ネットログインに関する情報が失われました。このため、インターネットバン
キングにアクセスできなくなっており、現在お客様の銀行口座が安全ではない
状況にございます。

以下のリンクをクリックして、ページの指示に従ってください。アクセスを回
復していただき、銀行口座に関する詳細な情報を入力してください。
```

https://ZZBank.co.jp/

ＺＺ銀行カスタマーサービスセンター

**Q6** このメールに対して、インターネットバンキングに関する口座情報を返信しなければならない（レベル5）。

　1．はい

　2．いいえ

**Q7** このメールについて、銀行に問い合わせるべきである（レベル5）。

　1．はい

　2．いいえ

**Q8** リンク先が銀行のものと同様の場合、リンクをクリックして、ページの指示に従って対応するべきである（レベル5）。

　1．はい

　2．いいえ


　OECD（Organisation for Economic Co-operation and Development：経済協力開発機構）が進めているPISA（Programme for International Student Assessment）と呼ばれる15歳を対象にした国際的な学習到達度に関する調査がある。PISAの調査は3年ごとに実施されており、読解力、数学リテラシー、科学リテラシーの3分野の調査が中心である。日本も3分野の調査に参加しており、2018年は数学リテラシーで6位、科学リテラシーで5位、読解力が15位であった。この調査から、日本人は数学と科学に関する知識の応用力が高いとしばしば指摘される。

　PISAでは、金融リテラシーに関する国際的な調査が2012年から開始され、2018年の調査では20の国々と地域の約11万7,000名の学生が参加した（これまで日本はPISAの金融リテラシーの調査に参加していない）。

　上記の小問8つは、PISAで2012年に出題された金融リテラシー調査のサ

ンプル問題を参考に、日本人が回答する前提で問題設定を多少変更したものである。レベル１が日常生活に必要とされる知識と簡易的な四則演算で回答できるもので、レベルが上がるにつれて、15歳にとってはやや非日常的なものにはなっていくものの、社会人になってからも要求されるような金融関連の知識や判断力について問うようなものになっている。

　順に正しい解答は、Ｑ１：１．ＸＸがＹＹ株式会社にお金を支払う必要があるため、Ｑ２：1,000円、Ｑ３：１．はい、Ｑ４：２．いいえ、Ｑ５：３．250,000円、Ｑ６：２．いいえ、Ｑ７：１．はい、Ｑ８：２．いいえである。

　これらの問題にすべて正答できれば、OECDが考える「国際的に15歳の時点で求められる金融リテラシーの水準」を満たしていることを意味している。これらの出題内容から、国際的に15歳の時点で求められている金融リテラシーの中身というものは、オンラインショッピング等で店舗から送付された請求書が読めること、新聞やテレビ報道などで報じられる株価推移の意味が理解できること、就業先から配布される給与明細書の内容が理解できること、電子メールによるフィッシング詐欺に引っ掛からないことなど、日常生活を送るうえで基本的かつ重要な事項であることがわかる。

　日本では「金融リテラシー」と聞くと、一般に難解なものとしてとらえられがちである。しかしながら、PISAの調査にあるように、本来金融リテラシーとして必要とされている事柄は、普通の人が日常生活を送るうえで必要とされるお金に関する知識や判断力であることがわかる。よって、金融リテラシーとは、決して金融業界で働く専門的な人材のみに求められるような高度な知識や能力だけを意味しているのではなく、もっと幅広く、普通の人が日常生活を送るうえで、誰にとっても必要な知識や判断力の１つなのである。

## ❷ 金融リテラシーとは何か

　経済のグローバル化や金融の自由化に伴って、日本の消費者は海外の金融

市場で取引されるようなものも含めて、国内外のさまざまな金融商品や金融サービスにアクセスすることが可能になっている。消費者はそれぞれのニーズや目的にあったものを選択することができる。つまり、消費者はさまざまな金融商品や金融サービスを活用しながら、各自のライフプランや将来の人生設計にあわせて家計の管理や資産形成を行うことができるような環境下にある。

　また、テクノロジーの進化に伴って、さまざまな金融商品や金融サービスが開発されている。金融商品や金融サービスには、誰にでも親しみのあるようなものもあれば、日々刻々と変化する経済情勢に伴って価格が変動するようなものや、仕組みが複雑で一定以上の専門知識を必要とするものもある。消費者が金融商品や金融サービスの利用に際して十分に留意点について理解しないまま購入・利用してしまい、多額の損失を被ったり、過度の借金を背負ってしまったりなど、経済的な問題が生じることがある。無計画な借入れによって返済不可能なレベルの借金を背負ってしまうといったこともよくある問題である。

　日本では2005年のペイオフ解禁拡大（銀行等が破綻した際に元本1,000万円とその利息しか預金の払戻しを受けられる保証がないとする制度変更のこと）が象徴的だが、家計の管理や資産形成のためのさまざまな選択を消費者自身の意思決定に委ねるような制度変更が行われてきているのは、日本に限らず世界的な潮流である。たとえば、年金制度は将来の年金生活の経済的な安定を政府や企業に頼るような制度から、消費者自らがどのように資産を運用して老後資金を増やしていくのか意思決定するような制度への移行が世界的に徐々に進められている状況にある。日本で2019年夏に話題になった「老後2,000万円問題（老後生活のために年金受給以外に2,000万円の金融資産が必要だとする議論）」も、ある意味経済的な自立や安全の確保を消費者の意思決定に徐々に委ねていく世界的な流れのなかで生じた議論といってよい。

　消費者がこのような環境下において家計の管理や資産形成を安定的に行っていくためには、金融当局による法律・規制や各業界団体による適切なルールが不可欠であるが、それだけでなく、各個人が金融や経済の知識を得なが

ら、どの金融商品や金融サービスが自らにとって適切なのかを、主体的に検討し選択していく判断力が必要である。このような金融商品や金融サービスを利用するうえで必要となる金融や経済に関する知識や判断力のことを、一般的に「金融リテラシー」と呼ぶ。

## ③ 金融リテラシーはあったほうがよいのか

　金融リテラシーを高めることにどのような利点があるのかについて考察するうえで、日本人も参加した海外の調査報告書の内容について紹介したい。2015年に発表された金融リテラシーに関する報告書（S&P Global Financial Literacy Survey）によると、各国の「金融リテラシーの水準」と「1人当り名目GDP」との関連性が高かったことが報告されている。図表0－1は、この報告書による「各国の金融リテラシーのある人の割合」と「1人当り名目GDP（2017年）」を並べたものである。名目GDPとは「国内で一定期間内に生産されたモノやサービスの付加価値の合計額」のことである。名目GDPは国内（家計、企業、政府）に分配された収入の総和になる（三面等価の原則）。そのため、1人当り名目GDPはその国の経済的な豊かさを示す指標としてしばしば利用される。

　図表0－1から、1人当り名目GDPが2万米ドル（約220万円）以上の国・地域に着目すると、金融リテラシーのある成人の割合が高くなると、1人当り名目GDPも大きくなる傾向があることがわかる。この理由の1つとして、労働によって得られた収入（労働所得）だけではなく、資産運用等によって得られた収入（資本所得）も加わるためと考えられる。つまり、これらの因果関係をどのようにとらえるべきかという問題について考慮する必要はあるが、金融リテラシーの向上は経済的な豊かさと密接に関連している可能性が高い。経済的な豊かさを得ることは、自らの将来のライフプランの選択肢が広がるだけではなく、各個人の幸福度の増大にも寄与するだろう。

　一方で、図表0－1は1人当り名目GDPが一定程度の水準に達していな

図表 0 − 1　金融リテラシーのある成人の割合（2015年調査）と1人当り名目
　　　　　 GDP（2017年）

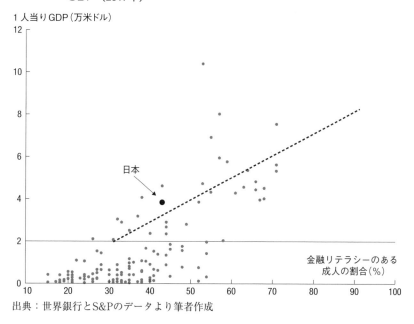

出典：世界銀行とS&Pのデータより筆者作成

い場合、金融リテラシーがあったとしても、経済的豊かさを得ること、つま
り、生活水準を高めていくことがむずかしいことも示唆している。ほかに
も、先進国のほうが新興国よりも金融リテラシーが高い、富裕層のほうが貧
困層よりも金融リテラシーが高い、男性のほうが女性よりも金融リテラシー
が高い、教育水準が高い人のほうが低い人よりも金融リテラシーが高いな
ど、社会的な問題に起因するとみられる金融リテラシーの格差についても報
告されている（後述）。このように、金融リテラシーの水準が経済的な豊か
さとリンクしていることには社会的な格差問題が内包されているのである。
　一般的に、金融リテラシーが低い層ほど、高金利で借金するなど、金融商
品や金融サービスを効率的に活用できていないことが多くなる。このような
合理的ではない行動を積み重ねていくことで、結果的に貯蓄等の金融資産規
模が安定的に拡大せず、経済的な豊かさを得ることがより困難になることも
ある。逆に、金融資産をもつ金融リテラシーの高い層は効率的に金融商品や

金融サービスを活用することで安定的に金融資産を増やしていき、経済的な豊かさを享受することができる可能性が高い。金融リテラシーの水準の差異が経済格差を広げる一因になっていると考えられる。

　このような問題点を指摘する報告書がほかにも数多く公表されており、金融リテラシーが経済的な豊かさと密接に関係している事実が幅広く共有されるようになっている。貧困などの社会的問題を解決していく意味合いも含めて、銀行口座を開設して貯蓄の習慣を促し、金融商品や金融サービスへアクセスするための基盤を強化するだけではなく、すべての人々の金融リテラシーの水準を向上させて経済的に持続可能な生活をおくることのできる環境を構築することは世界共通の課題になっている。経済成長とその成果を国民すべての人々が享受できることを目的として、国家主導で金融教育などの国民の金融リテラシー水準を高めるような施策を導入するようなケースも多くみられる。また、それにあわせて、一定以上の金融リテラシーが必要な金融商品や金融サービスの不適切な提供によって、消費者が経済的な被害を受けないようにするため、政府による法律・規制の整備や、各業界団体による自主規制ルールによって利用者を保護することについても重要視されている。

## ④　日本における金融リテラシーの水準はどうか

### (1)　日本人の金融リテラシーは決して高いとはいえない

　前項では、海外の調査事例から、金融リテラシーの水準と経済的な豊かさの間には密接な関係があることについて紹介した。次に、日本人の金融リテラシーの状況について紹介したい。

　まずは、前項で紹介した海外の調査（S&P Global Financial Literacy Survey (2015)）から、日本人の金融リテラシーの調査結果について海外との比較を行ってみたい。この調査では141の国と地域における金融リテラシーの水準について調査している（図表０−２参照）。そのなかで、金融リテラシーのあ

図表0−2　金融リテラシーのある成人の割合の国・地域別順位
　　　　　（2015年調査：一部抜粋）　　　　　　　　　（単位：%）

| 順位 | 国 | 金融リテラシーのある成人の割合 |
|---|---|---|
| 1 | デンマーク | 71 |
| 1 | ノルウェー | 71 |
| 1 | スウェーデン | 71 |
| 4 | カナダ | 68 |
| 4 | イスラエル | 68 |
| 6 | 英国 | 67 |
| 7 | ドイツ | 66 |
| 7 | オランダ | 66 |
| 9 | オーストラリア | 64 |
| 10 | フィンランド | 63 |
| 11 | ニュージーランド | 61 |
| 12 | シンガポール | 59 |
| 13 | チェコ | 58 |
| 14 | スイス | 57 |
| 14 | 米国 | 57 |
| 16 | ベルギー | 55 |
| 16 | アイルランド | 55 |
| 18 | ブータン | 54 |
| 18 | エストニア | 54 |
| 18 | ハンガリー | 54 |
| 21 | オーストリア | 53 |
| 21 | ルクセンブルク | 53 |

| 38 | 香港 | 43 |
| 38 | 日本 | 43 |
| 40 | ポーランド | 42 |
| 40 | 南アフリカ | 42 |
| 42 | チリ | 41 |
| 42 | モンゴル | 41 |
| 42 | トルクメニスタン | 41 |
| 42 | ジンバブエ | 41 |

出典：S&Pのデータより筆者作成

る成人の割合は、日本では43％と報告されている。デンマーク（71％）、ノルウェー（71％）やスウェーデン（71％）といった北欧諸国において金融リテラシーのある成人の割合が最も高く、次にカナダ（68％）、イスラエル（68％）、英国（67％）、ドイツ（66％）やオランダ（66％）といった国々が続く。米国は57％であるなど、先進国における金融リテラシーの水準は相対的に新興国と比べて高い結果となっている。この調査結果をみると、日本国内における金融リテラシーの水準の世界ランクは38位となっており、残念ながら、他の先進国と比較して決して高いとはいえない状況にある。

　このように世界の先進国と比較して低位にとどまっている日本人の金融リテラシー水準が、経済的な豊かさを示す1人当り名目GDPが他の先進国と比較して劣後している要因の1つという側面は無視できないだろう（2017年の1人当り名目GDPの世界ランクは25位）。

　図表0－3は米国と日本の家計所得の状況について比較したものである。米国の家計は日本の家計と比較して財産所得（金融資産所得や不動産所得）の占める割合が大きく、さらに徐々に高まっている。このような資本所得の効果も含めて所得全体をどのように高めていくかは、国民の経済的な豊かさを高めていくうえで重要な観点である。

## (2)　日本人の金融リテラシーの特徴と海外との比較

　次に日本国内で実施された金融リテラシーの調査から、日本人の金融リテラシーについてさらに深く分析してみたい。2019年に公表された「金融リテラシー調査（金融広報中央委員会）」では、日本における18歳以上の個人に対して行った金融知識・判断力に関する正誤問題の正答率が示されている。その結果をみると、年収や金融資産規模が高いほど正答率が高くなる傾向が観察できる。つまり、日本においても金融リテラシー水準の高低が経済的な豊かさと密接に関連していることがわかる（図表0－4、0－5参照）。

　また、海外と同様に金融リテラシーの水準に男女格差もみられる。日本ではどの年齢階層でみても男性のほうが女性よりも金融リテラシーの水準が高いとする結果が出ている（図表0－6、0－7参照）。

図表 0 − 3　日本（兆円）と米国（百億ドル）の家計所得の状況（左軸）（黒線は
財産所得÷勤労所得の推移（右軸））

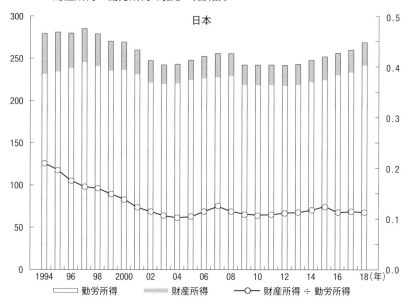

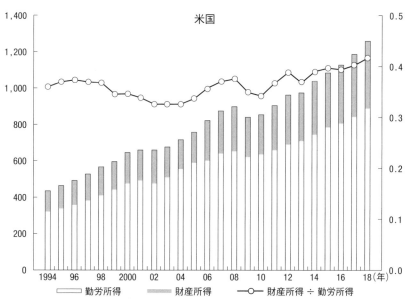

出典：内閣府、米Breau of Economic Analysisのデータより筆者作成

図表0−4 「年収別」の正誤問題の正答率（日本の調査）

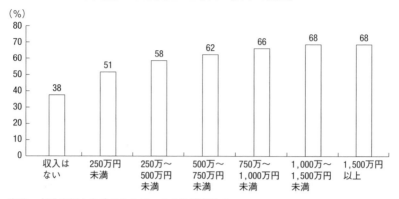

出典：金融広報中央委員会のデータより筆者作成

図表0−5 「金融資産の金額別」の正誤問題の正答率（日本の調査）

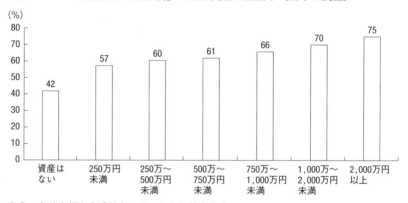

出典：金融広報中央委員会のデータより筆者作成

　金融・経済の情報に触れている頻度も金融リテラシーの水準と密接に関係している。やはり、金融リテラシーが身につくかどうかは、日常生活において金融や経済に関する情報に対して各個人が興味をもつかどうかが大きく影響するのだろう（図表0−8参照）。

　日本人の金融リテラシー水準には海外とは異なる特徴もある。先述した海外の調査によると、先進国では36〜50歳の層が最も金融リテラシーの水準が高く、新興国では年齢が高くなるにつれて金融リテラシーの水準が低下して

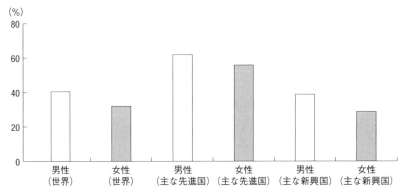

図表0-6 「男女別」の金融リテラシーのある成人の割合（海外の調査）

出典：S&Pのデータより筆者作成

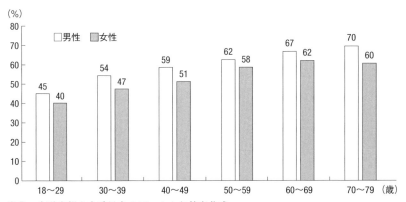

図表0-7 「男女別」の正誤問題の正答率（日本の調査）

出典：金融広報中央委員会のデータより筆者作成

いく傾向がみられる（図表0-9参照）。なぜ一定水準以上に年齢が高くなると金融リテラシーの水準が低下していくのかという問題については、気力や体力の衰えといった事情だけではなく、記憶力や認識力の低下の観点からの分析も含めて、現在、金融ジェロントロジーの領域で研究が行われているところである。

　一方で、日本の金融リテラシー水準は年齢が高くなるにつれて金融リテラシーの水準が徐々に高くなっていることがわかる。日本において高齢者の金

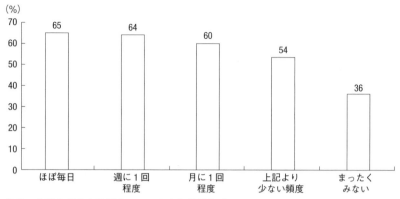

図表 0 - 8 「金融・経済情報をみる頻度別」の正答問題の正答率（日本の調査）

出典：金融広報中央委員会のデータより筆者作成

「金融・経済情報を月 1 回もみていない人」の割合
（正答問題の正答率別）（日本の調査）

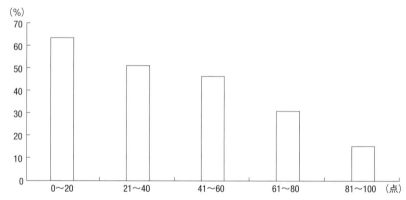

出典：金融広報中央委員会のデータより筆者作成

融リテラシーの水準が最も高い背景として、高齢者が最も金融資産をもっているという事情が影響している可能性が高い。日本では長寿命もあって、退職後の長い年月を退職金と年金で生活をまかなう必要のある高齢者が、金融商品や金融サービスについての知識や判断力を最も身につけているということになる（図表 0 -10、0 -11参照）。

　金融リテラシーの水準が高い場合、一般的に金融商品や金融サービスを利

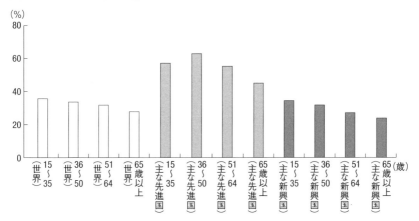

図表0−9 「年齢階層別」の金融リテラシーのある成人の割合（海外の調査）

出典：S&Pのデータより筆者作成

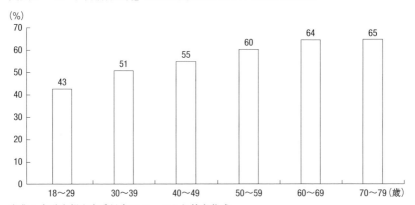

図表0−10 「年齢階層別」の正答問題の正答率（日本の調査）

出典：金融広報中央委員会のデータより筆者作成

用する際に合理的な行動が選択される。しかしながら、日本において金融リテラシーの水準が最も高いとみられる高齢者が必ずしも合理的な選択をしているわけではない。なかでも「お金を必ずもらえるとの前提で、①いま10万円をもらう、②1年後に11万円をもらう、という2つの選択があれば、①を選ぶ」という問いに対して「当てはまる」を選ぶ回答者の割合は年齢が高くなるにつれて増える傾向がある。この問いについては、現在、金利が1％よ

図表0−11 「年齢階層別」の貯蓄・負債の保有状況（左軸）と貯蓄に占める有価証券の比率（右軸）（日本の2人以上世帯）

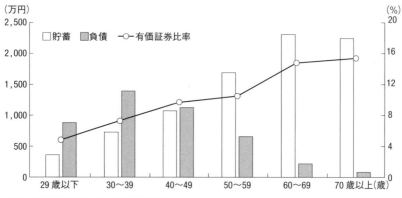

出典：総務省のデータより筆者作成

図表0−12 「近視眼的行動バイアス」が強い人の割合（日本の調査）

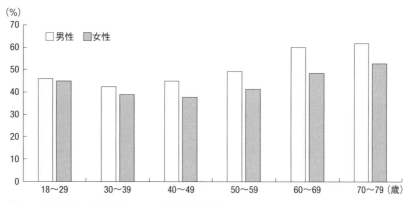

出典：金融広報中央委員会のデータより筆者作成

りも極端に低い低金利時代にあるなかで、1年で10％も確実に利息が得られるため、「当てはまらない」を選ぶのが正しいことになる。これを「近視眼的行動バイアス（非合理であっても、将来の利益よりも直近に得られる利益を優先してしまう）」と呼ぶが、日本において最も金融リテラシーが高いと考えられる高齢層であっても、合理的な行動を確実に選択できているわけではないということである（図表0−12参照）。この点は、寿命を意識する人が増える

ということも影響しているかもしれない。

# ⑤ 金融リテラシーの水準に格差が生じるのはなぜか

　金融リテラシーの水準に格差が生じる理由については諸説あるが、いくつか可能性が高いものについて紹介してみたい。

## (1)　一定水準の教育を受けられる環境の有無

　先述した海外の調査（S&P Global Financial Literacy Survey（2015））では、以下の４つの設問に関する理解を問うている（注：調査報告書で提示された設問から、日本人が回答する前提で問題設定を多少変更している）。金融や経済に対する知識事項について４問中３問以上正答すると「金融リテラシー」があると判断している。この設問に正確に回答できるか否かが、金融リテラシー水準の高低を生む要因について考察するうえで１つのヒントになると考えられる。

**【問題１】**

　あなたはいくらかのお金をもっているとします。１つの事業や投資商品にお金をすべて投入する場合と、複数の事業や投資に分割してお金を投入する場合とで、どちらが安全でしょうか？

**【問題２】**

　今後10年間で、あなたが普段購入するある商品の価格が２倍になるとします。それと同時に、あなたの収入も２倍になるとします。あなたが10年後に購入できるある商品の量は、今日購入する場合と比較して、少なくなる、同じである、多くなる、のどれでしょうか？

【問題3】

　あなたは10,000円を借りる必要があるとします。10,000円を借り入れると、返済日における一括の返済額が10,500円のローン商品と、10,000円と3％の利子の合計額になるローン商品のどちらかを利用することができます。あなたはどちらのローン商品を選択しますか？

【問題4】

　銀行の預金口座にあなたが2年間預けると、1年後と2年後にあなたの預金口座の預入額に対して3％の利息が支払われるものとします。銀行が2年後にあなたの口座に支払う利息額は、1年後に支払われる利息額よりも、多くなる、同じである、少なくなる、のどれでしょうか？

　また、あなたが5年間預けると毎年預入額に対して3％の利息が支払われる預金口座に10,000円を預けていたとします。5年間、口座からお金を引き出さなかった場合、口座にはいくらの金額が預け入れられているでしょうか？　11,500円よりも少ない、ちょうど11,500円、11,500円よりも多い、の3つの選択肢から選んでください。

　これらの問題は、金融商品を選ぶうえで重要となる「分散効果」「インフレーション（物価）」「金利計算」「複利」の理解を確認するためのものである。順に「分割してお金を投入した場合」「同じである」「10,000円と3％の利子の合計額を返済するローン商品」「多くなる、11,500円よりも多い」がそれぞれ正解である。

　先進国では学校教育で基本的な水準の教育が行き届いていることで、若い年齢階層でみても金融リテラシーの水準は新興国と比べてその水準が高いものになっていると考えられる。たとえば、金融リテラシーの高低は、数学リテラシー（数学に関する知識や能力）の水準と関連性があることが知られている。図表0－13は、先述した海外の調査事例による各国の「金融リテラシーのある成人の割合（2015年調査）」とPISAの「15歳の数学リテラシーの水準（2015年調査）」を並べたものである。金融リテラシーのある成人の割合につ

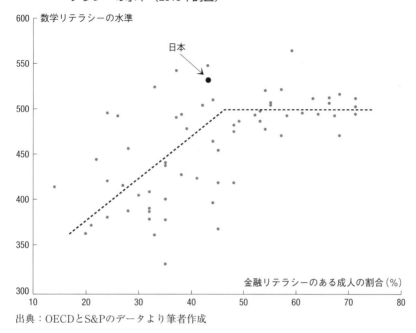

図表0−13　金融リテラシーのある成人の割合（2015年調査）と15歳の数学リテラシーの水準（2015年調査）

出典：OECDとS&Pのデータより筆者作成

いて、一定水準（40％中盤）を境に数学リテラシーとの関係性に変化がみられることがわかる。金融リテラシーのある成人が一定水準以上の割合で存在している国・地域では数学リテラシーも一定水準ある一方で、金融リテラシーのある成人の割合が高くない国・地域では数学リテラシーの水準もそれほど高くないことがわかる。

　この結果から、金融リテラシーを身につけていくには、まずは、数学の基礎的な内容に対する理解が必要条件ということになるだろう。特に、先の設問でしばしば問われたように「パーセント（％）の計算方法」への理解が重要になるのではないか。金融や経済に関する情報では、「インフレ率は○％」「住宅ローン金利は△％」といったパーセントを用いる表現がよく使用される。長期運用の効果を理解するには、複利効果を理解する必要があるが、これは「1＋パーセント÷100」を累乗（複数回掛け算）したときの計算結果の

イメージをもっているかどうかということである。

　一方で、新興国では、1人当り名目GDPが相対的に低いという理由だけ
ではなく、経済発展とともに国内の教育水準が徐々に高まっている状況のな
かで、基礎的な数学の知識や理解も含めて、十分に教育を受けられなかった
世代が一定程度存在していることが、金融リテラシーの水準が低位にとどま
っている要因になっているのではないかと思われる。

### (2)　金融教育の有無

　先に紹介した日本の調査事例（金融リテラシー調査（金融広報中央委員会
(2019)）では、金融教育を受けたかどうかで有意に金融リテラシーの水準に
差異があったと報告している。特に他の世代と比較して、金融リテラシー水
準が低かった若い世代が多く含まれる「学生」のカテゴリーにおいて、金融
教育を受けたか受けていないかで正答率の差が大きくなっている。金融や経
済に関する知識や判断力について、若い世代のうちから学校や家庭において
教育を受けておくことは、金融リテラシーの水準を高めていくうえで効果的
だと考えられる（図表0－14参照）。

　日本では「金融教育」と呼ぶ場合、一般に、生徒や学生が学校で金融に関
する教育を受けることを指す。しかし、海外では一般成人も生涯学習として
金融に関する教育を受けることが重要視されている。金融商品や金融サービ
スの自由化が進展し、これらを活用して家計の管理や資産形成を行う消費者
も、生涯学習の一環として金融における技術革新について学んでいく必要が
あるだろう。

　また、金融教育を受けることによって、単純に金融リテラシーに関する問
題の正答率が上昇するだけではなく、正答率が上がることで金融に関する
サービスを享受するうえで合理的でない行動（偏見やバイアス）の回避につ
ながることがわかっている（図表0－15参照）。金融において合理的でない行
動を蓄積すると最終的に資産運用における中長期的な収益率の悪化につなが
り、長期の資産形成に悪影響を及ぼすことになる。

　つまり、金融教育の推進は、国民の経済的な安定に寄与すると解釈でき

図表 0 −14　金融教育を受けた人の割合（正誤問題の正答率別）（日本の調査）

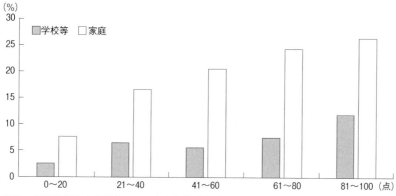

出典：金融広報中央委員会のデータより筆者作成

金融教育を受けた学生と受けていない学生の
正誤問題の正答率の差異（日本の調査）

（％）

|  | 金融教育 | |
|---|---|---|
|  | 受けた学生 | 受けていない学生 |
| 正答率 | 53.6 | 39.6 |

出典：金融広報中央委員会のデータより筆者作成

図表 0 −15　正誤問題の正答率が高い人の特徴（日本の調査）

| 金融教育 | 行動特性・考え方 | 影響・結果 |
|---|---|---|
| 金融教育を<br>受けている<br>人が多め | 情報を頻繁にみている<br>家計管理がしっかりしている<br>計画を立てている<br>他の商品と比較している<br>調査している<br>相談している<br>商品性を理解したうえで購入<br>緊急時の備えをもっている<br>損失回避傾向が弱い | 金融トラブルが少なめ<br>消費者ローンの利用が少なめ<br>借入れの負担感が低め<br>経済ショックへの耐性が強め<br>リスク性資産への投資が多め |

出典：金融広報中央委員会の報告書より転載

る。そのため、政府が金融教育を推進して、国民の資産形成をアシストしていくような政策を導入するような事例もみられる。

## (3) 家計の管理や資産形成の必要に迫られるかどうか

先進国において36～50歳で最も金融リテラシーが高くなる背景として、退職後のための資産形成に限らず、結婚生活に加えて住宅ローンを活用した住宅購入や子供の進学、遺産相続や贈与といったライフイベントもこの時期に集中するため、経済や金融に関する知識を高めておく必要性があるためと考えられる。

日本でも同様に、学校卒業後に収入を得るようになって、税金や社会保障の仕組みについて勉強し始める人が多いのではなかろうか。収入を得るようになり、家計の管理や退職後に向けた資産形成に迫られるようになって、必要に応じて情報収集など行っていくことで金融リテラシーが徐々に高まっていくのではないかと考えられる。

金融リテラシー調査（金融広報中央委員会（2019））をみると、20代、30代、50代で退職後の生活費用を意識する人の割合は年齢が高くなるにつれて高くなる（図表0－16参照）。逆にいえば、年齢が高くなるにつれて金融リテラシーの水準が高くなっていく日本独特の特徴の背景には、年齢が高くなるにつれて、退職後の生活費について意識する人が「徐々に」増えていくような

図表0－16　年代別の「定年退職後の生活費についての準備状況」（日本の調査）

20代　　　　　（単位：％）

| | あり | なし |
|---|---|---|
| 必要費用と意識 | 46.5 | 53.5 |
| 必要額の認識 | 26.6 | 73.4 |
| 資金計画の策定 | 19.4 | 80.6 |
| 資金の確保 | 9.5 | 90.5 |

30代　　　　　（単位：％）

| | あり | なし |
|---|---|---|
| 必要費用と意識 | 62.8 | 37.2 |
| 必要額の認識 | 31.3 | 68.7 |
| 資金計画の策定 | 24.5 | 75.5 |
| 資金の確保 | 9.2 | 90.8 |

50代　　　　　（単位：％）

| | あり | なし |
|---|---|---|
| 必要費用と意識 | 79.7 | 20.3 |
| 必要額の認識 | 51.1 | 48.9 |
| 資金計画の策定 | 34.6 | 65.4 |
| 資金の確保 | 26.1 | 73.9 |

出典：金融広報中央委員会の報告書より転載

社会環境が影響しているのではないかと考えられる。

## ⑥ 金融リテラシーを身につけるには

　前項で紹介したように金融リテラシーの差異を生む要因として「一定水準の（特に数学の）教育」「金融教育を受けた経験があるか」「家計の管理や資産形成の必要に迫られるかどうか」などが大きく作用していると考えられる。

　金融庁の「金融経済教育委員会」が2013年に公表した報告書では、次の4分野・15項目の「最低限身につけるべき金融リテラシー」があげられている。


分野1：家計管理
　⑴　適切な収支管理（赤字解消・黒字確保）を習慣にすること
分野2：生活設計
　⑵　ライフプランを明確にすること
分野3：金融と経済の基礎知識と、金融商品を選ぶスキル
【金融取引の基本としての素養】
　⑶　契約をするとき、契約の基本的な姿勢（契約書をよく読む、相手方や日付・金額・支払条件などが明記されているか、不明点があれば確認するなど）を習慣にすること
　⑷　情報の入手先や契約の相手方である業者が信頼できるかどうかを必ず確認すること
　⑸　インターネット取引の利点と注意点を理解すること
【金融分野共通】
　⑹　金融と経済の基礎知識（単利・複利などの金利、インフレ、デフレ、為替、リスク・リターンなど）や金融経済情勢に応じた金融商品の選択について理解すること

(7) 取引の実質的なコスト（価格、手数料）を必ず確認すること

【保険商品】

(8) 自分にとって保険でカバーしたい事態（死亡、病気、火災など）が何かを考えること

(9) カバーすべき事態が起きたとき、必要になる金額を考えること

【ローン・クレジット】

(10) 住宅ローンを組む際の留意点を理解すること

　ア　無理のない借入限度額の設定、返済計画を立てること

　イ　返済をむずかしくさせる事態に備えること

(11) 無計画・無謀なカードローンやクレジットカードなどの利用を行わないことを習慣にすること

【資産形成商品】

(12) 高いリターンを得ようとする場合には、より高いリスクを伴うことを理解すること

(13) 資産形成における分散（運用資産の分散、投資時期の分散）の効果を理解すること

(14) 資産形成における長期運用の効果を理解すること

分野4：外部の知見の適切な活用

(15) 金融商品を利用するにあたり、外部の知見を適切に利用する必要性を理解すること

# ❼ 金融に関する基礎知識とはどういうものか

本項では、金融リテラシーを高めていくうえで重要となる金融に関する基礎的な知識について紹介する。

## (1) 金融とは何か——間接金融と直接金融

「資金余剰者（お金の余っている主体）」が「資金不足者（お金の不足してい

る主体)」に対してお金を融通することを金融と呼ぶ。金融機関の主な役割は金融商品や金融サービスを通じて、資金余剰者と資金不足者の間に入ってお金の橋渡しをすることである。

お金を融通するやり方に「間接金融」と「直接金融」がある。間接金融を行う金融機関は預貯金を取り扱う銀行、信用金庫や信用組合等と、預貯金を取り扱わない保険会社やノンバンク（クレジットカード会社、消費者金融など）に分類される。直接金融を担うのは証券会社である。また、間接金融と直接金融の中間的な立ち位置にあるものとして投資信託や証券化商品などがある（図表0−17参照）。

間接金融と直接金融の主要な違いは、資金余剰者が資金不足者へお金を融通した後に、資金不足者がお金を返せなくなった場合の取扱いである。その損害を被るのが仲介した金融機関の場合は「間接金融」、資金余剰者の場合は「直接金融」である。

間接金融では資金余剰者のお金がどの資金不足者に提供されたかはわからない一方で、直接金融ではどの資金不足者に提供されたかが明確である。

図表0−17　間接金融と直接金融

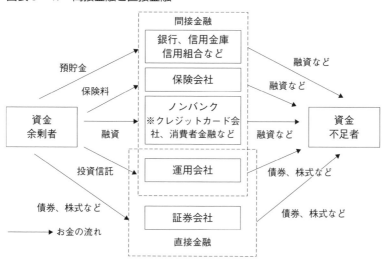

## (2) 金融商品と金融サービス

　金融機関では、消費者に対して金融商品の販売だけではなく、資金決済などのさまざまなお金にかかわるサービスが提供されている。金融サービスや金融商品に対する理解を深めることは、家計の管理や資産形成を効率的に行うために必要な知識（リテラシー）である。

　金融商品は間接金融や直接金融の仕組みを活用したものに大別されるだけではなく、間接金融や直接金融の中間に位置するような商品もある。デリバティブなどの高度な金融理論を活用した複雑な商品も取引されている。さらに、振込みや送金、外国為替のような資金決済に基づく金融サービスもある。

　一般的に、金融商品や金融サービスから得られる収益というのは、基本的にその金融商品や金融サービスの安全性（リスク（後述）と呼ぶ）と関連している。安全性の高い金融商品のほうが安全性の低い金融商品よりも得られる収益は小さなものになるのが原則である。

　たとえば、間接金融を担う金融機関が元本保証タイプの商品を販売している場合、多くの資金余剰者からお金を集めて多くの資金不足者に対してお金を融通するため、資金余剰者からみると間接金融のほうが直接金融よりもお金を融通する先を分散しており、金融商品として安全性が高いと考えられる。それゆえ、間接金融型の金融商品によって得られる利息等の収益は直接金融型の金融商品から得られる収益に比べて小さなものになるのが一般的である。

【間接金融型の金融商品】

　間接金融型の金融商品として、預貯金や保険等があげられる。多くの資金余剰者からお金を集めて、銀行や保険会社がそのお金を資金不足者に提供することで収益が得られる。お金の提供先が分散され、金融規制によって厳しく健全性にチェックが入ることもあって一般的に間接金融型の金融商品は安全性が高いが、期待できる収益はその分小さくなる。また、間接金融の金融商品であっても、販売している金融機関が破綻した場合は、資金余剰者が最

終的に損失を被ることになるので、健全性の高い金融機関を選択する観点も重要である。

○預貯金

　預金者（資金余剰者）が預けたお金に対して、金融機関（銀行、信用金庫、信用組合など）が定期的な利息支払いと元本の支払いを保証した金融商品のこと。預貯金を預かった金融機関は融資や投資というかたちで資金不足者にお金を提供し、そこから得られた収益から、預金者に利息を支払う。仮に金融機関が破綻しても預金保険制度等によって一定の範囲内で保護されている。そのため、金融機関が提供している金融商品のなかでは最も安全性が高い。預貯金は「流動性預金」と「定期性預金」の２つに大別される。流動性預金は、預入期間がなくいつでも入金・出金可能な商品である。「普通預金（ゆうちょ銀行の場合は通常貯金）」や、一定額以上預けると普通預金よりも利息が高くなる「貯蓄預金（ゆうちょ銀行の場合は通常貯蓄貯金）」が流動性預金に該当する。定期性預金は３カ月や１年などの預入期間の定めがあるものの、普通預金よりも利息が高いという特徴がある。

○保険商品－生命保険と損害保険

　保険商品は「保障型商品（いわゆる掛け捨て型）」と「貯蓄型商品」に大別される。いずれのタイプも想定した事態が発生した際に、保険会社より保険金や給付金が受け取れる「保障（保証、補償）」機能を提供するものである。しかし、想定した事態が発生しなかった場合、「掛け捨て型」では何も給付されることはないが、「貯蓄型」では支払った保険料が満期時（または年金として）や解約時に給付される。

　たとえば、生命保険で販売される「貯蓄型」の保険商品である個人年金保険の場合、保険加入者（資金余剰者）が保険料を支払い、保険会社がその保険料を投資や融資というかたちで資金不足者に提供することで収益を得る。保険加入者は所定の年齢になった際にその収益の一部が上乗せされて年金などとして受け取ることができる。所定の年齢になる前に死亡した場合は、保険会社から一定金額が保険金として支払われる。

・生命保険……生命保険は人の生死を対象とし、「保障（保証）」機能を提供

するものである。死亡した場合や一定期間経過後に生存していた場合、生命保険では一定の保険金が支払われる。主な生命保険の商品として、死亡に対する保障を行う死亡保険、長寿に対する保証を行う年金保険、などがある。

・損害保険……損害保険は主に物を対象とし、想定した事態が発生した際に保険金が支払われる「損失補填」機能を提供するものである。事故や火災等によって損失が発生した際に、損害保険では損害の程度によって支払われる保険金の額が決定されるのが一般的である。損害保険の代表的なものとして、自動車事故に対する補償を行う自動車保険、火災に対する補償を行う火災保険、地震に対する補償を行う地震保険などがある。

〇融資（ローン）

　家計（個人）や企業が融資を利用する場合、資金不足者の立場として、金融機関よりお金を融通してもらう（借り入れる）ことになる。融資には「元本一括方式」「元利均等方式」や「元金均等方式」などがある。元本一括方式は期中の支払日に借入利息を支払い、満期日に買い入れたお金の元本を一括で返済する方式である。元利均等方式は、各支払日に支払う返済元本と利息の合計額が一定になるように設計される方式である。元金均等返済は各支払日に返済する元本が一定になるように設計される方式である。家計が利用する代表的な融資商品に、住宅を購入する際に銀行等から住宅購入資金を借り入れる住宅ローンや、クレジットカード会社から借り入れるカードローン、消費者金融から借り入れる消費者ローンなどがある。

【直接金融型の金融商品】

　直接金融型の金融商品の代表的なものとして債券と株式があるが、債券と株式の両方の特徴をもつような複雑なものもある。一般的に、直接金融では資金余剰者が直接的に損失を被るため、直接金融型の金融商品は間接金融型の金融商品よりも期待できる収益は大きいものの、安全性では相対的に劣る。

　直接金融において、証券会社は債券や株式を発行したい発行体（企業等）のかわりに債券や株式を購入してもらえる投資家を探す役割（仲介業務）を

担う。

○債券

　企業が資金不足者としてお金を融通してもらいたい場合、銀行から融資を受けるよりも直接的に資金余剰者よりお金を融通してもらったほうが低コストになる場合がある。このとき企業は債券（社債）と呼ばれる証券を発行して資金余剰者（投資家）に購入してもらうことがある。債券を購入した投資家は企業よりあらかじめ決められた支払日に利息を受け取り、満期日に投資したお金（元本）が返済される形式が一般的である（ほかにも金融技術の高度化によって、さまざまな形式の債券が存在する）。また債券は満期日前であっても、株式と同様に市場で売却することで現金化できるが、市場での取引価格でやりとりされるため、利益が得られる場合もあれば損失を被る場合もある。債券の場合、定期的に得られる利息が一定である固定金利のものが一般的で、企業業績には依存しない点が株式と異なる。企業が倒産しても預貯金や固定資産等の資産が残っていれば、元本の全額返済はされないにしても投資家に元本の一部は返済される可能性がある。

○株式

　企業の発行する株式と呼ばれる証券を投資家が購入すると、その企業の株主（所有者）の一人になる。一般的に、企業が利益をあげると、企業が株主に対してその利益の一部を配当金として支払う。株式には満期は存在せず、現金化するには証券会社を通じて市場で売却する必要があるが、刻々と変動する市場での取引価格で売却するため、利益が得られる場合もあれば損失を被る場合もある。企業の利益が将来増加することが見込まれれば、将来に受け取ることが期待できる配当金も増えるので、株式の価値は上昇することが多い。このように株式投資から得られる収益は企業の利益に依存するため、最悪のケースでは、企業が倒産すると株式の価値はゼロになってしまう。そのため、株式は債券よりも安全性が低い金融商品といえる。

【間接金融と直接金融の中間にあるような金融商品】

　一部の投資信託のように、間接金融（融資）と直接金融（債券や株式など）を組み合わせたような商品性の金融商品もある。

○投資信託

　投資信託は運用の専門家（投資信託運用会社）が作成し、銀行や証券会社などが販売し、投資家（資金余剰者）から集めたお金を１つの大きな資金（ファンド）としてまとめ、投資信託運用会社が株式や債券などで投資・運用する金融商品である。債券や株式に投資して得られた収益が投資家の投資額に応じて分配される。投資元本は保証されない。通常、投資信託を購入した場合、運用がうまくいけば（運用する債券や株式の取引価格が上昇した場合）収益が得られるが、うまくいかない場合（運用する債券や株式の取引価格が低下した場合）は損失を被る。投資先は債券や株式に限らず、不動産やコモディティ（金など）に投資するようなものもあれば、金融商品の価格が下落すると収益が得られるようなものもある。なお、各個人が購入できる一般的な投資信託（公募投信）は銀行や証券会社の窓口等を通して売買できるが、原則的に取引価格は各営業日ごとで１つの価格に固定されている。また、株式と同様に取引所で取引され、刻々と価格が変動する上場投資信託（ETF）という商品もある。

【資金決済サービス】

　お金を支払う人とお金を受け取る人の間でスムーズにやりとりするために、金融機関では振込み・送金サービス、自動引落しなどの決済サービスが提供されている。特に技術革新が期待されている金融サービス分野で、銀行のような伝統的な金融機関だけではなく、FinTech（Finance＋Technology）企業と呼ばれる新興企業も続々とこの分野に参入している。

## (3)　証券市場の役割——発行市場と流通市場

　政府、地方公共団体や企業などの資金不足者は債券や株式を証券市場で発行してお金を調達することができる。また、投資家（資金余剰者）は証券市場を通じて投資家間で債券や株式を売買することができる。

　証券市場は、機能面から「発行市場」と「流通市場」に大きく分かれる。「発行市場」は、政府や企業のような資金不足者が主に証券会社を仲介して証券を発行して資金余剰者から直接お金を調達する市場のことを指す。「流

通市場」は投資家が証券会社等を通して取引所などで証券を売買する市場を指す。

## ⑧ 金融商品をどのように活用すべきか

　前述したように金融商品や金融サービスは資金余剰者から資金不足者へお金を融通するための手段を与えるものである。資金余剰者は金融の機能を活用し、資金を提供することで資金不足者の経済活動に寄与できるだけではなく、対価として資本所得も得ることができるようになる。

　金融商品や金融商品の特性を理解していると、退職後に収入が減ってしまう、万が一の事故に遭って治療費が支払えないなどの状況にあらかじめ備える目的で、「将来的に資金不足者となる可能性のある自分自身」に対して「現在時点で資金余剰者である自分自身」からお金を融通するための手段として金融機能を活用することもできるようになる。

　このように、将来の経済的な安定性を高める意味でも、万が一の状況に備える意味でも、金融商品の活用方法について幅広い知識をもっておくことは重要である。特に、老後の生活資金を準備する際には資産形成の考え方を知ることが重要であり、万が一の事態に備えるためには、保障（保証、補償）機能をもつ保険商品について知ることが重要である。

### (1) 資産形成の考え方

　資産形成では、将来の自分のライフプラン（例：退職後にどのくらいの収入が得られ、またどのくらい長生きして、どのくらい生活費がかかるのか）を想定したうえで、事前にいかにして備えておくのかという観点が重要になる。また、結婚出産や進学、退職などのライフイベントを経て、当初予定していたライフプランに離齬が生じた場合は、それに応じて資産形成のやり方も柔軟に見直していく必要がある。

　資産形成を行ううえでまず投資家が考えるべきことは、どの程度の「期待

収益率」を必要としていて、どの程度の「リスク」までなら許容できるのか
という問題である。

○期待収益率

期待収益率とは、ある金融商品を購入したときに期待できる収益（平均
値）のことである。主に年率で計算することが多い。

【用語解説】　複利効果

収益率の考え方として単利と複利がある。単利とは「投資した元本に対
してのみ収益が得られる」金融商品における収益率の考え方で、複利とは
「投資した元本とその利益をあわせたものに対して収益が得られる」金融
商品における収益率の考え方である。

たとえば、100万円を10年間投資する場合、確実に毎年1％の利益が得
られるとした場合、単利ベースと複利ベースで最終的な投資残高は以下の
ようになる。

単利：100万円(元本)＋100万円×1％(収益率)×10年(期間)＝110万円

複利：100万円(元本)

　　　　＋100万円×1％（収益率）　　　　　　　（＝1年目の利益）

　　　　＋（100万円＋1年目の利益）×1％(収益率)　（＝2年目の利益）

　　　　＋（100万円＋2年目までの累計利益）×1％(収益率)

　　　　　　　　　　　　　　　　　　　　　　　（＝3年目の利益）

　　　　＋…（途中省略）

　　　　＋（100万円＋9年目までの累計利益）×1％(収益率)

　　　　　　　　　　　　　　　　　　　　　　（＝10年目の利益）

　　　＝110万4,622円

このように単利と複利の金融商品がある場合、複利の金融商品のほうが
有利である。

また、見方を変えて、たとえば、10年間の投資で100万円が最終的に110
万円に増えると期待できる金融商品があったとする。単利ベースと複利
ベースの年率での収益率は以下のようになる。

単利：100万円(元本)×1％(収益率)×10年(期間)＝110万円

複利：100万円（元本）×（1＋0.958％（収益率））$^{10年（期間）}$＝110万円

　10年後に110万円（将来価値）以上のお金を得る必要のある投資家は、現在時点において100万円（現在価値）を投資する場合、単利で収益が得られる金融商品では期待収益率が1％以上のものを選択する必要があるが、複利で収益が得られる金融商品では期待収益率が0.958％以上のものを選択すればよいことになる。このように、投資で得られる収益を再投資するような金融商品のほうが、複利効果によって、期待収益率が低くても目標とする額を得られる可能性が高まることがわかる。

○リスク

　リスクとは、期待収益率から乖離する「可能性」のことを指す。すでに支払うことが確定している手数料などの費用はリスクには含まない。一般的にはリスクが大きい金融商品ほど期待収益率が大きくなる。一方で、リスクが大きくなればなるほど、将来にわたって実際に得られる収益が期待収益率から大きく乖離する可能性も高まる傾向がある。将来得られる収益が期待収益率から乖離する原因はさまざまあるが、たとえば以下のようなものがリスクとして考えられる。

・価格変動リスク（市場リスク）……将来、株価、金利や為替相場が変動することで金融商品の価格が変動する可能性のこと

・信用リスク……債券や株式を発行している発行体（国、地方自治体、企業など）や、間接金融型の金融商品の販売元（銀行や保険会社など）が倒産するなどして、投資元本や利息などが全額もしくは一部が受け取れなくなる可能性のこと

・流動性リスク……金融商品を市場等で売却したい場合にすぐに売ることができない、または希望した価格で売却できない可能性のこと

## (2)　資産形成に分散投資や長期投資が求められる理由

　資産形成では将来のライフプランにおいて必要な生活資金を想定するなど投資目的を明確化したうえで、現在投資可能な余剰資金と今後の出費予定、貯蓄可能額等を想定し、目標とする収益率または金額を定め、それに合致す

る適切な金融商品を選択する必要がある。しかしながら、価格が変動するような金融商品を購入した場合、短期的には必ずしも期待収益率どおりに収益を得られるとは限らない。

　基本的に金融商品の期待収益率が高いほどリスクは大きくなるのが一般的である。資産形成では自分自身が許容できる損失の範囲（リスク許容度）を考慮しながら、その範囲で期待収益率の高い金融商品を選択していく必要がある。そのために、分散投資、長期投資、時間分散などの考え方を理解したうえで活用し、うまく金融商品を組み合わせていくことでリスクを低減させ、目標とする中長期的な期待収益率を達成していくことが重要である。

　分散投資を行うことで、個々の金融商品の一時的な期待収益率以上の収益で他の金融商品の期待収益率以下の損失を相殺できるなど、投資資産全体として期待収益率からの乖離が小さくなることが期待できる。長期投資の場合、ある時期に期待収益率以上の収益を得る場合とある時期に低収益や損失が出る場合とが相殺しあうことが期待でき、複利効果も期待できる。さらに、長期期間にわたって毎月コツコツと定額投資を続けるなどの積立投資を活用して投資する時点を分散させると、価格が高い時に少ない投資単位を購入し、価格が低い時に多くの投資単位を購入することができるため、平均的な投資単価を低くし、収益率（＝実現収益÷投資金額）を高めることも期待できる。

### (3)　万が一の事態に備える（リスクヘッジ）

　金融商品を活用して、万が一の事態に備えることも可能である。事故、大病や死亡など、現在や将来の生活に支障となるような万が一の事態に遭遇して多額の損失を被ることで、当初想定していたライフプランが成り立たなくなることがある。このような想定外のイベントに遭遇したときのための事前の備えとして、以下のような金融商品を購入しておくことで、生活費のバッファーや保障（保証、補償）の効果が得られる。

○安全性が高く、現金化の費用が最小限ですむ金融商品

・預貯金……普通預金、通常貯金など

○万が一の際に保障（保証、補償）が得られる金融商品

・生命保険……死亡保険（死亡に対する保障）、年金保険（長寿に対する保証）、学資保険（教育に対する保障）、など

・損害保険……自動車保険（自動車事故発生時の損害に対する補償）、火災保険（火災発生時の損害に対する補償）など

・第三分野保険……生命保険会社でも損害保険会社でも取扱いができる保険商品で、疾病による入院関連の保障、傷害保険（ケガに関する通院や入院、手術等に対する保障（補償））、がん保険（がん治療に関する通院や入院、手術等に対する保障（補償））など

・デリバティブ……金融資産価格の想定外の変動に対する補償（一般に、利用に際して高度な金融リテラシーが求められる）

## (4) 金融商品を選択するうえで考慮するべき個別条件

資産形成を行っていくうえで、選択するべき金融商品の期待収益率やリスクを検討することはもちろんである。それに加えて、以下のような投資家の個別条件も考慮に入れるべきであり、投資家ごとに許容できるリスクの程度は異なる。それゆえ、どの金融商品を選択するべきなのかという問題は、このような個別条件も含めて投資家ごとに決定されるリスク許容度に応じて投資家ごとに決定されるため、それぞれの投資家ごとにその答えは異なる。

○時間軸

将来のどの時点（例：結婚、進学、退職後など）において資金が必要になるのかによって、資産運用する期間が変わってくるため、リスク許容度は異なってくる。一般的に、資産運用期間が短期であればあるほど投資に失敗した場合のリカバリーの可能性が小さくなるためリスク許容度が低下し、長期であればあるほどリカバリーの可能性が増えるためリスク許容度は高まる。

○余裕資金や収入、借入れなどの資産状況

一般に余裕資金が多いほど、リスク許容度が高まる。また、投資するのに一定規模の金額以上が必要な金融商品がある。現時点で投資できる余裕金額の規模が大きいほど、投資可能な金融商品の数が増えることにつながり、分

散効果も活用できるようになる。また、余裕資金以外にも、給与水準や就業先の企業が提供している福利厚生の程度によっても投資家のリスク許容度は変わる。たとえば、退職後の生活を十分にカバーするような退職金制度や年金制度があれば、投資家のリスク許容度は高まる。さらに、将来に住宅購入等の大きな出費が控えている、住宅ローン返済等、定期的に借入返済が必要であるなどの事情があれば、余裕資金の程度にもよるが、リスク許容度は低下することになる。

○税制

所得控除（資産運用への投入資金に税金がかからない）の有無、非課税制度（資産運用による利益に税金がかからない）の有無、損益通算（資産運用による損益の相殺）の可否など、投資家に適用される税制が金融商品ごとに異なる。したがって、各個人の状況に応じて選択するべき金融融品の組合せ等も変わる。日本では、つみたてNISA等の非課税口座、個人型確定拠出年金（iDeCo）、保険商品等を活用することで税制メリットが得られる。

【用語解説】　確定給付年金と確定拠出年金

企業が従業員の退職後の生活を支える福利厚生として企業年金と呼ばれる年金制度を提供していることがある。日本の年金制度は「３階建て」と呼ばれる。企業に勤める人は、20〜60歳の全員が加入する国民年金（基礎年金）（１階部分）、企業（教員や公務員を含む、以下同じ）に勤める人が加入する厚生年金（２階部分）、任意の企業年金など（３階部分）の３つの年金制度と関連することになる。

企業年金は、大きく「確定給付年金（DB）」と「（企業型）確定拠出年金（DC）」の２つの種類に分かれる。確定給付年金では企業が資産運用の責任を負い、従業員自らは資産運用をしない。転職すると、退職金として受け取れることがあるが、老後に年金として受給することはできない。基本的に将来の給付額が約束されており、資産運用の状況が思わしくなくても企業より運用資金が補充される。しかしながら、運用成績の悪化による負担が重くなり過ぎると、企業業績が圧迫されて給与やその他の福利厚生に悪影響を及ぼすことがありうる。最悪の事態として、企業破綻した場合は

年金減額などの影響を受けることがある。

　確定拠出年金では、企業から一定の掛け金が支払われ、従業員自らが資産運用に責任をもつ。確定給付年金とは異なり、原則60〜70歳の受取りに限定されている（転職した場合は新たな勤務先などの年金制度に加入するための原資として活用できるが、退職金としては受け取ることはできない）。また、仮に企業が破綻しても影響を受けない。

　また、個人で加入して老後に備える「個人型確定拠出年金（iDeCo）」と呼ばれる年金制度もある。同様に、加入している個人自らが資産運用に責任をもつ。個人で拠出する資金は所得控除され、資産運用による収益は非課税になるなどの税制メリットがある。また、仮に口座を保有している金融機関が破綻しても影響を受けない。

第1章

# なぜいま、「金融リテラシー」なのか

金融庁金融国際審議官　森田 宗男

# 序　論

幸田 博人／福本 勇樹

## ❶ 政府による金融リテラシーへの問題意識

　金融リテラシーの格差が経済的な格差の原因の1つになっていると指摘する報告書が世界中で数多く発表されており、金融リテラシーが経済的な豊かさと密接に関係している事実が幅広く共有されるようになっている。貧困などの社会的問題を解決していく意味合いも含めて、銀行口座を開設して貯蓄の習慣を促し、金融商品や金融サービスへアクセスするための基盤を強化するだけではなく、すべての人々の金融リテラシーの水準を向上させて、経済的に持続可能な生活を送ることのできる環境を構築することは、世界共通の課題になっている。

　このような背景から、すべての国民が経済成長や安定的な資産形成等を享受できることを目的として、政府主導で金融経済教育などの国民の金融リテラシー水準を高めるような施策を導入するケースが世界中でみられる。また、それにあわせて、一定以上の金融リテラシーが必要な金融商品や金融サービスの不適切な提供によって、消費者が経済的な被害を受けないように、政府による法律・規制の整備や、各業界団体による自主規制ルールによって金融商品や金融サービスの利用者を保護することについても重要視されている。

　また、2007年のサブプライム問題や2008年のリーマンショックと呼ばれる金融危機が発生して以降、金融商品を購入し、金融サービスを利用する消費者の金融リテラシーを向上させることが、金融システムを円滑に機能するための前提条件とする考え方も徐々に浸透しつつある。

そのため、利用者保護の観点で規制対応するだけではなく、金融経済教育によって国民の金融リテラシーを向上させていくことで、金融機関や（債券や株式の）発行体等の金融商品や金融サービスを提供するサイドと消費者との間にある「情報の非対称性（市場において、特に売り手が専門的な知識を有していることで、買い手と売り手との間に情報格差があること）」を縮小させていくアプローチも重視されるようになっている。消費者の金融リテラシーの向上により、金融危機の発生やそれに伴う規制対応にかかるコストの低減が期待できるだけではなく、複雑な金融商品や金融技術に対する消費者の理解が進むことで、イノベーションを促進していく土台の形成も期待できる。

**【用語解説】** サブプライム問題とリーマンショック

　サブプライム問題とは、2007年頃に米国における低所得者向け住宅ローンの延滞率が高まり、連鎖的に世界中の多くの金融機関が経営危機に陥ったことで世界中の株価が大幅に下落し、最終的に米国の金融機関（銀行や証券会社）の破綻等を引き起こす世界金融危機の発端となった問題のことを指す。サブプライムとは「プライム（所得が十分にある人向け）」の対となる用語で、サブプライム・ローンのことを指し、「所得が十分ではない人向けの住宅ローン」を意味する。米国の金融機関はこの米国のサブプライム・ローンを複雑な商品設計で証券化し、世界中の投資家（主に欧州の金融機関や投資ファンドなど）に高利回りで売却したが、住宅ローンの延滞率が高まることで、その証券の価格が大幅に下落することとなり、世界中の多くの投資家が多額の損失を被った。米国では、サブプライム・ローンの証券化商品を幅広く販売していた大手の投資銀行（証券会社）であったベア・スターンズの株価が急落し、米国金融当局の指導もあって最終的に同業のJPモルガンに買収された。その後、サブプライム・ローンの証券化商品に限らず、その他の証券化商品にも次々と問題が波及し、2008年9月、多額の損失を抱えていたリーマン・ブラザーズが経営破綻した。当時、リーマン・ブラザーズは米国3位の規模の投資銀行（証券会社）で、米国における過去最大規模の企業倒産となった。リーマン・ブラザーズの経営破綻に端を発して、あらゆる金融市場において連鎖的に金融商品の価

格が急落し、世界的な金融危機に発展することとなった。この世界的な金融危機は、わが国ではリーマンショックと呼ばれる（海外では、Global Financial Crisis、またはGreat Recessionと呼ぶのが一般的である）。

## ❷ 金融庁の役割と政策目標

わが国では政府の金融当局としての役割を金融庁などが担っている。金融庁は金融行政の究極的な目標を「国民の厚生の増大を目指すこと」としている。具体的には企業・経済の持続的成長や国民の安定的な資産形成等へ貢献していくことが中心となる。

この究極的な目標を実現するため、「金融システムの安定と金融仲介機能の発揮の両立」「利用者保護と利用者利便の両立」「市場の公正性・透明性と市場の活力の両立」の３つを基本的な目標として掲げている。これらの行政目標を実現するため、主に以下のような金融制度に関する企画・立案、法案作成や、金融機関の検査・監督などの業務を行っている。

○金融制度に関する企画・立案、法案作成

銀行に関する業務については銀行法、保険会社に関する業務については保険業法、証券市場における取引において守るべきルールを示した金融商品取引法、金融商品を販売する際に守るべきルールを示した金融商品販売法など、各金融機関が守るべきルールについて整備する。

○金融機関等の検査・監督

各金融機関の経営や営業の状況について、策定したルールを遵守しているかどうかをオンサイトでチェック（検査）し、財務データも分析して健全性をオフサイトでチェックする（監督）。

○証券市場の管理・監督

証券取引等監視委員会において、証券会社等の検査や、証券取引市場において不正な取引がないかをチェックする。

○公認会計士の監査

公認会計士・監査審査会において、日本公認会計士協会からの報告書（品質管理レビュー）の審査や公認会士試験の実施等を行う。

# ③ 金融規制とイノベーションのバランス

金融商品を購入する場面や金融サービスを利用する場面において、金融機関と消費者との金融リテラシーの格差等に起因した情報の非対称性から、金融機関サイドが利益を優先して利己的な行動をとることで消費者が不利益を被るケースがある。消費者が金融商品や金融サービスから不利益を被るケースが増加すると、消費者から信頼を得ることができず、結果的に消費者の投資等の金融資産規模が安定的に拡大することなく、国民全体として経済的な豊かさを得ることがより困難になる。これまでも、消費者金融やカードローンによる多重債務問題などの金融商品や金融サービスの不適切な提供にフォーカスが当たることがあった。ほかにも、間接金融型の金融商品を提供する金融機関の破綻に伴う損失（例：ペイオフ解禁など）も情報の非対称性に起因した問題としてあげられるだろう。

このような事態は「市場の失敗（市場機能に委ねた結果、社会全体として効率的ではない状態になること）」の一例と考えられるが、金融庁のような金融当局には市場の失敗を是正して、消費者を保護する役割（利用者保護）が求められる。具体的には、法律の制定や検査・監督によって、金融機関に対して情報開示や説明義務を課すだけではなく、適合性の原則に沿った営業活動を求めるなど、金融商品を購入し、金融サービスを利用する消費者が適切な判断を行える環境整備を金融機関に要請していくことが重要な役割となる。一方で、消費者サイドが金融商品を購入したり、金融サービスを利用したりするうえで最低限の金融リテラシーをもっていることが前提になる。しかしながら、消費者にそれに見合う十分な金融リテラシーを期待できないような金融商品や金融サービスの場合、利用者保護の観点で（特に複雑でわかりにくいものについては）提供すること自体を停止するような措置を規制として

導入することも選択肢になる。

　なお、特にわが国の場合にあっては、低金利環境が長期化しており、人生100年時代ともいわれる昨今、適切に金融リテラシーを身につけていくことで、消費者が自らリスク資産からリターンを得ていくことを通じて、安定的な資産形成を行っていくことも重要になってきている。金融庁は貯蓄から投資を促す政策として、「つみたてNISA」などの投資非課税制度も推進している。

　さらに、FinTech（フィンテック／Finance+Technology）と呼ばれる金融技術革新が注目されており、暗号資産（仮想通貨）などの新しい金融商品も次々に登場している。利用者保護に偏りすぎることは、これらの金融技術に関するイノベーションの過度な抑制につながる可能性もあり、利用者保護とイノベーションの促進には微妙なバランスが要求される。金融イノベーションによって生活をよりよいものにしていく意味でも、金融経済教育によって消費者の金融リテラシーの向上を図ることが重視されるようになっている。

## ① 金融行政と金融庁

「金融リテラシー」という言葉を耳にする機会が、昨今増えてきている。いま、なぜ「金融リテラシー」が注目されているのか。

筆者は、金融庁に所属しているので、まずは、金融庁がどんな官庁で、国民の資産形成にどうかかわりあっているか、さらにはどのような取組みをしているのかについて説明したい。なお、筆者の私見にわたる部分が含まれることをあらかじめお断りしておきたい。

かつて、金融行政は、財務省の前身である大蔵省という官庁が担っていた。ところが1990年代半ばに金融危機が起き、大蔵省として財政と金融の両方を所管することの是非に関する論争が起き、金融を担当する検査・監督部局が大蔵省から分離されるに至った。その結果、金融庁は、内閣府のなかに置かれた。現在、金融行政については、金融機関の検査・監督、金融に係る政策の企画立案などは金融庁が所管している。

こうした金融行政を担う金融庁が、なぜ金融リテラシーの向上や国民の資産形成の取組みを推進しているかということについては、図表1－1で金融行政をめぐる主な出来事を示しているので、それに従って以下説明したい。さかのぼれば、1980年代の土地と株価のバブルに起因している。その後、1990年代に入り、バブルがはじけ、1996年には大蔵省がペイオフ凍結を宣言し、金融危機モードに入り、1997年には4大証券の1つであった山一證券や、北海道拓殖銀行が破綻し、1998年には日本長期信用銀行、日本債券信用銀行という長期信用銀行が相次いで破綻した。

## 図表1−1　金融行政をめぐる主な出来事

金融行政に
求められる課題

ルールの明確化・透明
かつ公正な金融行政

金融危機対応

不良債権問題
への対応

「金融処分庁」から
「金融育成庁」へ

| | |
|---|---|
| 1980年代 | 土地・株価バブル |
| 1990年代 | 不良債権問題の深刻化 |
| 1997年 | タイバーツ暴落（アジア金融危機の発端）、北海道拓殖銀行や山一證券等の破綻 |
| 1998年 | 金融監督庁発足、日本長期信用銀行や日本債券信用銀行の国有化 |
| 1999年 | 「金融検査マニュアル」公表 |
| 2000年 | 金融庁発足 |
| 2001年 | 特別検査の実施（主要行） |
| 2002年 | 「金融再生プログラム」公表 |
| 2003年 | 主要行（りそな銀行）への資本増強、大手地方銀行（足利銀行）の一時国有化 |
| 2005年 | ペイオフ解禁の実施、主要行の不良債権比率半減目標達成 |
| 2007年 | ベター・レギュレーションの４本の柱公表 |

ベター・レギュレーション
（金融規制の質的向上）の４本の柱
1. ルールベースの監督とプリンシプルベースの監督の最適な組合せ
2. 優先課題の早期認識と効果的対応
3. 金融機関の自助努力尊重と金融機関へのインセンティブの重視
4. 行政対応の透明性・予測可能性の向上

| | |
|---|---|
| 2008年 | リーマンショック |
| 2012年 | 第二次安倍内閣発足、アベノミクス開始 |
| 2013年 | 金融モニタリング基本方針公表 |
| 2014年 | 金融モニタリングレポート公表 |
| 2015年〜 | 金融行政方針公表 |
| 2016年〜 | 金融レポート公表 |

《金融庁の任務》

・金融システムの安定
・利用者の保護・利用者利便の向上
・公正・透明で活力ある市場の確立

▶ 企業・経済の持続的成長と安定的な資産形成等による国民の厚生の増大の実現

そうした経緯もあり、1998年金融監督庁が発足し、2000年にはそれを引き継ぐかたちで金融庁が発足した当初は、銀行に対して、いかに不良債権処理を促進させ、健全化に向けた道筋をつけていくのか、金融ビジネスを行ううえでのさまざまな問題、たとえば、不良債権処理やある種のガバナンス上の機能不全に対して、どのようなルールを科し、また、必要に応じて業務改善的な指導を行うことで、収束させていくのかに主眼を置いていた。金融庁として、特別検査で不良債権を洗い出してその処理を促したり、保険金の不払いを指摘して、業務改善に係る指導をしたりしていたこともあり、「金融庁ではなく、金融処分庁だ」と、揶揄された時期もあった。

　しかし、2005年には、不良債権の処理にほぼメドがつき、金融危機モードを終え、ペイオフを解禁した。そして、2007年には、平時の金融行政に戻る方向に舵を切った。このタイミングで、ルールベースに基づく処分ばかりではなく、プリンシプル（規制・監督対象の金融機関が尊重すべき重要ないくつかの原則や規範）ベースでの監督を行うことを通じて、金融機関のインセンティブを重視して自助努力を尊重し促していくことなどの方向を明示することで、金融庁の行政対応も透明性と予測可能性を確保するということを公表した。ところが、直後に欧米でサブプライム危機が発生し、リーマンショックが起こり、今度は世界的な金融危機が始まった。

　サブプライム問題に端を発したこの金融危機は、グローバルベースでの政策的な対応が進み、世界的な経済回復もあり、2015年頃に収束した。そこで再び、2007年に私たちが目指していた"平時の金融行政"、新しい行政に進んでいこうとしているのが足元の状況である。2007年以降の金融危機の収束という最大の課題を乗り越え、これから利用者の保護、そして公正で透明な市場の確立、さらに高次の目標として企業経済の持続的成長と、安定的な資産形成による「国民の厚生の増大」の実現を目指している。

　こうした高次の目標を達成するには、図表1−2にあるとおり、金融に係るさまざまなバランスを大切にしなければならないと考えている。まず、金融機関に対して不良債権を厳しく摘出させるよりも、たとえば、借り手の財務状況が多少悪くても、大切な借り手であれば、金融仲介機能をしっかりと

図表1－2　金融行政の基本的な考え方

▶安定、保護、公正・透明に集中

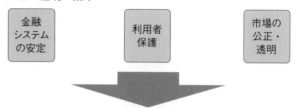

▶安定と仲介、保護と利便、公正・透明と活力のバランスを重視
▶究極的目標との整合性を確保

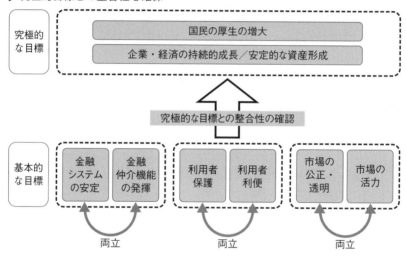

発揮し、貸出を行う場面があってもいいのではと考えている。ルールを厳しくするばかりではなく、利用者の利便性を考えて、金融機関と利用者の関係において、最適のバランスを確保することも大切だと認識している。また、市場の公正性や透明性を追求することをベースにしつつ、市場の活性化にも目を向けた行政を行う必要もある。こうしたさまざまなバランスをうまくとって、最終的には「国民の厚生の増大」につなげていきたいと考えている。

## ② なぜいま、「金融リテラシー」なのか

### (1) 「金融リテラシー」の意味とは

　まず、「金融リテラシー」の定義から話を始めていきたい。「リテラシー」を辞書で引いてみると、読み書きの能力、あるいは特定分野の知識能力と書かれている。したがって、「金融リテラシー」とは、お金の知識や判断力といえよう。

　金融リテラシーは、①家計管理（日々あるいは毎月の収支が赤字にならないよう管理すること）、②生活設計（自分がどのような人生を過ごしていきたいかというライフプランを考えること）、③金融商品の選択・金融経済の理解（金融商品を選択すること、あるいは選択するために金融・経済環境への理解を深めること）を三位一体で考える必要があると考えている。また、図表1－3にあるとおり、①～③を考えるにあたり、④外部知見の活用が非常に重要になってくると認識している。

　金融リテラシーを高めるための金融経済教育に対して、なぜいま注目が集まっているのかというと、先述したような金融危機が国民の安定的な資産形

　図表1－3　金融リテラシーとは

金融リテラシー(Literacy)とは、お金の知識・判断力
生きていくうえで必要な金融に関するリテラシーは、以下のとおりです。

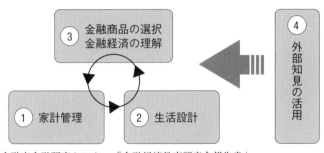

出典：金融庁金融研究センター「金融経済教育研究会報告書」

成に大きく影響したことによるものである。2005年のペイオフ解禁の際は、「銀行が破綻した場合、預金で1,000万円を超える部分は全額保護にならない可能性がある」ということを国民のみなさんにきちんと理解してもらうために金融庁自らが金融経済教育を行った。また、2000年代半ばには貸金業者からの多重債務で生活が破綻するという多重債務問題や、「将来上場したら値段がすごく上がる」と未公開株（取引所に上場していない株式）の購入を促すという詐欺まがいの勧誘問題などが発生し、利用者保護そのものに関する金融経済教育の推進を図った。

　そうした金融経済教育から、国民の安定的な資産形成にシフトしたきっかけは、サブプライム問題の影響が大きい。サブプライム問題が発生した経緯を簡単に説明しておきたい。2000年代の初頭にドットコムバブル（米国中心に起こったITやインターネット関連の新興企業をめぐる異常な株価上昇）が発生したが、やがて崩壊した。ITバブルの崩壊ともいわれているその影響で、米国を中心に金融緩和が進み、金利が大幅に低下した。そうすると、年金や保険会社をはじめとする機関投資家は、高格付で、それなりの利回りがある商品が欲しいものの、なかなか見つからないという状況に陥った。

　そこで登場したのが、「サブプライム・ローン」である。「サブプライム」というのは、所得が十分にある人向けの「プライム」と対比される言葉で、所得が十分でない人向けを意味している。そうした方に提供される高金利のローンが、「サブプライム・ローン」と呼ばれた。サブプライム層の（主に住宅）ローンを束ねただけでは投資適格にはならないが、そうしたものを集めて証券化して、グループに切り分けて、商品化を行った。つまり、損失を初めに被るグループA、次はB、次は……と階層化し、そうすると、最後に損を被るグループZは、全体のローンの15%程度がデフォルト（債務不履行）しても損にならない階層になる、という仕組みである。格付が高いのにそれなりの金利がつくということで、この「サブプライム・ローン」が大ヒットした。

　しかし、サブプライム・ローンの証券化商品への需要に応えるためにはそれに見合った商品の供給を増やさなければならない。すなわち、この商品を

つくるためには、サブプライム・ローンの貸付をもっと増やさないといけないということもあり、当時、金融リテラシーの低い人たちが、貸付業者の食い物にされ、返済能力に見合わずローンを借りて、本来なら買うべきでないような豪華な家を購入した。乱暴な貸付が行われた結果、住宅バブルがはじけ、先述した例でいうＺグループまで損がふくらみ、あるいは、ふくらむのではないかとの憶測を呼び、金融危機が起きたということである。

　住宅バブルがはじけると、金融市場は大きく動揺し、マーケット状況の変化のなかで、サブプライム層は、差押えを受け、家を失った。そうした人々のなかには、金融リテラシーが低い人々が多く含まれていた。金融リテラシーの問題が、世界金融危機の一因になったということである。

　リーマンショックも、やはり金融リテラシーの問題が関係している。リーマン・ブラザーズが、「リーマンミニボンド」というデリバティブ（金融派生商品）を組み込んだ仕組商品をつくっており、このデリバティブの仕組みが十分開示されていなかったことから、リスクを認識していなかった香港やシンガポール、ドイツの多くの年金生活者が、リーマン・ブラザーズが破綻するとともに、その商品の支払いを受けることができなくなり、大きな問題となった。

　こうした事例に鑑みて、金融リテラシーを高めることは単に利用者保護にとどまらず、市場が円滑に機能するための大前提であるという認識が金融当局のなかで、芽生えてきたということである。

　金融取引においてリテラシーが重要だといえる理由は４つある。第一に、金融の取引や商品を検討する場合、リスク（リターンの不確実性の振れ幅））とリターン（資産運用を行うことで得られる成果）を考える必要があるということである。一般的にはリターンを得ようとしたら、相応のリスクをとらなければいけないわけで、そのことに対しての理解が不十分な例が非常に多い。

　第二に、情報の非対称性の問題である。金融商品の場合、買い手サイドよりも売り手サイドのほうが知識を有しているケースが大半である。売り手は買い手が正しく判断できるよう、買い手に情報をきちんと開示し、理解させ

たうえで購入してもらわなければならない。

　そもそも、金融商品の価値やリスクは、一般的にはわかりにくいものである。たとえば財布なら革のなめしがいいとか、製法がいいとか、見た目で、ある程度は判断できる。しかし、金融商品、特に株式などの有価証券は適正値、あるいは適正水準が理解しにくいものである。また、先ほどのリーマンミニボンドのような仕組債なども商品性が非常に複雑である。さらに、Fin-Tech（ファイナンスとテクノロジーを組み合わせた造語）を用いた、暗号資産（仮想通貨）のような新しい商品がどんどん出てくるため、アップデートをしていかないと知識として十分ではないという問題も出てくる。

　それでは、こうした問題に対し、どのような規制対応が考えられるであろうか。中国で暗号資産の取引がいっさい禁止されたように、規制当局としては、利用者保護のためには商品やサービスの提供を禁止することがいちばん確実で簡単である。ただ、すべてを禁止してしまうと、新しい魅力的な商品ができても利用できないということにつながりかねない。多重債務問題があるからといって、お金を借りることを禁止してしまっては、住宅ローンも借りられなくなり、個人の生活の問題に加えて、経済全体にお金が十分に回らなくなってしまう。

　では、禁止のかわりに何をするかというと、利用者が適切に判断できるよう情報の非対称性を少しでも緩和するように、さまざまなリスク、商品やサービスの特性を金融機関に正確でわかりやすく開示してもらう、という規制の方法がある。たとえば、有価証券に関する取引については「金融商品取引法」がある。この法律では、情報開示（ディスクロージャー）制度、リスクを顧客に説明したうえで、理解できないような人に商品を売ってはいけないという適合性原則、というようなことが定められている。

　ただし、適正に情報開示をしたとしても、利用者が自分で情報を咀嚼し、判断できる金融リテラシーをもっていなければ、意味をなさない。そうなると、金融商品の取引を行うにあたって、もっと強い規制が必要になってくる。規制の強さは、利用者の金融リテラシーと表裏一体であるともいえる。

　今後、日本は高齢化が進み、いままでより長いスパン、つまり「人生100

年時代」を前提とした生活設計を立てていく必要がある。特に、退職後の人生が長く続くため、どの時期に何をしたいのか、そのためにはどういった金融資産をどのくらいもっていないといけないのか、それを確保するためにはどういった金融サービスを利用する必要があるのかなどを考えなくてはいけない。私が子供の頃は、定期預金の金利は10％くらいあった。複利計算すれば、預金だけで、約7.2年で2倍の金額になったということである。しかし、現在は世界的な低金利環境が持続しており、預金で金利を年1万円もらうためには、およそ6億円の預金をしないといけない。何も考えずに、定期預金として銀行に預けておけば資産形成ができるという時代ではなくなっているため、金融リテラシーが非常に重要な意味をもっている。

　第三に、次世代を支える産業育成のためのリスクマネーの供給の必要性がある。新しいビジネスが生まれたときに、それがうまくいくかどうかはわからない時点で差し出される（提供される）お金、つまりリスクマネーの出し手が銀行だけになってしまうとどうなるか。銀行は主として融資によってリスクマネーを供給するが、融資の原資は原則として預金者に全額返さなければいけない預金である。銀行が過度にリスクをとって損をしてしまうと、金融危機を引き起こすということをわれわれは過去の歴史から学んでいる。そのため、別のルートでリスクマネーが供給される必要がある。個人のお金をうまく回していくことを考えるのは、金融の利用者保護の観点を超えて、マクロ経済の問題にもかかわる重要な論点である。

　第四に、FinTech等の金融イノベーションの進展のためである。先述のとおり、金融リテラシーが向上すれば、新しい金融サービスを提供することが可能になる。逆に、金融リテラシーが低いままであれば、金融イノベーションが出てきても、一定程度の提供禁止、あるいは全面禁止ということになりかねない。みんながイノベーションの果実を享受する大前提として、金融リテラシーが重要なのだ。

## (2) 「金融リテラシー」の現状と課題

　ところで、読者のみなさんには、学校で金融経済教育を受ける機会はあっ

たのだろうか。2019年に金融広報中央委員会が行った「金融リテラシー調査」によると、金融経済教育を行うべきと考える者のうち、学校等において金融経済教育を受ける機会があったと回答した人は、わずか8.5％である。そうしたことからわかるように、学校教育の現場において、金融経済教育は十分とはいえないようである。

金融危機後、先述したような事情を受け、金融経済教育が世界的に重要だという認識が高まった。OECD（経済協力開発機構）ではOECD／INFE（International Network on Financial Education：金融教育に関する国際ネットワーク）が立ち上がり、現在120カ国、260以上の組織が参加をしている。日本からは金融庁と日本銀行が参加している。2012年のロスカボス・サミットで承認されたOECD／INFE「金融教育のための国家戦略に関するハイレベル原則」では、「効果的な消費者保護のためには規制だけでは限界があるとの事実がある。加えて、金融危機により引き起こされたさまざまな事態は、金融リテラシーの低さが社会全体、金融市場および家計にもたらす潜在的なコストと負の拡散効果を顕らかにした」という問題提起がなされていると同時に、金融リテラシーとは、「金融に関する健全な意思決定を行い、究極的には金融面での個人のよい暮らし（well-being）を達成するために必要な、金融に関する意識、知識、技術、態度および行動の総体」という認識が示されている。

2015年9月に国連サミットで採択されたSDGs（Sustainable Development Goals）という国際目標がある。これは、"No one will be left behind."（誰も取り残さない）をアジェンダに設定し、貧困や飢餓、保険、教育、ジェンダー、環境、生産、雇用など幅広く17のゴールと169のターゲットを設け、「持続可能な世界を実現すること」を目指している。

投資というと、日本では「怪しいもの」という印象をもっている人もたくさんいる。しかし、投資や貯蓄を通じて、持続可能な世界の実現に貢献することができる。たとえば、労働を搾取していない会社や、気候変動の影響から環境を守るような取組みをしている会社を選んで投資する投資信託を購入するという行動をとれば、結果として公正で持続可能な社会の実現に貢献で

きる。あるいは、長期スパンの人生設計を求められるなかで、計画的な貯蓄や投資をしっかり考え、資産形成につながるような金融経済教育を受けられたら、最終的に貧困で人生を終える人が少なくなると考えられる。2019年に、日本が議長国となったG20で採択された「G20福岡ポリシー・プライオリティ」でも、8つのプライオリティ（図表1－4参照）のなかに、「デジタルと金融リテラシーの強化」が含まれている。

## ③ 金融サービスの変化と今後のあり方

### (1) 利用者を中心とした新時代の金融サービス

金融庁が、今後取り組んでいく課題には、①金融デジタライゼーションの戦略の推進、②多様なニーズに応じた金融サービスの向上、③金融仲介機能の十分な発揮と金融システムの安定の確保という3つの柱があり、このうちの②が主に資産形成の観点の話になる。

私たちが「インベストメント・チェーン」（投資の連鎖）と呼んでいる、図表1－5に示した連関表について説明していきたい。「インベストメント・チェーン」に携わっている参加者間での好循環を実現するために、各参加者が求められる役割を果たすことが必要だと考えている。

順にみていきたい。スタートは「家計」となる。ここで必要なのは「金融・情報リテラシー」である。まずは家計がもっているお金を使って、どの金融商品・サービスを購入するのかを考えていくところから始まる。次は「販売会社」である。家計が銀行や証券会社などの販売会社から金融商品を購入する際に、販売会社による「顧客本位の業務運営」が必要になる。そこから「アセットオーナー」に進む。国民年金・企業年金などで掛け金を集め、年金の資産を運用することとなるが、その資産の保有者となる年金基金などの組織をアセットオーナーと呼んでいる。彼らは資産運用会社等を使って株式等さまざまな金融商品を購入し、その資産を保有する。そこで、企業

図表1−4　G20福岡ポリシー・プライオリティ（2019年6月、GPFI<sup>(※)</sup>・
　　　　　OECD）

## ８つのプライオリティ（優先分野）

### データとエビデンスを活用しよう
多様なデータやエビデンス（裏付け）を活用し、
どの政策が機能しているか、他に必要なことは何かを示す

### デジタルと金融リテラシーを強化しよう
金融環境が変化する中で生きていくための
実践的なスキルと知識をあらゆる人々に提供する

### 生涯にわたるファイナンシャルプランニングをサポートしよう
長期の計画を奨励するための事業や商品を開発する

### カスタマイズしよう ― 高齢者の多様なニーズへの対応
高齢者の多様なニーズにあわせた商品やサービスを開発する

### イノベーションを進めよう ― 包摂的なテクノロジーの活用
金融商品の開発、消費者保護、金融教育の実施にあたり
テクノロジーを最大限活用する

### 高齢者を守ろう ― 高齢者への経済的虐待や詐欺への対応
問題を迅速に特定し、多面的なアプローチを採用することで
高齢者が金融虐待や詐欺の被害に遭うことを防ぐ

### みんなで連携しよう ― 分野横断のアプローチ
一貫性があり、包括的な金融包摂の実現のための
アプローチを確保するため、様々な分野と協力する

### 特に重要となる対象 ― 脆弱性への対応
脆弱であったり十分なサービスを受けていない可能性のある
集団のニーズを考慮する

※　「金融包摂のためのグローバルパートナーシップ」。G20の下に設置された、各国
　が金融包摂の取組みを進めるためのプラットフォーム。「金融包摂」とは、すべての
　人が、世紀の記入期間が提供する金融サービスを、適正なコストの下で、有効にア
　クセス・利用できるようにすること。

## 図表1-5　多様なニーズに応じた金融サービスの向上①

(1)　最終受益者の資産形成に資する資金の好循環の実現

**家計の金融・情報リテラシー**

■社会環境の変化や多様なライフプラン・ニーズに応じた金融・情報リテラシーを得られる機会を幅広い関係者と連携して提供
■金融商品購入時のベスト・プラクティスの提供
■デジタルチャネルを活用した多角的アプローチ
■NISA の改革（つみたて NISA の恒久化）

**販売会社による顧客本位の業務運営**

■顧客本位の業務運営にかかる経営理念・戦略・取組みの、営業現場への浸透・実践
■良質なアドバイスができる担い手の充実や手数料体系のあり方の議論

**アセットオーナーの機能発揮**

■アセットオーナーの運用態勢の充実
■スチュワードシップ活動の強化

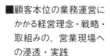

最終受益者である家計に企業価値の向上と収益の果実がもたらされるよう、インベストメント・チェーンの各参加者が求められる役割を果たしていくことが必要

**コーポレートガバナンス改革**

■スチュワードシップ・コードの改訂
■証券市場構造の見直しにあわせたガバナンスのあり方の検討
■企業開示の充実

**金融・資本市場の機能・魅力向上**

■総合取引所の実現
■証券市場構造の見直し
■東京国際金融センターの推進
■社債市場の活性化
■インベストメント・チェーンの参加者が 果たすべき役割に関する調査・検討
■市場監視機能の向上

**資産運用業の高度化**

■新規参入の促進
■投資運用業者の運用力強化に向けた業務運営態勢の確立
■運用力・運用商品のパフォーマンスの「見える化」

(注)　インベストメント・チェーン（投資の連鎖）とは、顧客・受益者から投資先企業へ投資がなされ、その価値向上に伴う配当等が家計に還元される一連の流れをいう。

出典：利用者を中心とした新時代の金融サービス〜金融行政のこれまでの実践と今後の方針〜（令和元事務年度）

との対話の直接の相手方となる資産運用会社等に、投資対象先の企業に対してコーポレートガバナンス上の働きかけやモニタリングを十分に行うことを促すという重要な機能を有している。そして、アセットマネージャーである「資産運用会社」。資産運用会社は運用力の強化を図り、企業価値の創造・拡大の果実やグローバルな運用機会を提供することによって、投資家の資産を増大させる、という重要な役割がある。そして、取引が行われる場であるわが国の「金融・資本市場」について、市場の活性化や利便性の向上を図り、機能強化と魅力向上を進めていく。最後が投資対象先の企業に対する「コーポレートガバナンス改革」である。投資対象先の企業がより多くの付加価値を生むようにするため、この改革を「形式」から「実質」へとさらに深化させ、改革の実効性を高めるための取組みを進めることが重要である。

## (2) 多様なニーズに応じた金融サービスの向上

　もう少し具体的に説明する。まずは「家計」の金融リテラシー、家計の金融資産の取扱いについて考えてみる。図表1－6（左側）に示したように、日本の家計金融資産は全体で1,893兆円ある（2019年12月末）が、実はそのうちの5割以上を占める1,008兆円が、現預金になっている。先ほど1万円の利子を得るには6億円が必要だと説明したが、まさにそんな超低金利の預金にそれだけの額が眠っている。

　それでは、各国家計において株式と投資信託をどのくらい保有しているかを比較すると、図表1－6の右側にあるように、米国では49％、英国では40％となっているが、日本では19％しかない。こうした状況が長期にわたると、どのような結果をもたらすかを表したのが図表1－7のグラフである。各国の家計金融資産の推移を過去20年間で比較すると、図表1－7に示されたように、米国は2.8倍、英国でも2.2倍に増えているが、日本では1.4倍程度である。これはマクロの数字なので、もちろんこれには、人口増大などの影響も考えられる。そこで、リターンによって増えたものがどれだけかというのを切り出して示したのが、このグラフの山型の部分である。米国は過去20年間で家計金融資産が2.8倍になったが、そのうち2.0倍の部分については

図表1－6　家計金融資産の推移・構成比

日本の家計金融資産推移

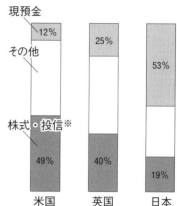

各国家計の株式・投信の割合
（2019年末）

出典：日本銀行より金融庁作成

（※）　株式・投信は間接保有を含む割
　　合。
出典：FRB、BOE、日本銀行より金
　　融庁作成

図表1－7　各国の家計金融資産の推移

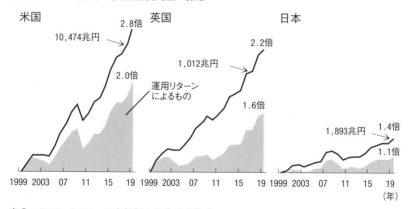

出典：FRB、BOE、日本銀行より金融庁作成

運用リターンによるものである。一方、日本の場合、金利の低い預貯金に金融資産の半分があるため、金融リターンで増えた部分は1.1倍しかなく、米国や英国よりずっと低いという状況にあることがわかる。

これを家計に引き直したものが、図表1－8（上側）のグラフである。棒グラフをみると、米国の家計所得のうち4分の1は配当や利子などの金融所得だが、日本はそれが9分の1しかない。そうしたことをふまえると、金融所得がほとんどないなかで、給料もなかなか上がらず、一生懸命みんなで消費を切り詰め、せっせと銀行預金にしているというのが、大雑把にいえば、いまの日本の家計の全体的な状況ではないか。こうした状況を改善していけたらと考えている。

とはいえ、米国も伝統的に株や投信を家計で多くもっていたかというと、そうではない。図表1－8（下側）をみると、20年前は20％弱で、いまの日本とほとんど変わらない状況であった。ところが、確定拠出年金制度（企業や加入者が毎月一定額の掛金を拠出し、自分で運用する年金：401k）を導入し、それに対して税制上の優遇措置を与えるとともに、金融リテラシーを高めるべく金融経済教育を懸命にやってきた結果、現在のような姿に変わっていったということである。日本も米国同様の取組みを進めれば、現状を変えられるという期待がもてる。

私たちが紹介している「長期・積立・分散投資」について、図表1－9でみると、毎月同じ額だけ積立投資をしたらどのように成果が出るのかということを示している。保有期間が5年の場合、パフォーマンスはかなりばらつきが出る。リーマンショックの直後から5年間だけ積立投資をしていたら、結果は残念ながらマイナスになっていたかもしれない。場合によっては、元本割れになってしまうケースもある。あるいは、逆にアベノミクスの時期での5年間なら非常にパフォーマンスがよかったかもしれない。

ところが、保有期間を20年にすると、リターンは0～6％のところにほぼ収斂してくることになる。非常に儲かることもないけれども、大きく損をすることもない。長期で積立し、期間を分散して投資するという行動をとると、結果的にパフォーマンスが安定化するということである。

図表 1 - 8　家計所得の日米比較

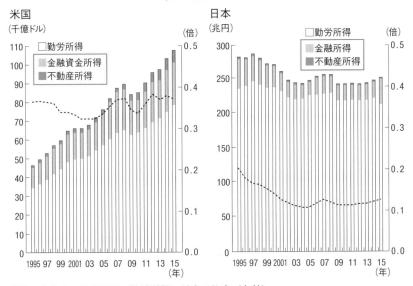

（注）　点線は、財産所得の勤労所得に対する比率（右軸）。
出典：日本…内閣府、米国…Bureau of Economic Analysis

出典：FRB、米 Bureau of Economic Analysisより金融庁作成

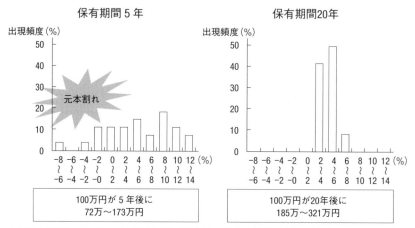

図表 1 − 9 　長期投資について

長期投資の運用成果＊

＊1985年以降の各年に、毎月同額ずつ国内外の株式・債券の買付けを行ったもの。各年の買付け後、保有期間が経過した時点での時価をもとに運用結果および年率を算出（金融庁作成）。

　ただ、「長期投資＝リスクが小さくなる」ということではない。長期で運用すればするほど、リスクとリターンの関係にはばらつきが出るが、最終的なリターンはこのように収斂する傾向にあるということである。

　次は、「販売会社」について考えてみる。先述したとおり、家計の資産運用を考えた場合には、長期・積立・分散投資が大切であるわけだが、いままで、なぜ根付かなかったのか。利用者のリテラシーが不足していたという面ももちろんあるが、リテラシー不足につけこんで、販売会社が販売手数料を稼ぐために個人投資家に回転売買（頻繁に売買を繰り返すこと）をさせて、次から次に商品を乗り換えさせていた疑いもある。銀行や証券会社で投資信託を購入する場合、商品によっては利用者が販売手数料を支払う必要があるから、短期で次々に買い替えてもらえるほうが、販売会社にとっては都合がいい、という構造になっていることも否定できない。

　そこで、金融庁は、2017年3月に顧客の最善の利益の追求、手数料の明確化、わかりやすい情報の提供などを定めた「顧客本位の業務運営に関する原

図表1-10　顧客本位の業務運営の確立と定着

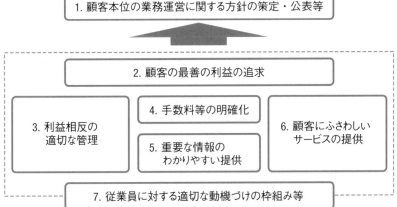

「顧客本位の業務運営に関する原則」の策定

1. 顧客本位の業務運営に関する方針の策定・公表等

2. 顧客の最善の利益の追求

3. 利益相反の適切な管理

4. 手数料等の明確化

5. 重要な情報のわかりやすい提供

6. 顧客にふさわしいサービスの提供

7. 従業員に対する適切な動機づけの枠組み等

則」の策定・公表を行った（図表1-10参照）。2020年3月現在で、この原則を採択している金融事業者は1,900を超えており、その取組みについてKPI（Key Performance Indicator：重要業績評価指標）を提出する事業者も徐々に増えている。

「コーポレートガバナンス」および「アセットオーナー」についてもみていきたい。資産運用会社がどれほど頑張って運用しても、投資対象となる企業がその価値を向上させないとどうしようもない。たとえば、いくら利益をあげても、それを内部留保としてずっとため込んでいるだけで、設備投資もせず、新規事業にも乗り出さず、国際競争力を低下させているのでは困るということである。そうした「攻めのガバナンス」を達成するために、2015年6月に「コーポレートガバナンス・コード（企業の行動原則）」を策定した。その原則のなかには、たとえば取締役会はしっかりと経営戦略の議論をしなければいけない、経営者はしっかり選ばなければいけない、社外取締役の目線を入れなければいけないという趣旨の文言がある。一方で、資産運用会社向けには、2014年2月に「スチュワードシップ・コード（機関投資家の行動原則）」を策定している。こちらは、資産運用会社も企業同様のガバナンス

図表1−11　中長期的な視点に立った企業と投資家との建設的な対話

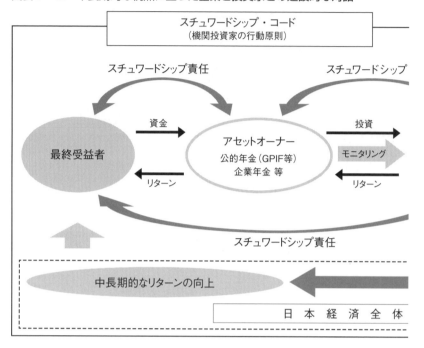

ができているか、また投資先の企業と経営戦略やガバナンスのあり方について、投資家の立場からしっかりと対話をするようにということが示されている。

　このように、スチュワードシップ・コードとコーポレートガバナンス・コードの関係性は、図表1−11に示されているように、互いが両輪となっている。投資をする側とされる側が対話をし、企業統治改革も含め、企業が持続的に利益をあげ、中長期的に企業価値が向上することを実現できることにつながっていくための取組みを進めている。

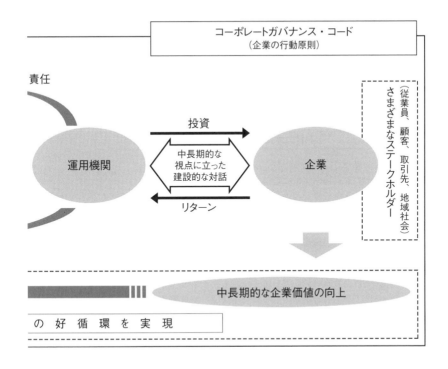

## ④ 学校教育等における取組み

　学校教育は、国民の金融リテラシーを高めるための最前線であり、金融庁としても取組みを強化している。先ほど述べたように、金融危機を契機とし、世界的に金融経済教育を通じて利用者の金融行動を改善することが重要であるという認識が高まったことを受け、2012年に金融庁において、有識者・関係団体・関係省庁をメンバーとする「金融経済教育研究会」を設置し、今後の金融経済教育の進め方に関する報告書を公表した。

　金融リテラシーを向上させるためには、まず人々が生活スキルを身につける一方で、健全で質の高い金融商品の供給を促し、そうした商品を人々に適切に選んでもらうことが必要である。それが、先に述べた "眠れる1,906兆

図表１－12　最低限身に付けるべき金融リテラシーの４分野・15項目

┌─────────────┐
│ 1．家計管理 │
└─────────────┘
項目1　適切な収支管理（赤字解消・黒字確保）の習慣化

┌─────────────┐
│ 2．生活設計 │
└─────────────┘
項目2　ライフプランの明確化およびライフプランをふまえた資金の確保の必要性の
　　　　理解

┌──────────────────────────────────────────┐
│ 3．金融知識および金融経済事情の理解と適切な金融商品の利用選択 │
└──────────────────────────────────────────┘
【金融取引の基本としての素養】
項目3　契約にかかる基本的な姿勢の習慣化
項目4　情報の入手先や契約の相手方である業者が信頼できる者であるかどうかの
　　　　確認の習慣化
項目5　インターネット取引は利便性が高い一方、対面取引の場合とは異なる注意
　　　　点があることの理解

【金融分野共通】
項目6　金融経済教育において基礎となる重要な事項（金利（単利、複利）、インフ
　　　　レ、デフレ、為替、リスク・リターン等）や金融経済情勢に応じた金融
　　　　商品の利用選択についての理解
項目7　取引の実質的なコスト（価格）について把握することの重要性の理解

【保険商品】
項目8　自分にとって保険でカバーすべき事象（死亡・疾病・火災等）が何かの理解
項目9　カバーすべき事象発現時の経済的保障の必要額の理解

【ローン・クレジット】
項目10　住宅ローンを組む際の留意点の理解
　　　　　　①無理のない借入限度額の設定、返済計画を立てることの重要性
　　　　　　②返済を困難とする諸事情の発生への備えの重要性
項目11　無計画・無謀なカードローン等やクレジットカードの利用を行わないこと
　　　　の習慣化

【資産形成商品】
項目12　人によってリスク許容度は異なるが、仮により高いリターンを得ようと
　　　　　　する場合には、より高いリスクを伴うことの理解
項目13　資産形成における分散（運用資産の分散、投資時期の分散）の効果の理解
項目14　資産形成における長期運用の効果の理解

┌────────────────────┐
│ 4．外部の知見の適切な活用 │
└────────────────────┘
項目15　金融商品を利用するにあたり、外部の知見を適切に活用する必要性の理解

出典：金融庁「金融経済教育」（研究会報告書2013年４月）

126

円"の有効活用につながるのではないだろうか。したがって、金融経済教育の取組みにあたっては、単に知識を提供するだけでなく、行動につなげることを重視している。

　繰り返しになるが、学校教育で学んでほしい最低限の金融リテラシーは、図表1-12に示されているとおり、4分野・15項目に分かれている。分類については、4分野は、①家計管理、②生活設計、③金融知識および金融経済事情の理解と適切な金融商品の利用選択、④外部の知見の適切な活用と分かれており、内容は年齢別に整理されている。一例をあげると、大学生であれば、「適切な収支管理」という分野で、「収支管理の必要性を理解し、必要に応じてアルバイト等で収支改善をしつつ、自分の能力向上のための支出を計画的に行える」というようなことである。現在は、金融経済教育推進会議を設け、ここに示した金融リテラシーの普及に努めている。

　このたび、10年に1度の学習指導要領改訂のタイミングをとらえ、金融経済教育に関する記述の充実が図られることになった。たとえば、2022年4月から始まる高校の新学習指導要領では、家庭科の授業で「資産形成」の視点に触れることになり、株式・債券・投資信託など基本的な金融商品の特徴も学ぶようになる。

　ここで、学校で学ぶ金融経済教育とはどのようなものか簡潔に説明してみたい。中学校では、金融の仕組み、あるいは間接金融と直接金融の違いについて公民の分野で、計画的な金銭管理の必要性については家庭科の分野で学ぶ。高校では少し高度になり、公民の分野で、起業するときの資金調達に加え、その資金を供給する側との関係性を学ぶことになる。また、電子マネーやクレジットカードのようなキャッシュレス社会への対応についても学ぶ。家庭科では、就職や転職、結婚、子育て、住宅購入、あるいは病気など、人生のさまざまな出来事を想定して、どんなライフプランをつくっていけばよいのか、ライフステージに応じて、どのような金融商品を購入し、どんなサービスを利用できるのかを理解し、学んでいくことになる。そして、先に述べたように金融商品として株式・債券・投資信託などが列挙されたことが特筆される。

最後に、サブプライム危機の当時、米国議会で公聴会が開かれたとき、当時米国FRB（連邦準備制度理事会）議長であったベン・バーナンキが講演を行ったが、その言葉を紹介して話を終わることとしたい[1]。バーナンキは、「利用者・消費者が金融教育をしっかりと受け、注意深く金融商品を利用して購入することによって、彼らの生活が良くなるだけではなく、市場全体の効率性と金融革新を進める手助けとなるのだ」という認識を述べている。目下、時々刻々と、金融革新が進んでいる。いまこそ、金融リテラシーというものを、誰もが真剣に考えていかなくてはならない時代が来ている。

## ⑤ 本章の理解を深めるためのQ&A

**Q1**　金融リテラシーの重要性は理解したうえで、若い方であれば今後の学校教育など学ぶ場が相応にあるが、たとえば大学に社会人入学したシニア世代になると、機会がないように思う。最終的には証券会社、銀行などの業者に依存するしかないのか、行政の立場として、どういうことが念頭にあるか教えていただきたい。

**A1**　われわれがみている範囲でも、それまで金融経済教育を受ける機会も投資をした経験もないなかで、退職金をもらって、何か資産運用しなければいけないというので、多額の退職金を慌てて1つの商品に一括投資をして、その後相場が非常に悪くなって、退職金が減ってしまったという方がいる。ぜひ若い方や資産形成層のみならず、退職世代の方にも金融経済教育、金融リテラシーを高めていただきたいと思う。1つは、経団連、商工会議所、人事院などに対して、企業において、職員セミナーというのをぜひ退職前にやっていただき、その際、資産形成の話もぜひ

---

1　"Educated consumers not only achieve better outcomes for themselves but, through careful shopping for and use of financial products, help to increase market efficiency and innovation."
　出典：Ben S Bernanke: Financial literacy 20th April 2011　米国上院の公聴会

入れてください、ということをお願いするなどの取組みも進めている。

**Q 2** 証券会社、銀行が商品を勧めるにあたって、フィデューシャリー・デューティー（顧客本位の業務運営）をベースにレベルを上げていくことが重要ということだと理解している。こうしたことが浸透するかどうかがポイントと考えてよいか。

**A 2** 「顧客本位の業務運営」の取組みを通じて、これはいいな、とお客さまが思えるような金融機関が選ばれ、これはダメというような金融機関が選ばれないような健全な競争環境を整備し、市場原理が働くような仕組みにしていければと考えている。参考にするとすれば、たとえば金融機関のリテールランキングを外部の調査機関が出しているので、その上位にあるところが何のカテゴリーで評価されていくかなども参考になると思う。

**Q 3** 現在、日本において資産形成の重要性は高まっていると思う。資産運用を行っていくときに、金融商品へのニーズが増えると思うが、そうしたニーズにあう金融商品がきちんと供給されるのだろうか。問題は起こらないのだろうか。

**A 3** 最初に初心者の方が投資をするときに、たとえば個別の株式に投資をするというのは、非常にハードルが高いと思う。そうすると、最初の受け皿は資産運用のプロが投資判断をする投資信託が最適ではないだろうか。投資信託市場がどうなっているかというと、実は商品が足りないというよりは、商品が多過ぎる。現在、わが国では、およそ6,000本の投資信託が設定されていて、さらに次々と投資家が関心をもちそうな話題性のある分野を投資対象に選んでは、新しい投資信託が設定されている状況にある。われわれは、業界と対話をして、長期に運用しようとする投資家の方の受け皿になるような良質な投資信託をしっかりとつくってください、と申し上げている。資産運用会社や、投資信託を販売する証券会社・銀行等の意識改革が重要となる。

**Q4** 教員へのサポートについて、学校教育の関係者と議論していると、高校とか中学校の教員自身が、金融をあまり知らない、自分で資産運用をしたこともない、だから教えるのはむずかしいよね、という、そういう議論になってしまっている。これについては、どういう方針というか、考え方でいるのか教えてほしい。

**A4** 現場の教員の方から、自らこれまでしっかり金融経済教育を受けてこなかったので、まして人に教えるなんてとんでもない、というような声を聞くことがある。これについては、教材をつくるという面でのサポートをしっかりしていくことに加えて、教員向けや教科書会社を対象としたセミナーを開催し、そこで金融庁として金融経済教育について、丁寧に説明していきたいと考えている。すでに各県の教育長や教育委員会に接触し、実現に向けた相談を行っている。

**Q5** 実際に投資をするのは、会社に属していると、なかなかむずかしい面がある。会社が禁止をしている、もしくは制約が高いような状況に置かれることがままある。たとえば、証券会社にいる人間が、自分で実際に投資をせずに人に、この株式を買ったらどうだとか、この投資信託はどうだとか、それでいいのかという面がある。そうした制約について、どう考えるか。

**A5** 審議会の有識者の方の意見で、私の印象に残っているものとして、「米国には、株式市場は国民共有の財産だという言葉がある」というものがある。松下幸之助の言葉として、「国民がみんなで株式をもって、国民全体で企業を監視するというようなことで、日本の企業社会は良くなっていく」というものもある。私としては、やはり国民が広く株式をもってもらうことは非常に重要なことではないかと思う。

　ただ、他方で、日本では、どうしても株式投資はリスクがあって、とんでもないという文化もあったことも事実であるし、また、たとえば上場企業の役員や金融機関職員、公務員には、内規で株式投資に一定の制約があるということについて、金融庁としても問題意識をもっている。

ルールを守らなければならないことは当然だが、ルール以上に過度に委縮をしてしまうというのも残念である。金融庁としては、インサイダー取引Q&Aを改定して、周知することにしている。具体的に「こういうことをするとインサイダー取引に当たるので注意してください」という抑制的なトーンのQ&Aを直して、「こういうことに当たらなければ、株式投資はできます」という中立的なQ&Aに改定し、周知している。

# 第2章

# 金融リテラシー
## ──人生、お金、金融知識

金融広報中央委員会事務局次長（日本銀行参事役）：執筆時

加藤　健吾

# 序　論

幸田 博人／福本 勇樹

## ① 日本銀行の役割

### (1) 中央銀行とは

　中央銀行とは、国の金融における中心的な役割を果たす機関である。中央銀行には主に以下の3つの役割がある。

○「発券銀行」としての役割

　その国で通貨として流通する銀行券（紙幣等）を発行する。

○「銀行の銀行」としての役割

　金融機関の預金を受け入れ、最後の貸し手として金融機関に資金を貸し出す。

○「政府の銀行」としての役割

　国の預金を受け入れ、政府のお金を管理する。

　中央銀行は通貨として使われる銀行券（紙幣等）を発行するため、通貨の価値の安定や物価の安定に対して責任を負っている。その責任を果たすため、金融に関する判断に対して政府から独立した位置づけにあり、金利政策（政策金利を操作する）や公開市場操作（債券などを売買することで流通する通貨の量を操作する）などの金融政策を実行する。

### (2) 日本銀行とは

　日本銀行は日本の中央銀行である。日本銀行法では、日本銀行の目的について、「我が国の中央銀行として、銀行券を発行するとともに、通貨及び金

融の調節を行うこと」および「銀行その他の金融機関の間で行われる資金決済の円滑の確保を図り、もって信用秩序の維持に資すること」と規定されている。また、日本銀行が通貨および金融の調節を行うにあたっての理念として、「物価の安定を図ることを通じて国民経済の健全な発展に資すること」を掲げている。

　日本銀行が行っている主な業務は以下のとおりである。

○銀行券の発行・流通・管理

　日本における唯一の「発券銀行」として銀行券の発行、銀行などの金融機関との受払いなどを通じた安定供給、銀行券の管理（真偽の鑑定、廃棄など）など、銀行券の信認を確保する。

○決済システムの提供

　金融機関から当座預金を受け入れ、金融機関の当座預金間で決済（振替え）できるシステムを提供している。また、国債取引に関する決済システムも提供している。

○金融政策の運営

　物価の安定を目的として、金利政策や公開市場操作などの金融政策の手段を用いて、企業や個人の投資・消費行動、マクロ経済・物価動向に働きかける。

○金融システムの安定化

　金融システム（資金決済やお金の貸し借りを行う仕組み）が正常に機能でき、個人や企業などが金融機能を安心して利用できる状態を確保する。そのため、金融機関の経営に関する健全性について調査を行い、健全性の維持・向上を促す。金融機関の破綻等が原因で金融システムが正常に機能しなくなることが予想される際には、金融システムの混乱や機能低下を回避するため、最後の貸し手として金融機関に対して資金を供給する。

○政府の銀行に関する業務

　政府の銀行として、国庫金（国の資金）の管理や、国債の発行や元利金の支払い事務などを担う。

○国際業務

外国為替の売買、海外の中央銀行や国際機関による円建て資産の調達・運用に協力する。また、中央銀行を参加者とする各種国際会議（Ｇ20財務大臣・中央銀行総裁など）への参加を通じて、国際的な金融市場安定化・環境整備のための取組みに参画する。また、財務大臣より指示があった場合に為替介入を行うなど、国際金融に関連した事務作業を行う。

## ❷ 日本の金融リテラシー向上に対する日本銀行の役割

2012年のＧ20ロスカボス・サミットでは、その首脳宣言において、各国が戦略的かつ計画的に国民各層への金融教育に取り組むことの重要性が強調された。また、2019年に開催されたＧ20財務大臣・中央銀行総裁会議（議長：日本）においても、金融リテラシーの強化が優先的に対処すべき政策課題と位置づけられた。このように、金融リテラシーの向上が経済の持続的成長や金融危機を回避するための効果的な手段として国際的に認識されるなかで、日本銀行も政府と連携して国内の金融リテラシーの向上に取り組んでいる。

日本銀行は金融広報中央委員会を通じて、日本の金融リテラシー向上に取り組んでいる。金融広報中央委員会は、日本銀行情報サービス局内に事務局を置き、「金融経済情報の提供」と「金融経済学習の支援」を両輪として、中立・公正な立場から金融経済教育活動を幅広く行っている。47都道府県すべてに設置している各地金融広報委員会と広範なネットワークを形成し、日本銀行本支店・事務所をはじめ、政府、地方公共団体、民間団体等とも連携している。

金融広報中央委員会は「知るぽると」というホームページ上で、2016年、2019年に日本人の金融リテラシーに関する調査結果（金融リテラシー調査）を公表するなど、お金に関する情報提供を積極的に行っている。

**③ 経済成長理論の金融リテラシー向上への示唆**

　金融リテラシーの水準が経済的な豊かさ（１人当り名目GDP）との関連性が高いことについて序章で述べた。GDP（Gross Domestic Product：国内総生産）は国内で生産されたモノやサービスの付加価値の合計額を表す。GDPは生産面（モノをつくる）、支出面（お金を使う）と分配面（お金をもらう）のそれぞれにおいて等価となる。これを三面等価の原則という。つまり、生産してGDPを拡大することは、分配面でのGDPの拡大でもあり、経済的な豊かさにつながると考えることができる。経済的な豊かさを経済規模の指標であるGDPで測るという観点で、国家としてGDPを拡大していくことは重要な政策目標の１つとなる。

　以下、簡単に、長期的な経済成長率（「潜在成長率」）と金融リテラシーの関係を生産関数の観点で説明してみたい。生産関数とは長期的な経済成長について考察する経済モデルで、マクロ経済における生産能力を表現する。生産面からGDPについて分析する際に、生産関数としてコブ＝ダグラス型生産関数を想定することが多い。

　コブ＝ダグラス型生産関数（$Y = AK^{a}L^{(1-a)}$）では、長期的な生産能力（Y）は「A：技術力（イノベーション）」「K：資本量（運転資金や設備など）」「L：労働量（労働時間や労働者数）」で決定できると考える。つまり、長期的な経済成長は、イノベーションを進展させて技術力の向上を図る、資金調達をして設備投資などを行うために資本量を拡大する、労働者を雇って労働量を拡大することによって達成できると仮定している。たとえば、少子高齢社会において将来の労働人口の減少が見込まれても、コブ＝ダグラス型生産関数の見地から、イノベーションによる技術力の向上や資本量の拡大によって労働量の減少をカバーできれば、長期的に経済成長は継続していくことになる。

　しかしながら、短期的には、必ずしもコブ＝ダグラス型生産関数で想定したとおりにGDPが拡大していくわけではない点に留意を要する。GDPは需

要と供給の関係で決定されるが、生産関数はあくまでも供給サイドについて表現したもので、需要サイドはコブ＝ダグラス型生産関数とは別の論理で決定されるためである。需要サイドは、家計、企業、政府、輸出入における支出で決定される。生産関数で供給されるモノやサービスの量に対して需要量が不足する場合（供給超過の場合）は、コブ＝ダグラス型生産関数で想定したとおりにGDPは拡大しない。長期的な経済成長率（潜在成長率）でGDPが拡大していくためには、短期的に財政政策などで需要を喚起するなどの対処が必要である。

なお、このコブ＝ダグラス型生産関数の考え方を個人の生産活動に当てはめて考えてみると、個人の総生産（＝総支出＝総収入）というのは、生産関数におけるAに該当する個人のスキルアップ、Kに該当する自分への投資（生活費の支払いや住宅の購入、将来のための資産形成なども含む）、Lに該当する労働力の提供の3つに分解して解釈することができる。それぞれを高めていくことは、個人の長期的な収入獲得能力の拡大を通じて、自分自身の将来の生活水準向上と密接に関連していくものと解釈することができるだろう。

こうした生産関数の示唆から、金融リテラシーを向上させることは、自分への投資の観点で長期的な収入獲得能力を高めることにつながると考えられる。個々人に係る付加価値創出力を向上させることで稼ぐ力を高め、労働収入が上昇することに加え、それぞれの方が、資産形成・運用力も高めることで、（短期的には安定しなくとも）貯蓄するよりも相対的に高い利回りで投資によって資本所得を効率的に得ることもできるようになり、将来の経済的な豊かさをより高めることが期待できるのである。こうした観点も含めて、個々人の「金融リテラシー」のテーマに関心が広がり取り組んでいくことが求められる。

138

金融広報中央委員会事務局次長（日本銀行参事役）：執筆時　加藤 健吾

# 1 いまこそ重要な「金融リテラシー」

　金融広報中央委員会は、中立・公正な立場から、幅広い世代の国民のみなさんを対象に、金融リテラシーの向上のため日々活動している。本章においては、プラクティカルな話、金融や資産形成に関する実学的な知識について説明していきたい。人生で必要な金融の知識は、実は大学で学んでいるマクロやミクロの経済学とも裏腹の関係になっており、その辺りも感じ取ってもらえればと思う。本章における説明の重点は３点あり、まず、稼ぐとは何かという点、次に資産形成はどうするのかという点、最後に海外比較である。

## (1)　潜在成長率の低下と「金融リテラシー」

　日本の潜在成長率は長期的にみて低下傾向にある。日本銀行では潜在成長率を「生産関数型アプローチ」と呼ばれる方法で推計しており、これはざっくりいうと、労働人口や会社の資本ストック（保有する設備など）、技術要素を使ったとき、実質GDPが前年比でどの程度成長する潜在的な実力があったかを推計する手法である。これによれば、たとえば1980年代の日本人は、自然体で実質GDPが＋３〜４％程度は成長する経済のなかで暮らしていた。その時代に比べると、現在は＋１％程度が自然体という、やや寂しい結果になっている。

　ただ、実はこれは日本だけの動きではない（図表２−１参照）。欧州（ドイツ）は日本とかなり似た動きをしており、米国も2000年のITバブル以降は同様の傾向になってきた。基本的にこの傾向は継続しているはずで、先進国は

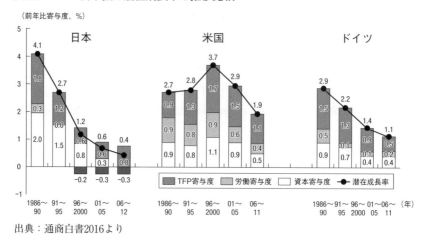

図表2-1 日米独の潜在成長率の推移比較

（前年比寄与度、%）

出典：通商白書2016より

いずれも潜在成長力の低下に悩んでいる。潜在成長率が下がれば自然利子率（景気に中立的な実質金利水準）は下がる。すなわち、その国における長期的な期待リターンが下がることも意味する。冒頭、このグラフを示しているのは、先進国では全体的に期待リターンが低下傾向にあることに対し、危機感をもってもらうことが大事であるからだ。

　では、なぜ先進国の成長率が低下傾向にあるのか。いくつか仮説はあるが、少子高齢化の進行やグローバリズムが影響しているといわれている。また、世の中が社会も経済も非常に複雑になってきている一方で、先進国では車やエアコン、冷蔵庫や洗濯機といった便利な財が一通りいきわたってしまっており、新たに爆発的に売れるものがなかなか少なくなってしまっている、といったことも背景にはあるだろう。

## (2)　グローバルな構造変化と日本経済

　こうした時代を乗り切るためには、経済政策や人口減少対策など社会全体の努力に加えて、一人ひとりの努力も必要となる。自分の夢を大切にするために、経済的に困らないように、個人レベルでできることとは、「長い目線で考え、できるだけ合理的に判断すること」である。特に、お金の収支を、

先行きまで含めて考えることが大切である。これはある意味当たり前のことだが、できている人は意外と少ない。これまでご両親から、「いい大学」や「いい就職先」を目指すよういわれたことはあっても、「お金」について教わる機会がなかった人は多いのではないか。では、なぜ大学生の時からお金について考えなくてはいけないのだろうか。

　大学生のみなさんの世代とその親の世代とでは、経済環境がかなり異なる。先ほど述べたような潜在成長率の推移がまずあるし、さらに踏み込んでいえば、経済のグローバル化が大きく進展し、世界と日本の立ち位置がかなり変わってきた。たとえば、1970年代から1980年代には日本の家電メーカーは世界中のカラーテレビ市場を席巻していた。現在でも、みなさんの家にあるテレビは国内メーカー製かもしれない。しかし、残念ながらその心臓部のパネルは台湾や韓国、中国製である可能性が高い。これは世界的な分業が進んだという点で、経済学的な観点では全世界的な生産効率性が高まっているといえる。しかし、日本人の所得という意味では、流出したことになる。

　日本の財政事情の変化や少子高齢化の進展も、違いをもたらしている。

　そして、AI（Artificial Intelligence：人工知能）やIoT（Internet of Things：モノのインターネット化）による「第四次産業革命」がいままさに進行中であることが、両世代の違いをさらに拡大させている。IoTとは、あらゆるものがインターネットでつながるということであり、代表的な例として、米国のコングロマリット企業であるゼネラル・エレクトリック（GE）社のジェットエンジンで説明する。

　GE製のジェットエンジンは、世界中の旅客機で使われているが、センサーと通信チップが組み込まれており、着陸時に空港のターミナル経由で本社にエンジンのデータを送る仕組みになっているそうだ。GEへのインタビュー記事によれば、GE本社では、販売したエンジンごとに、どの部品がいつ頃どのように壊れそうかという仮想モデルによるAI的な予測が成り立っているという。このシステムの運用前は、定期的に部品を一律交換せざるをえなかった。ところが、いまは、実際の使用程度に応じた予測に基づき、個別部品を故障直前に交換できる。GEはメカニック体制などを効率化でき、

航空会社は必要な時の必要な部品交換ですむので保守コストが効率化する。航空機の稼働率も引き上げられる可能性があり、全体として収益性が上がる。こうした恩恵は最終的に航空運賃の抑制というかたちで利用者であるみなさんも受けている。GEは、従来はエンジンを売り切り、その後、保守のつどに保守料金をもらっていたのだが、ある意味携帯電話の利用料金やサブスクリプションとも似たようなモデルを生み出した。それが結果的に、メーカー、航空会社、利用者の全員に恩恵をもたらしている。

　これは単なる一例だが、これからの時代、AIやIoTサービスを活用したビジネスモデルがあらゆるもの、もっと身近なものにも適用されていくだろう。第四次産業革命（あるいはSociety5.0とも呼ばれる）の流れのなかで、個人レベルではこうした変化に「対応できる者」と「対応できない者」の格差が拡大していく。先を見通せば、いまから「機械やAIではなく、人間であればこそ生み出せるもの」という点に重点を置いて能力を拡張していく必要があり、それは「どうやって稼いでいくか」という、「人生とお金」の検討ともつながってくる。このためには人生、お金、そして経済のつながりに関する「金融リテラシー」についても最低限の知識が必要ということになる。

　ここで、金融リテラシーが高いことのメリットについて、いくつかデータを紹介する。まず、金融リテラシーが高い人は金融トラブルに遭いにくいというデータを、図表2－2で示してある。これは、私たち金融広報中央委員会が行った「金融リテラシー調査（2019年）」で、都道府県ごとに金融リテラシーの正答率の高さと、金融トラブル経験者の割合をプロット化したものである。その結果、逆相関の関係、つまり金融リテラシーが高いとトラブルに遭いにくいことが推計された。また、同じ調査で、金融資産の保有金額別に金融リテラシーの正答率をプロットしたところ、今度は正の相関関係が出た。つまり、お金持ちほど金融リテラシーが高いということだ。リテラシーが高いからお金持ちなのか、お金持ちだから自分で勉強してリテラシーが高くなるのかという因果関係までは特定できないし、おそらく因果関係は両方向にあるのだと思うが、確実にいえるのは「お金持ちになりたいなら金融リテラシーが高くないと不利である」ということだろう。

## 図表2-2　金融リテラシーが高いとどんなよいことがある？

①金融トラブルに遭いにくい？
― 正答率の低い都道府県では、金融トラブル
　経験者の割合が高い傾向。

▽正答率と金融トラブル経験者の割合

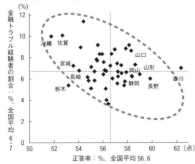

②より多くの金融資産をもてる？
― 正答率と金融資産額は、比例する傾向。
― 因果関係はおそらく双方向。

▽金融資産の金額別にみた正答率
　―カッコ内は前回。

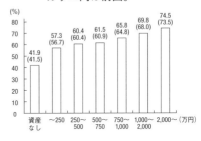

出典：金融リテラシー調査2019

　また、これも同じ調査からだが、金融教育を「受けた」と認識している学生は、正答率が高く、また、学校での金融教育を必要と認識している割合も高い。

## (3)　生涯収入と支出

　先ほど、こうした時代を乗り切るためには、先行きを含めてお金の収支を考えることが大切だと述べたが、生涯収支を、図表2-3で詳しくみてみたい。総務省の家計調査（2016年）から、勤労者家計の平均的な「一生涯の収入と支出」がわかる。左の縦棒が平均収入、右の縦棒が平均支出である。グラフをみると、20〜55歳は平均収入が平均支出を上回っているので、平均的には黒字だ。ところが、60歳でトントンになり、65歳のところで平均支出が平均収入を逆転する。60歳以降の収入は、基本的に公的年金が中心になり、家計が赤字になってしまう。つまり、平均並みの生活をしたいということであれば、65歳までにある程度の資産をもっていなくてはいけない。

　今度は一生涯を合算した総額ベースで考えよう。生涯年収平均は約2.7億円で、生涯支出平均は約2.4億円である。90歳まで生きても3,000万円余ると

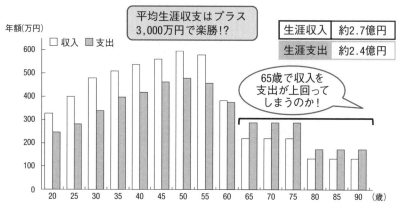

図表2−3 生涯の収入と支出（勤労者家計の平均的な姿）

平均生涯収支はプラス
3,000万円で楽勝！？

| 生涯収入 | 約2.7億円 |
|---|---|
| 生涯支出 | 約2.4億円 |

65歳で収入を
支出が上回って
しまうのか！

年額(万円)

□収入 ■支出

データ出所：総務省「家計調査」(2016年)、収入は可処分所得、支出は消費支出＋土
　　　　　地家屋借金返済のデータから試算
出典：金融経済教育推進会議コアコンテンツ

いうことなので、楽勝にみえる。しかし、世の中はそんなに甘くない。これ
は全体の平均なので、年収50万円の人も2,000万円や1億円の人も含んだ
「平均値」（単純にデータの合計値をデータ数で割った値）である。正規分布の
場合は、基本的に平均値と中央値（データを小さい順に並べたときに中央に位
置する値）は一致するが、実際のわれわれのみている世界、経済では正規分
布になる事例はめったに出てこない。図表2−4(1)のグラフにあるような偏
った分布のほうが主流で、収入はまさに典型的な例である。この場合、年収
の平均は417万円。だが中央値は327万円。先ほど収支計算して3,000万円余
ったのは、平均値417万円ベースの話だ。一方、図表2−4(2)のグラフでは、
支出は、平均値と中央値にそれほど差がない。では、生涯の収入と支出を、
中央値ベースで計算してみるとどうなるか。

　平均値から中央値を差し引くと、収支の減少は年間マイナス73万円にな
る。現役期間を45年と仮定し、73万円の差がずっと続いたとした場合、生涯
収支は平均値から3,285万円減少する。中央値の人、つまり「普通の人」は、
プラス3,000万円どころか、生涯収支が大体トントンになるのが実態なので
ある。

（1）　年間収入額の分布図

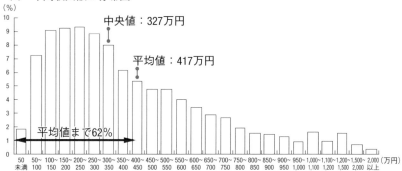

（2）　年間支出額の分布図

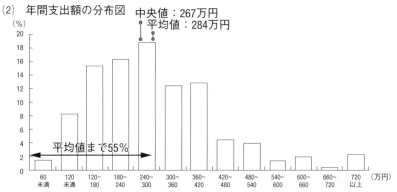

データ出所：厚生労働省「国民生活基礎調査」（2016年）、収入は可処分所得、支出は家
　　　　　　計支出、各中央値および平均値以下の世帯割合は均等分布を仮定して試算
出典：金融経済教育推進会議コアコンテンツ

## （4）　65歳までに資産形成で目指す金額

　人生トントンとしても、老後に赤字になりやすい以上、現役の時から収支をうまくコントロールして資産をつくることが大切である。もう少し踏み込んでみると、人生の「3大費用」は調査結果から推計されていて、まず、「子育て・教育」は約800万～2,200万円、「住宅」では約3,300万～約4,300万円もかかる。では、3つ目の「老後」の費用はどの程度であり、またその費用をまかなうために65歳までに（あくまで「平均値」としてではあるが）どの

くらいの資産を形成しておいたほうが安心できるのだろうか。

　夫婦2人の家計モデルを図表2-5に示した。支出は平均月27万円なので、65～90歳の25年間で約8,000万円のお金を確保しておく必要がある。一方、現状の公的年金は、夫婦モデルで月22万円出るので、25年間で約6,600万円もらえることになる。両者の差額となる約1,400万円程度は、65歳までに資産形成をしておいたほうが安心といえそうだ。ただし、日本の公的年金については、財政的に厳しい面があるため、制度は維持されても、給付額は見直される可能性があり、今後の世代はもう少し多めにもっておいたほうがいいかもしれない。今後、40年、50年にわたる日本の経済成長、物価水準、運用利回りなどがわからない以上、正確な金額は誰にも計算できないが、私の個人的な感触としては、みなさんの世代は、2,000万～3,000万円程度の資産形成をまずは目指しておいたほうが安心ではないかと考える。

　ところで、2019年6月には、いわゆる「2,000万円問題」が世間で話題となった。これは、政府のある報告書が、収入を年金のみに頼る無職世帯のモ

図表2-5　65歳から先の収支バランス（夫婦モデル）

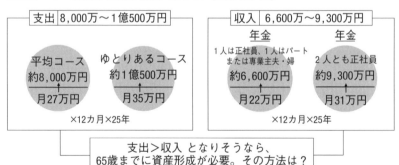

データ出所：平均コース＝総務省「家計調査」（2016年）、高齢夫婦無職世帯の実支出
　　　　　　ゆとりあるコース＝生命保険文化センター「生活保障に関する調査」
　　　　　　（2016年度）、老後2人で暮らしていくうえでの最低
　　　　　　必要額（22.0万円）＋経済的にゆとりのある老後生
　　　　　　活を送るために必要な追加金額（12.8万円）
　　　　　　年金＝厚生労働省報道発表（2018年1月26日）、平成30年度の新規裁定
　　　　　　者の年金額の例（厚生年金（夫婦2人分の老齢基礎年金を含む標
　　　　　　準的な年金））から試算
　　　　出典：金融経済教育推進会議コアコンテンツ

デルケースでは、老後に2,000万円の資金が必要になると指摘した件である。気をつけるべきは、こうした試算も、先ほど示した試算も、あくまで「平均値」モデルであること。個々人の収支は実際には非常に多様であり、一律にある金額が「必要」ということにはならない。たとえば現役時の資産形成が少なくて、収入が年金しかないという人は、支出面で日々工夫して、収支をできるだけバランスさせるよう、努力しておられるのが普通であり、実際、そうすることで日々の生活は成り立っている。ただ、老後もできるだけ豊かな生活がしたいと考えるのは人情である。これから長く「稼ぐ」期間のある世代の方であれば、将来の「安心」のためにいまから努力する価値は十分あるだろう。

## ❷ 資産形成──「稼ぐ」と「貯める・増やす」

### (1) まずは「稼ぐ」から

では、実際にはどうしたら資産形成できるのか。当たり前だが、まずは「稼ぐ」ことである。働いたらお金をもらえるというのは当然だ。会社に対して、自分のプライベートな時間を売っているということだから、お金をもらえるというところまでは、みなさん納得できるだろう。しかし、ここでなぜ、同じ1時間働いていても、「稼ぎ」は人それぞれ違うのか、考えてほしい。人それぞれできることが違うから？　では、なぜできることが違えば、収入に差が生まれるのだろうか。答えは、どの程度の収入が得られるかは、社会に提供できる付加価値の大きさに大きく依存しているからだ。

これはGDPの考え方そのものでもある。GDPとは、一国で1年間につくられている付加価値の総合計である。それを「所得」の側面から考えると、人々は労働というかたちで国に貢献して一定の付加価値を生み出しているから、それに対応する分を所得としてもらえるわけである。別にむずかしく考える必要はなくて、世の中で働いている人は、必ずなんらかの付加価値を社

会に提供している。工場で半製品に部品を取り付けている作業員、メーカーの工場からスーパーの店頭まで製品を運ぶ運送員、病人を診断して治療している医師、すべてが付加価値をつくっている。ただ、つくりだす付加価値に差があるので、収入差が生まれるのである。これは、職業に貴賤があるという意味ではまったくない。

　同じような条件でも、働き方を変え、つくりだす付加価値を大きくすることができれば、収入には大きな差が出る。たとえば「コンビニエンスストア」で仕事をするにしても、新しいスイーツを企画してヒット商品を生み出した職員と、その商品を販売している店員とでは、つくりだしている付加価値の大きさに差がある。つまり、「稼ぐ」ことを考えるとき、自分自身の付加価値創造力を高めることが、とても重要だということだ。付加価値創造力を高めるためには、コミュニケーション力と論理的思考力、できれば駆け引きする力も磨きたいところである。大学は講義・ゼミ・サークル・バイトとこうした力を磨ける機会が多数ある。是非、将来のプラスになるよう学生生活を送ってほしい。

　誤解のないよう加えておくと、付加価値の大きさは経済的に評価できるが、個々人の「満足感」については、必ずしも経済的評価と一致しない。したがって、最終的には、働き方は一人ひとりの価値判断の問題でもある。また、「働いていない時間」をどう使うかも、みなさん自身の問題である。2016年のIPA（情報処理推進機構）の報告書にて、システム・エンジニア職に就く者が自己啓発のために毎週何時間費やしているかを国際調査（米国、日本、ドイツ、フランス、中国）して比較したところ、日本のエンジニアは3割弱がまったく自己啓発しておらず、10時間以上と答えたのはわずかだった。一方、中国はまったく自己啓発していない方がわずかで、10時間以上が3割であった。これから日本が競い合っていくのはまさに中国のような国の方々であり、自由時間を（もちろん娯楽や健康のためにも使ってほしいが）自分の付加価値の向上のためにも使うのが世界の流れだと知っておく必要がある。日本の場合、これまで、会社ではOJT（オン・ザ・ジョブ・トレーニング）文化があって、若い人をあえていろいろな分野に就かせて業務経験を積ませる

という人材育成方法がとられていたが、いま、日本は働き方改革が進んでいる結果、逆にOJTが削られているような気がする。これからの世代では間違いなく自由時間は増えるが、それをどう使うのかもよく考えてもらいたい。

## (2) 「貯める・増やす」で行う資産形成

資産形成の手段として、「稼ぐ」の次は、「貯める・増やす」である。現在のような低金利の状況では、預金だけで資産を増やすのは困難で、増やすためには投資についても検討する必要がある。さて、投資にはいくつかのパターンがある。

まず、株や債券などを相場観に基づいて売買する「積極的に増やす投資」が、世間で一般的にいわれている「投資」だろう。次に、超短期で売買を繰り返すものが「デイトレード」、逆に、非常に長い時間を使ってリスクを抑えて平均的な収益を求める「長期積立分散型投資」という方法がある。1つ目の「積極的に増やす投資」および2つ目の「デイトレード」では、自身のリスク許容度の把握や、リスク管理手法の理解・活用などがきわめて重要である。損失発生のリスクも相応にある。ある程度稼げるようになったら、自分でよく勉強のうえで始めてみるのもいいだろう。ただ本章では、誰でもすぐに取り組める、3つ目の「長期積立分散型投資」についてのみ説明する。

リスクとリターンについて、概念的に示しているのが図表2−6である。横軸がリスク、縦軸がリターンを表しており、「預金・貯金」「債券」「投資信託」「株式」の順に右上に移動していく。つまり高いリターンを求めるとより高いリスクをとらないといけない。証券投資でいうリスクとは、利益でも損失でもその振れ幅が大きく、その予測がつかないことをいう。預貯金については、仮に国内金融機関が破綻したとしても、1金融機関当り1,000万円までは預金保険機構が守ってくれるので、ほぼノーリスクである。一方、現在金利は0.02％程度しかない。リスクがない分、リターンもほとんどないようなものだ。では、株式はどうだろうか。たとえば有名な大企業の株式をもったとする。その企業が利益をどんどんあげれば、概念上、株式の保有者は将来的な期待収益の割引現在価値の持ち分に応じた部分をもらう権利があ

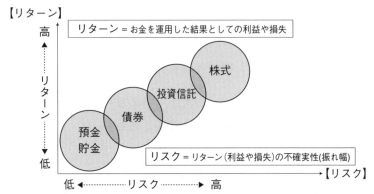

図表２－６　リスクとリターンの関係①

（注）　あくまでもイメージです。厳密な表現ではありませんので、ご注意ください。
出典：金融経済教育推進会議コアコンテンツ

る。業績が上がれば上がるほど株式の価格は上がるから、理屈上はリターン
は青天井といえる。ところが、仮にその大企業が倒産すると、株式はただの
紙切れになる。つまり、リターンの幅が大きい＝リスクが高いということで
ある。

　リスクとリターンの関係について、図表２－７でみるとよりわかりやす
い。太い実線がリターンの平均であるが、経験則として、平均的な収益率
（リターン）は右肩上がりで上がっていくといわれている。ただ、振れ幅も
広がるので、一発勝負ではぼろ儲けするのか大負けするかはわからない。し
かし、１ついえるのは、投資による資産形成の場合も、サイコロのように、
繰り返せば繰り返すほど大数の法則が働きやすいということだ。つまり、投
資の回数を増やすことによって、平均的な期待収益に近づけることが可能に
なる。

## (3) 「長期・積立・分散」で行う投資のメリットと方法

　少額で繰り返し投資することの効果を、日本の代表的な株価指数である
「日経平均株価」（年末値）で試算してみよう（図表２－８⑴参照）。1980～
2018年の期間で日経平均株価の推移をみてみると、1989年のバブル景気の時

図表 2－7　リスクとリターンの関係②

【リターン】　リスクとリターンのイメージ図

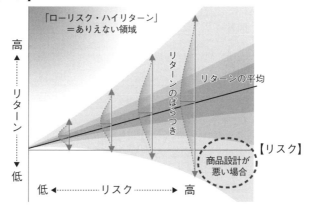

リターン＝お金を運用した結果としての利益や損失
リスク＝リターン（利益や損失）の不確実性(振れ幅)
出典：金融経済教育推進会議コアコンテンツ

に 3 万8,915円になったのがピークで、リーマンショックの頃が最近のボト
ムである。この乱高下をみるだけで、普通の人、特にリスク感覚の高い日本
人は怖くて手が出せない。

　では、ここで思考実験をしてみたい。この株価のグラフを手にもって、タ
イムマシンで1980年に戻れるとする。その際私は現金100万円をみなさんに
貸して、「この100万円を元手にして、好きなだけ投資していいよ」という。
どうやったら儲かるだろうか。簡単である、バブルの前、まだ日経平均が
7,000円台の時に購入して、1989年のピークで叩き売る。こうすると、100万
円が500万円になり、私に100万円を返済しても400万円の儲けが出る。逆に
絶対にやってはいけないのが、1989年のバブルのピークで買うこと。この時
期に買って、いままでずっともっていたとしたら、半値近くになり、大損で
ある。

　さて、ここでまったく別のやり方、先ほど説明した「長期積立分散型投
資」で投資してみよう。開始時期は、「絶対買ってはいけない」はずのバブ
ルの1989年末とするが、一発勝負ではなく、2018年まで毎年末に定期的に購

図表２－８　長期・積立・分散投資の効果

(1)　日経平均株価の推移

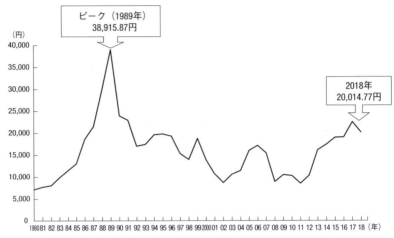

ピーク時に100万円買ったとすると、2018年末では、<u>約49万円の含み損</u>

出典：金融経済教育推進会議コアコンテンツ

(2)　バブルのピークに投資した最悪ケース

| 年（末） | 投資元本累計 | 時価 | 含み損益 |
|---|---|---|---|
| 1989 | 33,333 | 33,333 | 0 |
| 1991 | 100,000 | 85,144 | ▲14,856 |
| 1994 | 200,000 | 182,989 | ▲17,011 |
| 1997 | 300,000 | 226,773 | ▲73,227 |
| 2000 | 400,000 | 295,680 | ▲104,320 |
| 2003 | 500,000 | 337,571 | ▲162,429 |
| 2006 | 600,000 | 663,592 | 63,592 |
| 2009 | 700,000 | 502,260 | ▲197,740 |
| 2012 | 800,000 | 603,246 | ▲196,754 |
| 2015 | 900,000 | 1,213,185 | 313,185 |
| 2018 | 1,000,000 | 1,373,260 | 373,260 |

ピーク時から毎年末に約3.3万円を買い続けてきたとする
と、2018年末では、約37万円の含み益

出典：日本経済新聞社より金融広報中央委員会作成

入する方法で行う。30年あるから、年末も30回ある。100万円を30回で割って、1回3万3,333円ずつ、その時の株価で年末に日経平均ETFを購入していたらどうなるか。図表2－8(2)の図で示してあるとおり、実は、こうして購入すると、2018年末には37万3,260円の黒字（含み益）になる。

これは、専門用語では「ドルコスト平均法」と呼ばれている方法で、簡単に説明すると、何であれ固定金額で長期に積み立て続けると、高値のときは少ない数量を、安値のときは多い数量を自動的に購入することになる。このため、簿価（帳簿上の平均購入単価）がおのずと圧縮され、損失が出にくくなるのだ（もちろん、もし株価が40年下がり続ければ損失となる。投資に「絶対」はない）。加えてサイコロを30回振るのと同じ理屈で、平均的な収益にも近づくことができる。一発勝負ではなく、長期で積み立てる意味がここにある。

先ほどの「65歳の時点で2,000万円程度の資産を形成するにはどうしたらいいか」という問いかけを思い出してほしい。学校を卒業して会社に入れば、現役の期間は40年以上あるだろう。毎年40万円を律義に積み立てたらい

図表2－9　「老後に向けた資産形成」は大変？

・40年間、積み立てた場合（25歳⇒65歳）
 ― 毎年40万円、非課税で積み立てれば、40年後には……

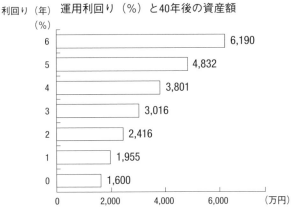

利回り（年）　運用利回り（％）と40年後の資産額

(注)　前提：複利計算
出典：金融経済教育推進会議コアコンテンツ

くらになるかということを示したのが図表2−9である。40万円というのは、現在のつみたてNISA（積立型の少額投資非課税制度）の拠出限度額であることから提示した。この運用利回りは複利で計算している。複利というのは、利息が元本に追加され、さらに利息がつく方式である（最初の元本にしか利息がつかない方式を「単利方式」という）。40万円×40年間を単純計算すると1,600万円であるが、仮に2％の複利の利回りを確保できれば、2,416万円になる。もし3％なら3,000万円に達する。複利効果は、金利が高いほど、期間が長くなるほど大きくなる。このように、国が用意している非課税制度を使えば、40年間かければ2,000万円は手が届く目標ということになる。

さて問題は、この「2％」や「3％」といった利回りが実現できるかということだろう。IMFの世界経済見通し（2019年4月時点）をみると、日本は残念ながら冒頭に述べたように1％を切るような成長率となっている。しかし、先進国全体ではまだ1〜2％を確保できているし、全世界ベースでは実質3％成長は実現できるとされている。もちろん為替リスクの問題も考えないといけないが、必ずしも円だけにこだわらず、世界的な成長をうまく取り込んで、それを長期で投資していくことが大事である。

投資の分散には、①値動きの異なるさまざまな資産に投資して価格の変動を小さくしてリスクを軽減し（資産の分散）、②投資先の国や地域を分散してより安定的に世界的な成長をうまく取り込み（地域の分散）、③長期・積立で投資していく（時間【時期】の分散）、という3つの分散が、重要である。経済全体の成長を反映しやすい金融資産に分散して投資しつつ、定額で長期にわたって積み立て続ければ、老後に向けた安定的な資産形成を行いやすいのである。

余談であるが、投資信託を購入する際は、「信託報酬」というコストには十分注意してほしい。この信託報酬は、高いものだと0.8％ぐらいかかるものもある。2％の利回りのうち、信託報酬で0.8％とられてしまったら、結局1.2％の利回りしか享受できない。先ほどの計算でいえば、2,400万円のはずが1,950万円近くまで下がってしまうわけだ。40年もある以上、たったの0.1％でも大きな差を生むので、似たような商品なら信託報酬が安い商品を

選ぶことをお勧めする。

### ⑷ 「借りる」という選択肢

それから、「借りる」ということも、資産形成のための１つの方法である。住宅ローンを借りて家を買うというのがその代表だ。だが、最近の持ち家志向には変化がみられる。金融広報中央委員会が毎年行っているアンケート調査（「家計の金融行動に関する世論調査」）では、「あなたは持ち家を欲しいですか」という問いを40年ずっと続けている。最近、その回答で「家はいらない」という比率が激増しているのである。特に単身世帯での動きが顕著である。

家を買うという問題については、メリット・デメリットの両面がある。たしかに、家を買って資産として保有するということは、ライフスタイルがしっかりと確定していれば、正直お勧めである。なぜかというと、家を借りていると一生家賃が発生するし、リタイアした後に新しい家に移りたくても、保証人を見つけるのが大変であるなど、さまざまな問題が出てくる。家を購入した場合は、固定資産税の支払いがあったり、家の修繕にお金がかかったり、そうした出費はあるが、ローンを払い終えて65歳を迎えることで、老後の収支は楽になるという側面がある。

ただし、社会はますます流動的になっている。先の見極めができるギリギリの段階までは家は借りておくという方法も、人生の選択としてはありえると思う。正解はなくむずかしい問題だ。

## ❸ 金融リテラシーの国際比較

「金融リテラシー調査（2019年）」（金融広報中央委員会）をみると、日本の金融リテラシーは他の先進国に比べて若干低いことが示唆される。図表２-10にはFINRA Investor Education FOUNDATIONのデータを示しているが、金融リテラシーの正誤問題６問の正答率は、日本の47％に対して、米国

図表2－10　金融リテラシーの国際比較①

金融リテラシー：お金に関する知識と判断力

| | | 日本 2019年 | 米国 2015年 |
|---|---|---|---|
| 正誤問題6問の正答率（平均） | | 47 | 53 |
| ①複利 | Q19 | 44 | 75 |
| ②インフレ | Q20 | 55 | 59 |
| ③住宅ローン | Q21-2 | 70 | 75 |
| ④分散投資 | Q21-4 | 47 | 46 |
| ⑤債券価格 | Q22 | 24 | 28 |
| ⑥72の法則 | Q31 | 42 | 33 |
| 18～34歳 | | 34 | 43 |
| 35～54歳 | | 44 | 53 |
| 55～79歳 | | 57 | 60 |
| 年収250万円未満 | | 40 | 42 |
| 年収250万～750万円 | | 50 | 52 |
| 年収750万円以上 | | 60 | 63 |
| 中学・高校卒 | | 40 | 42 |
| 短大・専門学校等卒 | | 41 | 52 |
| 大学・大学院卒 | | 56 | 65 |
| 金融教育を学校で受けたとの認識がある人の割合 | Q39 | 7 | 21 |
| 金融知識に自信がある人の割合 | Q17 | 12 | 76 |

（出典）　FINRA Investor Education FOUNDATION "Financial Capability in the United States 2016"
出典：金融リテラシー調査2019

は53％である。また、図表2－11には、OECDのデータを示しているが、日本はこちらでは平均で59点となるので順位は調査国中22位であり、日本国民の金融リテラシーは国際的にみても高くない。

　なぜ低いのだろうか。この差については2つの仮説がある。まず1つが、学校レベルでの金融教育に差があるのではないかという説である。もう1つが、ニワトリと卵の関係ではあるが、そもそも日本では家計におけるリスク性金融資産の保有が少な過ぎるから家計も学ぶ機会がないという説である。

第一の説に関しては、金融経済教育について、ここ10年ほど日本でも文部科学省の学習指導要領において相応に盛り込まれつつあり、また米国でも金融教育を行っていない州もあり、さらに金融教育に力を入れているといわれる英国と日本とでは、それほど劇的な点数差はみられない。

　第二の説はどうか。日米における家計の金融資産の保有構造を解説すると、リスク性資産は、米国では大体家計資産の半分ぐらいを占め、英国で4割、日本では2割ぐらいといわれる。米国について補足すると、実は米国は貧富の差が非常に大きい。ごくわずかなお金持ちが一般家庭よりもはるかに多くの金融資産を保有しており、その内訳は株式などのリスク性資産に圧倒的に偏っているといわれる。たとえば、年収の上位20％ゾーンを富裕層と呼ぶと、その富裕層が米国全体の家計資産の8割を占めている（その多くが株式等のリスク性資産）との試算もある。日本の場合、上位2割の富裕層が占める家計資産は全体の3割程度ではなかろうか。こうした事情があるため、米国家計のリスク性資産の保有割合は高めに出る。ただそうした要因は除いて、一般層で比べてみてもなお、日本の家計のリスク性資産の保有割合は、米国と比べて相当低いとみられている。

　別の調査によると、1980年代までは米国と日本では家計のリスク性資産の保有割合にあまり差はなかったが、1990年代にその差が大きく広がったとされる。この時期、米国ではいわゆる401k（確定拠出年金）という、非課税の個人向け積立投資制度が積極的に推進されていた。日米間の格差については、1980年代以降、米国で家計間の金融資産の保有状況のばらつきが拡大した可能性も考えられるが、非課税の資産形成制度が幅広い家計のリスク資産保有に道を開いたこともまた確かではなかろうか。

　そう考えると、日本でも最近制度が拡充された非課税制度（つみたてNISAやiDeCoなどの積立投資）の浸透によって、一般家計がリスク性資産に触れる機会が増え、その保有割合も増えていく可能性は十分あると思う。

図表２−11　金融リテラシーの国際比較②

| | | 日本 | 調査参加国平均 | 1 フィンランド | 2 フランス | 3 ニュージーランド | 4 ノルウェー | 5 香港（中国） | オーストリア | ベルギー | 8 カナダ | ポルトガル | 10 韓国 | 11 エストニア |
|---|---|---|---|---|---|---|---|---|---|---|---|---|---|---|
| 合計 | 11問 | 59 | 64 | 75 | 74 | 73 | 72 | 71 | 71 | 71 | 70 | 70 | 68 | 67 |
| 　知識 | 5問 | 60 | 65 | 70 | 72 | 74 | 73 | 81 | 69 | 66 | 72 | 69 | 77 | 72 |
| 　　①金利 | Q18 | 69 | 58 | 79 | 57 | 64 | 80 | 79 | 68 | 63 | 58 | 61 | 68 | 79 |
| 　　②複利 | Q19 | 44 | 42 | 58 | 54 | 60 | 65 | 58 | 44 | 50 | 56 | 41 | 58 | 43 |
| 　　③リスクとリターン | Q21-3 | 77 | 81 | 89 | 87 | 88 | 86 | 96 | 86 | 83 | 86 | 82 | 89 | 85 |
| 　　④インフレ | Q21-1 | 62 | 79 | 58 | 87 | 91 | 74 | 97 | 85 | 80 | 92 | 87 | 88 | 88 |
| 　　⑤分散投資 | Q21-4 | 47 | 65 | 66 | 75 | 68 | 59 | 74 | 62 | 56 | 68 | 73 | 84 | 65 |
| 　行動 | 4問 | 65 | 71 | 85 | 85 | 75 | 74 | 80 | 80 | 83 | 75 | 76 | 65 | 70 |
| 　　①支払期限の遵守 | Q1-2 | 84 | 79 | 94 | 95 | 90 | 91 | 89 | 88 | 93 | 87 | 81 | 78 | 87 |
| 　　②お金への注意 | Q1-7 | 56 | 72 | 85 | 89 | 82 | 76 | 82 | 87 | 88 | 78 | 79 | 52 | 76 |
| 　　③余裕の確認 | Q1-1 | 72 | 80 | 85 | 93 | 74 | 85 | 90 | 79 | 88 | 76 | 93 | 75 | 76 |
| 　　④長期計画の策定 | Q1-4 | 48 | 51 | 75 | 61 | 55 | 44 | 58 | 65 | 62 | 58 | 52 | 53 | 40 |
| 　考え方 | 2問 | 45 | 50 | 66 | 58 | 65 | 66 | 31 | 59 | 58 | 56 | 60 | 50 | 49 |
| 　　①貯蓄重視 | Q1-5 | 35 | 45 | 61 | 48 | 60 | 53 | 33 | 51 | 56 | 47 | 57 | 41 | 46 |
| 　　②その日暮らし回避 | Q1-6 | 56 | 54 | 70 | 68 | 70 | 78 | 28 | 66 | 59 | 64 | 63 | 58 | 51 |

（出典）　OECD/INFE "International Survey of Adult Financial Literacy Competencies
出典：金融リテラシー調査2019

# 4　本章の理解を深めるためのQ&A

**Q1**　これまでの住宅ローンは基本的には50〜60歳ぐらいまでに返済し、65歳ぐらいから年金をもらえれば後は普通に生活するというモデルだった。今後、起業や転職などが増えて終身雇用的な働き方が変わってくることや、雇用の流動化などを想定すると、住宅ローンを数千万円も借り

| 12 | 13 | | 15 | 16 | | 18 | | 20 | 21 | 22 | 23 | | | 26 | | 28 | 29 |
|---|---|---|---|---|---|---|---|---|---|---|---|---|---|---|---|---|---|
| ジョージア | オランダ | アルバニア | リトアニア | ラトビア | ハンガリー | バージン諸島 | 英国 | トルコ | チェコ | ヨルダン | ブラジル | タイ | 南アフリカ | クロアチア | ベラルーシ | マレーシア | ポーランド |
| 66 | 65 | 65 | 64 | 63 | 63 | 62 | 62 | 61 | 60 | 59 | 58 | 58 | 58 | 56 | 56 | 54 | 50 |
| 65 | 67 | 59 | 65 | 70 | 65 | 50 | 63 | 67 | 61 | 62 | 60 | 53 | 59 | 61 | 47 | 53 | 59 |
| 51 | 76 | 48 | 68 | 72 | 53 | 23 | 57 | 54 | 58 | 43 | 50 | 53 | 42 | 62 | 28 | 35 | 61 |
| 46 | 61 | 28 | 41 | 48 | 33 | 32 | 52 | 32 | 34 | 22 | 30 | 20 | 36 | 33 | 7 | 33 | 30 |
| 80 | 73 | 77 | 75 | 82 | 84 | 67 | 74 | 90 | 71 | 87 | 84 | 86 | 76 | 69 | 66 | 73 | 77 |
| 85 | 74 | 75 | 67 | 86 | 89 | 78 | 80 | 84 | 73 | 77 | 58 | 63 | 86 | 74 | 67 | 75 | 69 |
| 63 | 53 | 65 | 75 | 64 | 65 | 50 | 52 | 74 | 69 | 80 | 77 | 42 | 55 | 66 | 68 | 48 | 56 |
| 74 | 70 | 73 | 68 | 69 | 63 | 82 | 68 | 60 | 68 | 71 | 61 | 71 | 61 | 58 | 73 | 62 | 51 |
| 89 | 86 | 81 | 71 | 78 | 77 | 86 | 84 | 66 | 81 | 68 | 65 | 67 | 48 | 61 | 84 | 55 | 67 |
| 75 | 74 | 75 | 66 | 73 | 56 | 84 | 75 | 50 | 75 | 69 | 60 | 70 | 65 | 63 | 72 | 63 | 50 |
| 91 | 80 | 95 | 84 | 79 | 75 | 87 | 69 | 80 | 76 | 87 | 73 | 84 | 80 | 62 | 81 | 76 | 55 |
| 41 | 39 | 41 | 51 | 44 | 43 | 72 | 45 | 44 | 39 | 61 | 46 | 62 | 49 | 45 | 53 | 59 | 32 |
| 51 | 51 | 64 | 53 | 36 | 59 | 54 | 49 | 50 | 42 | 25 | 49 | 46 | 49 | 41 | 44 | 36 | 29 |
| 32 | 46 | 67 | 42 | 26 | 59 | 53 | 44 | 45 | 46 | 23 | 55 | 41 | 44 | 37 | 30 | 31 | 21 |
| 69 | 55 | 61 | 63 | 45 | 59 | 55 | 53 | 54 | 37 | 27 | 42 | 50 | 54 | 44 | 58 | 41 | 36 |

(2016)"

るという従来のモデルが機能しにくくなることもあると思う。そうだと
すると、本来的には、住宅との関係を金融リテラシーのなかに含めたほ
うがいいのでは、という感じもする。金融教育のなかで、住宅問題をど
う位置づければよいのだろうか。特に日本の場合、住宅の位置づけがと
ても大きいと思う。

**A1** まさに住宅は重大イシューである。私たちがつくった大学生向けの標
準講義資料のなかでも住宅ローンの話は「借りる」の章で組み入れてお

り、大事な案件である。実際のところ、住宅は本人の家族構成やライフスタイル次第の部分もあり、大変むずかしい。逆に、住宅をどう考えるかは、資産形成や老後などの問題を考えるときの１つの大きな要素になるともいえる。なお住宅ローンは借り方次第で金利負担が大きく異なってくるので、借りる際は全国銀行協会のホームページ等であらかじめよく勉強してほしい。

**Q 2** 図表２－５の収支バランスは、夫婦モデルで説明しているが、今後、結婚しない人が増えると、未婚率もどんどん増える。そういった場合の独身モデルは計算されているのか。

**A 2** 食費等は２人同居のほうが１人当りは安くつくので、独身の場合、支出は半分にはならない。0.6〜0.7掛けぐらいだろう。一方、収入は、資料では１人が勤労者、もう１人は３号年金者という、古い昭和モデルで主婦的なものを念頭に置いているので、もしあなたが現役時代に厚生年金をフルに最後まで払い終わると仮定すると、多分、この22万円が16〜17万円ぐらいだろうか。この収入と支出の修正を当てはめると、独身の場合、65歳以降に必要な差額はもう少し少なくなるはずである。ただ気をつけないといけないのは、単身だと税金は高くなる。だから可処分所得の計算で、税金が高くなる分、あなたの貯蓄は少し減る。その分、資産形成はうまくやらないといけない。資産形成を考える際はこうしたことも頭の隅に置いておくとよいだろう。

**Q 3** この収支バランスには、月々の生活費のなかに介護の費用も含まれているのか。

**A 3** これは家計調査からデータを引っ張っており、いわゆる家計支出全体はカバーしているので、平均値としてそのなかには入っている。ただ、あくまで「平均」なので、現実に介護が発生した人とそうでない人では実際には金額差が出る。ところで、いま、ジェロントロジー（老年学）といわれる分野が盛んになっていて、その世界で１丁目１番地、大事な

ことは健康寿命をいかに延ばすかということだ。いきなり金融とか経済の話ではなくなるが、ぜひ、年をとってもウオーキングとか運動をしていただきたい。実は資産寿命を延ばすいちばん最大の近道は、健康でいて、働き、資産管理の判断ができる期間を延ばすことだ。多分、これがいちばんの真実だと思う。

**Q4** 分散投資をするとリスクが減るというようなお話で、いまから働き始めて、ある程度は一定の収入が毎年確保できるなか、働き始めて10年後くらいに仮に宝くじで1,000万円当たったら、その1,000万円は寝かせておかずに、分散して何に使えばいいか。

**A4** 宝くじはいったん脇に置いておいて、退職金を一括でもし2,000万円もらったときにどうするかというテーマがある。特にいま退職される方は、基本的に預貯金が主流の世代で、投資にはあまり慣れていない。そういう方がいきなり2,000万円もらうと、預金だと増えないからと株式を買う、まさに一発投資をする例がある。運が良ければぼろ儲けだが、世の中そうはうまくいかずに大抵の人は失敗する。だから、われわれは退職金世代にも、ある程度分散して気長に、一発投資だけは避けてとアドバイスする。あなたも、1,000万円手に入ったとしても、一気にではなくて、10年ぐらいかけて何かに分散して、つまり100万円ずつ10年間投資したほうがいいと思う。

　でもその前に、とりあえず稼ぎ始めたら、月1万円からでもいいから長期で積立投資することをお勧めする。大事なのは何に投資するかで、実体経済を反映しやすい資産、先進国株式や新興国株式、債券など、全世界の平均的な実質GDPの増加をある程度反映できるようなものに分散して、月1万円からでいいからやってみることだ。なお、最近話題の仮想通貨については、その根源的な価値がまだわかっていない。たとえば30年後、40年後にビットコインが本当に価値をもっているかどうか、私には正直わからない。わからないものへの長期投資はリスクが高いので、慎重に考えたほうがよいだろう。

第3章

# 金融リテラシーは生きる力

東京証券取引所金融リテラシーサポート部部長　増田　剛

# 3－1 　序　　論

幸田　博人／福本　勇樹

## 1 取引所取引と相対取引

証券（関連）商品を取引する方法に、「取引所取引」と「相対取引（店頭取引）」がある。

○取引所取引

取引所取引とは、東京証券取引所等の取引所で売買を成立させる取引のことである。一般の投資家は取引所には直接参加できず、証券会社を通じて取引所に売買注文を出して取引を行う。取引所で取引できる金融商品のことを上場物と呼び、たとえば、日本の上場企業の株式は取引所で売買される。一般に、取引所で取引される金融商品として株式、債券、ETF（Exchange Traded Fund：上場投資信託）やデリバティブ（先物やオプションなど）などがある。

○相対取引（店頭取引）

取引所を通さずに、売り手と買い手が当事者同士で売買を成立させる方法のことである。証券会社等の店頭で個人と証券会社等との間で売買されることもあり、店頭取引（Over The Counter：OTC）ともいう。一般的に非上場の金融商品、たとえば、金融機関の店頭で購入するような社債や外国為替は相対取引で売買される。

取引所取引では不特定多数の売買注文を取引所に集中させるため、公正な価格での取引が期待できる（価格発見機能）。一方で、市場の規模に対して多額の金融商品の売買を行うと、取引する際の価格が大きく変動することがある。このような特徴から、不特定多数の投資家が同種の金融商品を十分な量

164

で取引する場合には取引所取引のほうがメリットは大きい。一方で、取引量が少ない場合や、投資家のニーズにあわせてカスタマイズするなど、金融商品に希少性や個別性が強い場合には相対取引のほうが適切といえる。

**【用語解説】** ETF（Exchange Traded Fund：上場投資信託）

ETFは日経平均株価や東証株価指数（TOPIX）などの指数などに連動するような運用成果を目指し、取引所に上場している投資信託のことを指す。投資信託とは、運用の専門家（投資信託運用会社）が作成し、銀行や証券会社などが販売し、投資家から集めたお金を1つの大きな資金（ファンド）としてまとめ、投資信託運用会社が株式や債券などで投資・運用する金融商品である。債券や株式に投資して得られた収益が投資家の投資額に応じて分配される。投資元本は保証されない。通常、投資信託を購入した場合、運用がうまくいけば（＝運用する債券や株式の取引価格が上昇した場合）収益が得られるが、うまくいかない場合（運用する債券や株式の取引価格が低下した場合）は損失を被る。

ETFの投資成果の連動を目指す指数は徐々に多様化しており、株式指数に連動するものに限らず、債券、不動産に関する指数やコモディティ（金など）に投資するようなものもあれば、株式指数が下落すると収益が得られるようなものもある。

**【用語解説】** デリバティブ（金融派生商品）

デリバティブ（金融派生商品）とは、株式、債券、金利、通貨などの金融資産や貴金属、原油、農産物などの現物資産の価格を基準や指標として価値が決まる金融商品のことを指す。

たとえば、先物やオプションなどの金融商品がデリバティブに該当する。先物取引は、取引所で取引されるもので、特定の金融資産について将来の決まった時点である価格で売買することをあらかじめ約束する取引のことである。オプション取引は、特定の金融資産について将来の決まった時点である価格で売買する権利をやりとりする取引のことである。デリバティブ取引では、「買う」（基準となる金融資産の価格が上昇すると利益が出る）だけではなく「売る」（基準となる金融資産の価格が下落すると利益が出

る）ことも可能である。

　先物取引とオプション取引の違いは、先物取引は将来時点で決まった価格で必ず取引しなければならないが、オプション取引は将来時点で自らに不利になる場合は取引する必要がなく、有利な場合にだけ取引できるという点にある。また、先物では取引する際に証拠金と呼ばれる担保を事前に差し入れる必要がある（取引終了時に損失と相殺されて返済されるが、不足する場合は取引終了前でも証拠金の追加が求められる場合がある）。一方、オプションの買い手は売り手に対して有利な立場を買うため、対価としてプレミアム（保険料のようなもの）を支払わなければならない（取引が終了しても支払ったプレミアムは返済されない）。

　デリバティブは、金融商品などをあらかじめ保有している投資家によって想定外の価格変動による損失を回避するために利用（リスクヘッジ）されることが多いが、デリバティブ取引のみから利益を得ようとする投機目的で利用されることもある。デリバティブには複雑な設計のものがあり、その利用者には一般に高度な金融リテラシーが求められる。

## ② 証券取引所の役割

　証券取引所とは、主に株式や債券といった有価証券を取引する機会を提供する取引所である。証券取引所のなかには、先物やオプションなどのデリバティブの取引機会を提供するところもある。日本には、札幌、東京、名古屋、福岡に証券取引所があり、東京証券取引所は日本取引所グループの傘下にある。また、日本取引所グループ傘下の大阪取引所は、デリバティブ取引に特化している。2020年7月には、東京商品取引所との統合のもと、商品の取引が大阪取引所でスタートするなど、総合取引所が本格的に始動している。

　証券取引所に求められる役割として、主に以下のものがあげられる。
・企業のような資金不足者に資金調達の機会を提供する

・投資家（資金余剰者）に資金の投資機会を提供する
・売買注文を集中させることで、金融商品の流動性を高め、公正な価格形成を図る
・企業の上場基準や投資家保護のための規則の策定、相場操縦やインサイダー取引の防止、市場の監視などの自主規制業務
・取引所で取引される金融商品や、取引所を介さない一部の金融商品について清算・決済業務を担う

**【用語解説】　清算**

　清算には、株式などの金融商品を取引所で売買した際に、金融商品を受払いする「現物決済」のほかに、売買代金の差額を受払いする「差金決済」がある。取引所によっては、取引可能の金融商品であっても、差金決済が利用できない場合があるので、注意が必要である。


# ③ 株価が上昇する要因

　企業は事業活動等で稼いだ利益（収益からすべての費用や税金等を差し引いた当期純利益）から株主に対して配当金を支払い、残りを内部留保として自己資本（＝株主資本＋含み損益等）として積み立てていく。株式を保有する投資家は、配当金を受け取るだけではなく、株主として企業の経営に参加する権利をもつ。この特徴から、将来支払われる配当金や、内部留保も含めた自己資本は、最終的に株主に帰属することになる。つまり、株式の現在価値（株価）は、将来支払われる配当金と自己資本の現在価値の合計ということになる。

　株価が上昇する理由には多種多様な要因が考えられるが、代表的な考え方に「企業の利益が増える」「企業の成長率が高まる」「要求収益率（投資家が株式に投資する際に負担するリスクに応じて要求する利回り）が低下する」などがある。

○企業の利益が増える

企業の利益が増えると、配当金が増え、また、その残りとして自己資本に含まれる内部留保も増える。

　投資家が企業の株価について分析する場合、ROA（Return On Assets：総資産利益率＝当期純利益÷総資産）やROE（Return On Equity：自己資本利益率＝当期純利益÷自己資本）を重視することが多い。ROAやROEが高いほど、企業は自己資本や借入れ等を元手に効率よく高い利益をあげていることになる。したがって、利益が増加するとROAやROEが高くなり、株価も高くなるという考え方である。特にROEが高い企業の場合、借入れなしで自己資本から設備投資することでさらに将来の利益を稼ぐ力があることを示しており、持続的に利益を増やしていく可能性が高いことを意味している。理論上、ROEは要求収益率（後述）よりも高い水準にあることが求められる。

○企業の成長率が高まる

　企業が成長することで、企業が将来稼ぐ利益が増えることが期待できる。投資家が企業の商品やサービスの開発能力が優れていると判断して、企業の業績が今後順調に成長すると予測すると、将来性に期待して株価が上がると考えられる。したがって、現時点の利益水準が低くても、あるいは赤字であっても株価が上昇するケースがある。

○要求収益率が低下する

　株式投資のリスクが高いほど、投資家が求める株式投資の期待収益率（要求収益率）は高くなる。株式投資のリスクは、株価の変動率が高いのか低いのか（市場リスク）、企業が業績不振で倒産等しないのか（信用リスク）、売買する際に取引所で提示された価格ですぐに売却できるかどうか（流動性リスク）などと関連している。たとえば、株式市場の平均的な変動率より高い変動率の株式は投資家の期待収益率が高いが、今後この企業の業績が安定し、株価の変動率が低くなると多くの投資家が判断すると株価は上昇する（市場リスクや信用リスクの低下）。また、多くの投資家が株式投資全般に魅力を感じて株式投資を増やそうとすると、取引所の価格発見機能が高まることで期待収益率は低下し（流動性リスクの低下）、株価は全体的に上昇することとなる。

東京証券取引所金融リテラシーサポート部部長　増田　剛

# 1　はじめに──JPXとは

　金融リテラシーというものが、ただ単に投資をするために必要な知識ではないということは、序論から読んできてここまでたどり着いた読者のみなさんは、理解できていると思う。「金融リテラシー」のベースである「情報リテラシー」というのは、みなさんにとってこれから社会を生き抜くうえでの武器であり、情報弱者になってはいけないと考えている。さらに、金融以外の仕事をするときにも、金融という分野における知識をもっていないと、さまざまな交渉の場面で武器を欠くことになる。

　本章では、JPXという日本の株式市場を運営している母体の業務内容を紹介するとともに、株式市場に関する「金融リテラシー」について基本的な事項の理解が進むようにわかりやすく説明し、そのうえで、株式のさまざまな商品についての仕組みや見方について、説明していきたい。

　JPXとは、日本取引所グループ（Japan Exchange Group）の略称であり、東京証券取引所と大阪証券取引所が統合し、持株会社JPXが生まれた。このJPXが、なぜいま金融経済教育を行っているのかを説明していくにあたって、JPXのビジネスモデルから説明を始めたい。

　よく間違われるところだが、日本取引所グループは上場企業であって、国の出先機関ではない。私は1992年に入社しているが、当時から民間組織であり、証券業界における会員組織という位置づけで、非営利とはいえないものの、収支を均衡させている組織であった。利益追求のための会社ではなく、儲けたら会員に戻すという会員や全体の利益を考えてつくられた組織だった

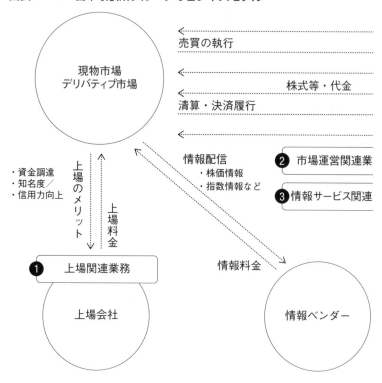

図表 3 - 1　日本取引所グループのビジネスモデル

現物市場
デリバティブ市場

売買の執行

株式等・代金

清算・決済履行

情報配信
・株価情報
・指数情報など

❷ 市場運営関連業

❸ 情報サービス関連

・資金調達
・知名度／
・信用力向上

上場のメリット

上場料金

❶ 上場関連業務

情報料金

上場会社

情報ベンダー

ということである。

　時代は変わり、2007年にはニューヨーク証券取引所（NYSE）、ロンドン証券取引所（LSE）など、海外の取引所が上場していったという流れがある。取引所のビジネスは、装置産業化して、システムの競争になっていき、いかに資金力を獲得していけるかが求められていった。そうすると、株価をはじめとした情報ベンダーの競争にさらされて、日本の取引所が上場していないということが、国際競争をしていくなかで不都合を生じさせたこともあり、東証と大証を統合し、2013年に東証1部に上場した。現在は、民間企業として、中期経営計画を立て、「市場への責任、未来への挑戦」という考え方のもと、収益目標も開示している。

　JPXのビジネスモデルについて、図表3-1に示している。JPXの営業収

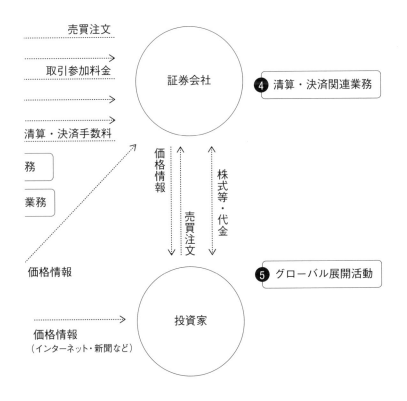

益（売上高に相当）は、２つの収益で成り立っている。

　１つは、売買取引による手数料収入であり、これは、JPXは現物（通常の取引のこと）市場とデリバティブ（金融派生商品）市場から構成されており、その手数料収入を支払うのは証券会社からということになる。投資家からの売買注文を受け、証券会社がJPXに売買注文をするのだが、そのとき手数料を支払う。金融の取引の世界は金額が大きいので、手数料の単位は、１％のさらに100分の１、つまり１万分の１＝１ベーシスポイント相当の手数料体系になっている。これは世界で最も安い手数料水準である。１日当りの売買代金は、だいたい２兆円程度であり、１ベーシスポイントで計算して２億円の手数料収入、業界用語でいう「場口銭（ばこうせん）」という言い方をする。売買高に連動する営業収益（年間）は１日当りの場口銭収入×営業日数

となる。ちなみに日本は世界で最も休日が多い国で、営業日数は年間250日ほどである。

　もう１つの収益の柱は、株価の情報料金である。読者のみなさんもインターネットの金融情報サイトで株価をみることがあるかもしれないが、無料でみられるのは15分前の株価である。15分経った株価の情報は、もはやあまり価値がない。瞬間に生じる株価の情報には価値があり、その情報を販売するという収益が、JPXとして約200億円程度あり、JPX全体の収益の20％程度となっている。

　私たちJPXにとっては、取引が活発になることが売上げを伸ばす方法ということになるが、ただ、単純に手数料が増え、売上げが伸び、利益があがればいいということではない。証券市場の存在価値の１つとして、上場会社の資金調達のコストを安くするということがある。上場のメリットというのは資金調達コストを安くしていくことにもあるので、証券市場というのはそれを手助けする組織でもある。なお、2020年７月には、JPXとして、東京商品取引所に上場していた貴金属、ゴムおよび農産物の先物・オプションを大阪取引所へ移管するなどの取引がスタートし、総合取引所が本格的に始まっている。

　証券市場では、流動性が高いということがきわめて大事である。身近な例で説明すると、チケットを売買したいと思ったときに、いつでも活発に取引されているような、流動性のあるインターネットのサイトを利用するわけで、注文があまり入らないようなサイトは使わないように、いつでも売り買いできるということがマーケットの価値となる。

　私たちは、投資家のすそ野を広げていくことが非常に重要だと考えており、そうした努力をしている。現在投資家というのは、日本の人口１億2,000万人中、「株主」は約1,800万人という規模になる（日本の人口の約15％）。また、投資はしていないけれど関心があるという人も、同じくらいのボリュームとなっている。つまり、残りの約70％が投資に無関心な人ということになり、さらにいうと、そのうちの半分の人（全体では５割程度）は無関心どころか、投資を拒絶している、投資などやりたくないというネガ

ティブイメージをもっている。

　そういった、無関心、場合によっては拒絶の意思を示す人たちに、投資の意義を伝えるのが私たちの仕事でもある。一見、砂漠に水をまくようなものだと思えるかもしれないところがあるが、日本の教育プログラムにおいて、投資教育が遅れているなかにあって、小中高、大学まで出張授業を行ったり、教員への理解を深めるための働きかけに注力している。図表3－2に、JPXの金融経済教育の全体像を示している。みなさんは長期分散投資というキーワードを理解したと思うが、このように、投資教育を受けているか否かで、投資への認識や認知度は大きく変わっていく。

**図表3－2　JPXの金融経済教育の全体像**

| 「投資家層の裾野拡大」に向けた主な取組み | | | 2018年度実績 |
|---|---|---|---|
| 社会人 | JPXアカデミー | 社会人の金融リテラシー向上を目指し、さまざまな内容の教育プログラムを月に数回開催。 | 10,530人（102回） |
| | ＋YOUイベント | 長期の資産形成に重点を置き、有名講師を招いた講演から小規模ワークショップまでさまざまな形式で日本各地で開催。 | 3,082人（28社） |
| | ドコモgacco | ドコモが提供する公開オンライン講座のプラットフォームに資産形成の基本を学べる講座を提供。 | 15,290人 |
| 企業 | 出張マネ部 | 上場企業役職員向けに、東証社員が、資産形成の重要性等を説明する研修・セミナー。 | 4,798人（108社） |
| 一般・学性 | 親子 | 株式会社の仕組みや経済・証券市場のかかわりを親子で学ぶイベント。 | 1,670人（37回） |
| | 小中高生 | 東証・大阪取引所内での受入授業や学校への出前授業。 | 14,966人（610回） |
| | 大学生 | 大学との連携講座や個別講座等。 | 8,327人（263回） |
| | 教員 | 教員の金融経済の知識向上を目的としたセミナー。 | 1,390人（24回） |
| | 見学者 | 東証アローズ見学を通じて証券市場を案内。 | 58,538人 |

金融庁の「平成27事務年度金融レポート」では、投資した株式・債券の保有期間が5年の場合と20年の場合を比較した資料が掲載されている。図表3－3をみると、保有期間が20年の場合はマイナスになる。つまり元本割れになる年がなく、保有期間が5年の場合に、相応に元本割れになる事象が生じることと大きく違うということになる。また、第2章にも記載はあるが、バブルのピークにまとめて100万円を投資した場合、46万円の損になるけれど、3万円ずつ買っていたら45万円の含み益となる。長期積立投資をしていくことの重要性が浮かび上がる。

　読者のみなさんの多くは、まだ人生をやり直したいと思うような年齢では

図表3－3　「長期」・「分散」・「積立」の効果

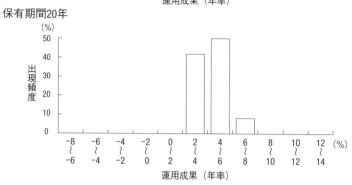

（注）　1985年以降の各年に、毎月同額ずつ国内外の株式・債券の買付けを行ったもの。各年買付け後、保有期間が経過した時点での時価をもとに運用結果および年率を算出。
出典：金融庁「平成27事務年度金融レポート」（2016年9月）

ないと思うが、「あの時点で投資を始めていたらどうなっただろうか」と思うことがあるかもしれない。JPXは「人生やりなおし体験～もしも、あの時投資をはじめていたら～」（http://jpx-game.com/simulation）というサイトを立ち上げたので、一度試してみてほしい。戻りたい年を選んで、好きな銘柄を選ぶと、一括投資した場合と積立投資した場合の差額を示すことができる。

## ② 投資が怖い日本人（投資が進まない理由）

　投資が進まない理由について考えてみたい。S&Pという世界的な評価会社の調査「S&P Global FinLit Survey」によると、日本の金融リテラシーの高さのランキングは世界144カ国中38位になっている。このテストは、金利の計算や複利計算、インフレの概念、分散の考え方などを問う、きわめてシンプルなテストであるが、日本は海外と比べて正答率は低いといえる。投資が進んでいるはずの米国も14位で、それほど高くはないが、米国は401k（確定拠出年金）という政策効果もあり、家計金融資産に占めるリスク資産の比率が高まった。米国の金融資産は、富裕層に偏在している状況も考慮する必要はあるが、学校でお金の教育を行っていることがリスク資産の保有を高めていることも確かである。

　なぜ投資をしないのか、われわれのアンケート（【個人投資家の裾野拡大に関する調査レポート】＋YOUプロジェクトに関する調査、2016年）に基づき、図表3－4を示しているが、それをみると、年齢が高まれば高まるほど投資への関心は高まる。一方、特に女性のほうの関心は低い。「むずかしい」「よく勉強しないと始められない」という理由が多いのだが、投資に対して「投機的」「リスクが高い」というややダークなイメージがついてしまっていることは問題である。

　なぜそんなネガティブなイメージがついてしまったか。まず、日本人はホームカントリーバイアス（投資家がなんらかの理由によって海外投資に慎重

図表3−4 株式投資に対する個人の意識

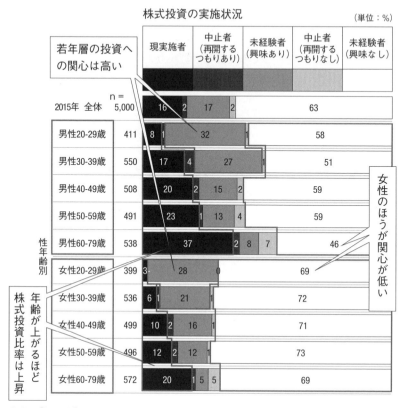

出典：【報告書】＋YOUプロジェクトに関する調査（2015年 クロス・マーケティング 東証委託）

になり、国内資産の投資に偏ってしまう傾向）があり、国内資産か円で個人資産をもっている。そうすると、海外のマーケットの状況がいくらよくても、日本の足元がよくないと「株はよくないもの」という印象になりがちである。

　もしかしたら、「株は怖い」という人のなかには、1987年に民営化したNTTの印象が残っている人も多いのではないかと思う。いまの株価水準で考えると、当時は1万5,000円で上場したのが、いまは5,000円になっていると考えると、これが日本人の投資のイメージを悪くした原因の1つだと思

う。

　そして、投資が進まない最大の原因は、デフレの要因で株価が上がらなかったことである。デフレなので、相対的には価値は目減りしていないのだが、絶対的な価格の問題がネガティブである。

　さて、投資をしない人が多いと話してきたが、それでも株主は少しずつ増加している。特につみたてNISAは、順調に増えている。節税効果もあるので、やはりこれを使わない手はないということである。

　一方、投資をしない理由のなかに、「まとまった資金がない」「知識がない」という理由をあげる人もいる（「個人の資産形成に関する意識調査」報告書QUICK資産運用研究所：図表3－5参照）。しかしこれは、投資をしない理由には実はならないと考えている。現在は、FinTechの力で、金融機関がさまざまなサービスを提供していて、100円から投資できる投資信託もあり、どこから始めていいかわからないという人もいる一方でこれも普通にネットで調べればわかる。それこそ情報リテラシーの差となる。ただ、それを調べる「動機」がないということがあるので、たとえば、そういうことを周りで知っている人がいれば、自然と伝わるということもある。その証拠に、株価が上がると個人の売買代金は一気に増える。ただ、米国のように株価がずっと上がっていけば個人の取引も増えるのだが、下がっていくとまた減ってしまうという問題がある。やはり、デフレ、株価が上がらないことが、投資が進まない最大の要因ともいえる。

　さて、一括で株を買うよりは、タイミングをならしていくほうがいい。退職金や貯まったお金を一括で投資するよりは明らかに、タイミングリスクは分散できる。金融機関の人が投資信託の販売の際にいうフレーズは、「長期的にみれば経済は成長しますから、この投資信託はそんなに割高ではないですよ」というものがある。セールストークとはいえ、根拠がないわけではなくて、図表3－6にあるように、長期の株価水準は経済成長と相関関係であることが示されている。とてもシンプルな図である。世界のGDPと世界の株価指数は相関している。時々できる山の頂点はバブルの時で、2000年代にはドットコムバブルがあり、その後リーマンショックが起きている。

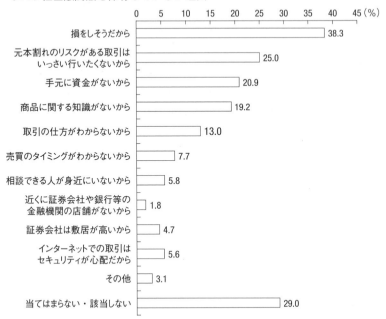

図表 3 - 5　投資をしない理由

リスク性金融商品を保有していない理由

| 理由 | (%) |
|---|---|
| 損をしそうだから | 38.3 |
| 元本割れのリスクがある取引はいっさい行いたくないから | 25.0 |
| 手元に資金がないから | 20.9 |
| 商品に関する知識がないから | 19.2 |
| 取引の仕方がわからないから | 13.0 |
| 売買のタイミングがわからないから | 7.7 |
| 相談できる人が身近にいないから | 5.8 |
| 近くに証券会社や銀行等の金融機関の店舗がないから | 1.8 |
| 証券会社は敷居が高いから | 4.7 |
| インターネットでの取引はセキュリティが心配だから | 5.6 |
| その他 | 3.1 |
| 当てはまらない・該当しない | 29.0 |

（注）「手元に資金がないから」とあるが、具体的な余裕金額については 4 割以上が
　　　わからないと回答しており、具体的なイメージはもたれていない。
　　　出典：「個人の資産形成に関する意識調査」報告書（QUICK資産運用研究所）

　この100年間で世界経済は3.6％成長した。この成長の要素のうち半分は、
人口増加によるものだが、それくらい世界は長期的に成長し続けてきた。そ
して、今後も人口は増える。現在の世界の人口は70億人で、そのうち100億
人を超えるといわれている。だから経済成長する、といわれていた。これか
らは、人口増加の質を吟味しないといけない。少なくとも、ここ20〜30年間
は人口増加に勢いはあるが、地域別にさまざまな偏りがあるという問題をは
らんでいる。

　では、日本はどうだろうか。1989年のバブルが大きな山で、ここがもう明
らかに異常値であり、その後は、継続的に低迷している。基本として、長期
的には経済成長と株価は相関しているのだが、バブルの時は、この相関して

図表 3 - 6　長期の株価水準は経済成長と相関関係

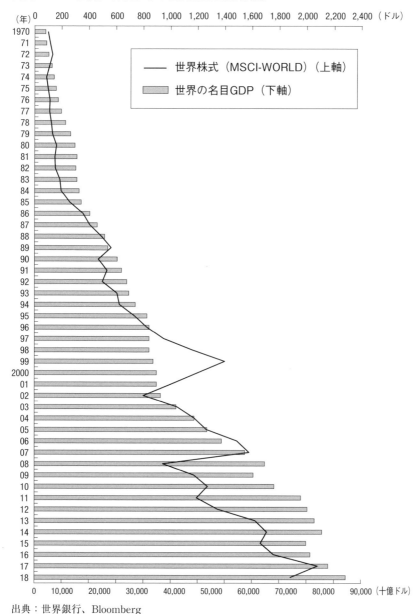

凡例：
世界株式（MSCI-WORLD）（上軸）
世界の名目GDP（下軸）

出典：世界銀行、Bloomberg

いない部分が大き過ぎたのが日本である。後になってそのことがわかったのだけれど、その後経済成長が低迷しているので、株価も上昇しない構造になっている。

さて、学校教育の現場では、どのように投資について教えているのか。大学で考えてみると、経済学部というのは、投資理論の講義などもあり一定の投資知識を学ぶことができる。ところが、中学や高校の社会の先生のなかでは、「金融リテラシー」の話が提供できる公民の分野は、地理や歴史の分野よりはプライオリティが劣っているということがある。先生方に「なぜ教師の間で投資は広まらないのですか」と聞いたら、「そんなことにかかわりたくないから公務員として働いているのです」と反論されるような場面もある。教育現場の状況は、「金融リテラシー」との関係では、なかなかむずかしい。

そうはいっても、金融経済教育をしっかりやっていくべきだと国も考え、学習指導要領も変わり、私たち金融機関も、教育の現場でどんどん出張授業を行っていくことでサポートしていきたいと考えている。


# ③ 私たちを取り巻く環境と「金融リテラシー」

それでは、日本の財政について少しみていきたい。2015年の財政審議会で提出されたデータをみると、日本はとにかくGDPに比べて借金が多過ぎていて、借金がGDPの2.5倍にまで達している。欧州との比較でいえば、相当な水準となっていて、大きく異なっている。OECD諸国における社会保障支出と国民負担率の関係については、他国に比べ社会保障の負担が高いのが特徴である。社会保障改革を行わない場合、社会保障支出は膨張を続ける予想が出ている。

2019年6月に、金融庁の金融審議会の報告書の発表を機に、「2,000万円問題」が大騒ぎになった。そこに書かれていた、「95歳まで生きるには夫婦で2,000万円の蓄えが必要」という報告が炎上したときに、同時にこうした社

会保障支出の観点もよく理解しておく必要があると考えている。この問題について、日本の個人金融資産の分布状況を図表3−7からみていくと、現在65歳以上の世帯平均は2,505万円となっていて、平均値の議論には意味がないことがグラフからみてとれる。米国ほど日本において格差は極端ではないが、富裕層と貧困層の両サイドに分断されている。中流は事実上存在していないといえる。つまり、平均値の議論はまったく意味がなかった。

後は、人口問題がある。日本はずっと人口が減っているが、世界の人口は増えていっている。中国は減ってきていて、次はインド、そしてアフリカが急増している。人口との関係も認識しながら、日本のGDPに与える影響も、実質GDP成長率が低くなっていることに加えて、かつては1位、2位だった1人当りGDPも、いまでは26位まで下がっている。上位国は、金融立国、資源立国、工業立国などである。

図表3−7　個人金融資産の分布状況

世帯主の年齢が65歳以上の世帯と全世帯の貯蓄の分布（2015年／平成27年）

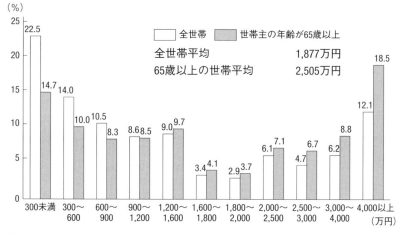

(注)　1　2人以上の世帯。
　　　2　ゆうちょ銀行、郵便貯金・簡易生命保険管理機構、銀行およびその他の金融機関（普通銀行等）への預貯金、生命保険および積立型損害保険の掛け金（加入してからの掛け金の払込総額）ならびに株式、債券、投資信託、金銭信託等の有価証券といった金融機関への貯蓄と、社内預金、勤め先の共済組合などの金融機関外への貯蓄の合計。
出典：総務省「家計調査」

日本のGDPが上がらない最大の理由は、賃金が上がらないことであり、さらには生産性が低いことが主要な要因として考えられる。これは、実質賃金指数の国際比較からは、OECD加盟国のなかで、20位という結果からもみてとれる。ではなぜ生産性が低いのか。日本は勤勉な国だといわれていて、技術力もある。

　「生産性が低い」ということについては、生産性とは労働時間×成果で、成果とはつまり賃金であり、賃金が低いのは、労働分配率が低いということもある一方で、デフレで収益が出ていないことが大きな要因と考えられる。

　まじめに働いていても、長時間労働が改善されず、グローバルな競争力が低下して、生産性の高い製造業が衰退した。「失われた20年」の間に製造業が海外移設し、労働力はサービス産業へとシフトし、「ワンオペ」といわれるような運用ができる業態にかわっていったことが、付加価値が増えずに生産性が上がっていかない理由である。

　いままで説明してきた「金融リテラシー」とは、「情報収集能力」のことであり、情報を集めることで、将来の見通しが、ほかの人より立てやすくなるということに意味がある。もちろん、その予想が当たるかどうかはわからないが、たとえば、経済統計のなかでも、「人口」はかなり予想確度が高いことが知られているので、特に人口が減っていく、高齢化するということは、重要視していかなければならないと考えている。みなさんのような若い世代では叩き込まれていると思うが、人口減少と高齢化の弊害は何か、あるいは失われた20年で浪費したものは何か、今後それを取り戻すためにどうすればいいか、そしてその道はとても厳しいのではないかということについて、よく頭に置いておく必要がある。

## ④ 証券市場をめぐる最近の状況

　マーケットに関する情報について、「金融リテラシー」の一環で、ご説明したい。日本の株価指数には、TOPIX（東証株価指数）と日経平均株価があ

り、TOPIXが市場第1部全銘柄（約2,100）、時価総額加重平均で計算するのに対し、日経平均は市場第1部から225銘柄を選定し、株価平均で計算する。図表3－8にその比較表をつけてある。いまの日経平均は、「ユニクロ」のファーストリテイリングのウェイトが9％（2019年3月29日引け時点）あるため、同社の動向によって大きく上下することがある。ファーストリテイリングは売上高の半分を中国事業で稼いでいることから、中国の景気動向によって消費が不振になれば、日経平均への影響が大きくなることも生じる。統計データが実態をどこまで示しているのか考慮する必要がある1つの例であ

図表3－8　株価指数（TOPIX、日経平均）

| | TOPIX | 日経平均 |
|---|---|---|
| 構成銘柄 | 市場第1部全銘柄<br>（約2,100銘柄） | 市場第1部から<br>225銘柄を選定 |
| 計算型 | 時価総額加重（注） | 株価平均 |
| 各銘柄<br>ウェイト | $\dfrac{個別銘柄の時価総額}{構成銘柄の時価総額の合計}$ | $\dfrac{個別銘柄の株価}{構成銘柄の株価の合計}$ |

| | | |
|---|---|---|
| ウェイト<br>上位銘柄 | 銘柄名 / ウェイト | 銘柄名 / ウェイト |

| 銘柄名（TOPIX） | ウェイト | 銘柄名（日経平均） | ウェイト |
|---|---|---|---|
| トヨタ自動車 | 3.17 | ファーストリテイリング | 9.01 |
| ソフトバンクグループ | 1.93 | ソフトバンクグループ | 5.58 |
| 武田薬品工業 | 1.73 | ファナック | 3.27 |
| 三菱UFJフィナンシャル・グループ | 1.64 | 東京エレクトロン | 2.77 |
| キーエンス | 1.48 | KDDI | 2.48 |
| 日本電信電話 | 1.38 | テルモ | 2.34 |
| ソニー | 1.37 | 京セラ | 2.25 |
| 三井住友フィナンシャルグループ | 1.18 | ダイキン工業 | 2.25 |
| 本田技研工業 | 1.11 | ユニー・ファミリーマートホールディングス | 1.95 |
| 東海旅客鉄道 | 1.01 | リクルートホールディングス | 1.64 |

※2019年3月29日引け時点
(注)　浮動株比率調整後の時価総額を使用

※2019年3月29日引け時点

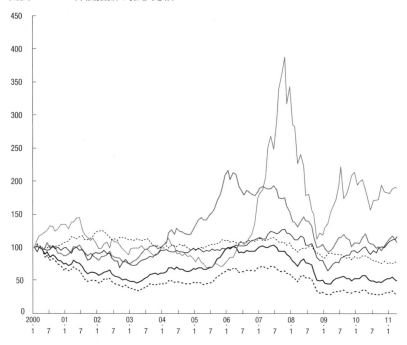

図表3－9　株価指数の推移比較

る。日本経済全体の価値という意味ではTOPIXがふさわしく、金融商品としては日経平均のほうがわかりやすいということである。運用のプロの世界では、ベンチマークをTOPIXとすることが多いが先物取引では日経平均先物のほうが取引量が多い。

　世界のさまざまな指数との比較について図表3－9でみていくと、2000年時点を100としてプロットして、NYダウは一貫して右肩上がりで、現在までに2.5倍ほど増えていることがわかる。一方、東証規模別株価指数小型というものでは、2,000銘柄のなかで大型でも中型でもないもので、これをみるとNYダウにも遜色ないパフォーマンスを示している。株価がしっかりと伸びている分野もあるので、指数のTOPIXが2,100銘柄でいいのかと、いま議論もしているところである。ただ、全体として、下方に足を引っ張っているのはTOPIXコア30で、大型株中心の企業群で、TOPIXの水準を全体的に

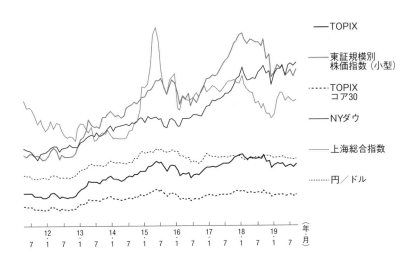

凡例:
- ── TOPIX
- ── 東証規模別株価指数（小型）
- ‥‥‥ TOPIXコア30
- ── NYダウ
- ── 上海総合指数
- ‥‥‥ 円／ドル

（年／月）
12 13 14 15 16 17 18 19
7 1 7 1 7 1 7 1 7 1 7 1 7 1 7

下に抑えていることが生じている。

　また、日本経済新聞は、「日経平均トータルリターン・インデックス（配当込み指数）」というものも算出している。長期分散投資をしたとき、損益だけでなく、配当込みのトータルリターンでみていく必要があり、その指数で、バブルの頂点を100とすると、もう8割に戻っている。複利の力の大きさは学んだと思うが、配当の力というのも大きいと考えている。たとえば、REIT（不動産投資信託）は、実際の不動産を証券化した商品であるが、配当利回りは、TOPIXの配当込み指数よりもよい。不動産は買えないけれど、1万円でも買えるREITという商品があるということも覚えておくと、運用の幅が広がる。

　アベノミクスの効果として、企業業績は回復し、営業利益も増えているが、それ以上に増えているのは配当だということは、しっかりと認識してお

く必要がある。GDPに占める上場企業の利益の割合というのは、正確な統計はないが、10％もないとみている。もちろん、従業員の数や物流などの波及効果を考えたら、上場会社がインベストメントチェーン（投資の連鎖）全体に与える影響は50％くらいあると考えられるが、単純に生み出す付加価値の大きさは10分の1くらいだと理解している。

　しかしながら、グローバルに展開している上場企業の場合には、海外で活躍している企業も多いので、国内GDPが増えていなくても、海外で得た利益を、確実に配当に回しているということまで含めてみていく必要がある。図表3−10は、全上場会社の業績推移と配当推移を示したものであり、特に配当増加の流れは理解しておくべきである。

　このような見方も含めて、話を整理すると、日本はデフレでモノの値段が下がってきたので、給料がそれほど上がらなくても、国民から大きな不満が出なかったと考えられる。一方で、投資する環境としては、日本株はそれほどパフォーマンスがよくないことがあるので、その場合、長期国際分散投資をメインに行いながら、日本で給料をもらって生活するというのがいちばん効率のいい方法とも考えられる。日本のデフレ世界で生活し、海外の成長の果実を得られるチャンスをもっているという意味では、必ずしも悲観的になることではない。念のため付言すると、デフレは、国益や将来の自分にとってはよくないことだと私は考えている。

　ここで、配当利回りの説明をしておくと、現在は2％くらいだが株価が下がれば利回りが上がる。図表3−11にあるように、グラフでは山ができているが、リーマンショックなどのアクシデントが起こると株価は下がるので、利回りは上がる。海外との比較をすると、株価水準は大分負けているが、利回りではNYダウ工業株30種やS＆P500種と比較して遜色ない水準である。

　では実際に、日経平均配当込みベースで、1989年のバブルのピーク時に100万円を買った場合と、毎年末に3.2万円ずつ買い続けてきた場合を比較すると、前者は約19万円の含み損、後者は約86万円の含み益になっている。日経平均というのは、それほどいいパフォーマンスではないにもかかわらず、長期積立運用効果があるということは、やや逆説的には、大変重要なこと、

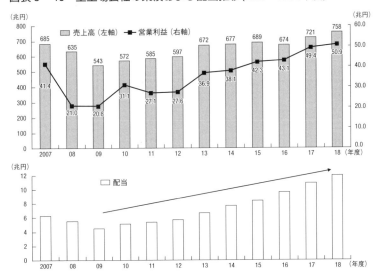

図表3−10　全上場会社の業績および配当推移(2007〜2018年度)

図表3−11　株式平均利回り（東証：市場第1部）

出典：JPX ホームページ「その他統計資料」

すなわち、長期継続的な投資がいかに有効かを示しているといえる。

　海外の投資家は、企業のROE（自己資本利益率）に着目している。2009〜2012年の平均は、世界平均が11.2%に対し、日本企業のROEは、4.2%とい

う水準の低さだったのだが、2018年には9.2%にまで向上している。2014年2月、日本企業を国際競争に勝てる体質に変革するための方策として、機関投資家の重要性に着目して、スチュワードシップ・コードを策定した。これは、機関投資家向けの行動原則（コード）で、資金の最終的な出し手（委託者）に対する責任が示されている。同時に、上場会社向けの行動原則として、「コーポレートガバナンス・コード」が策定された。ここでは、株主やステークホルダーに対する責任が示され、上場企業自身で行うコーポレートガバナンスの取組みが整備された。こうして、2つのコードを両輪とした証券市場改革を進めていくことで、上場企業自身のROEの向上につながっていっていると評価できる。それでも海外の投資家からすると、自分の資金を効率的に運用できる先として考えるには物足りないという見方も、引き続きあり、まだ途上ともいえる面もある。

　日本の上場企業が配当をこれだけ出すようになったのも、海外投資家の圧力によるという面があり、これは、現在の日本の株式市場の全取引のうち、流動性ベースで6割、ストックベースで3割が、海外の投資家の取引によるものであるということが大きいといえる。外圧によって、日本企業の経営者は、やや惰性的にもっていた持ち合い株式を解消させられ、本当にリターンを求める海外の投資家の声に応えて、配当を上げてきた面がある。配当を上げることで株価を高くし、割安な状況をつくらないことで買収されないようにしたということでもある。

## ⑤ 資産運用の方法

　では、どうやって投資をするのがよいのか。投資は100円からできるのだが、その値段で買えるのは投資信託という金融商品になる。投資信託は、仕組みがわかりにくいところもあるので、図表3−12で解説したい。運用専門家が銘柄を選択し、プロが運用する仕組みで、個別株式と違い、投資信託は1日1回の値付けであること、長期分散取引を行う観点からは、月1回の購

図表3－12　投資信託とは

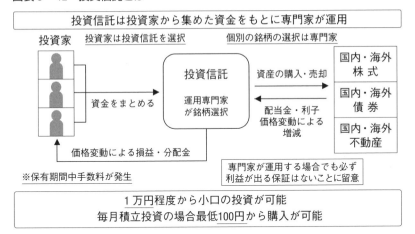

投資信託は投資家から集めた資金をもとに専門家が運用

投資家

投資家は投資信託を選択

個別の銘柄の選択は専門家

資金をまとめる

投資信託

運用専門家
が銘柄選択

資産の購入・売却

配当金・利子
価格変動による
増減

国内・海外
株　式

国内・海外
債　券

国内・海外
不動産

価格変動による損益・分配金

※保有期間中手数料が発生

専門家が運用する場合でも必ず
利益が出る保証はないことに留意

1万円程度から小口の投資が可能
毎月積立投資の場合最低100円から購入が可能

入で、日々の株価の動きを気にしないで続けられるということで、投資信託
は長期的な投資の観点に沿った商品である。

　株を買っている人というのは、ずっとパソコンにへばりついて株価とにら
めっこしていると思っている方も多いと思う。そういうのはデイトレーダー
の世界で、ほんの一部であり、資産運用で株を買っている大半の人は、"ほ
ったらかし"で、自分の給料の一部、またはお小遣いの一部を定期的に積み
立てるという方法をとっている。金融リテラシーの低い人は、株の取引を繰
り返し行うことで大きく儲けようとして、ボラティリティ（値動き）を求め
過ぎてしまうことがあり、ここまで読んできて、金融リテラシーが高まって
いるみなさんには、資産運用を行う観点からは、好ましいとはいえないとい
うことが理解できると思う。

　ただし、現在売られている投資信託は6,000本もあり、投資信託は数が多
過ぎて何を買ったらいいかわからないという課題がある。図表3－13で投資
信託の分類について示しており、どれがよい商品なのかがわかりにくいとい
う問題がある。初心者にお勧めするのは、インデックス運用で、何かに連動
している投資信託を選ぶ、あるいはそれに連動するETFを選ぶやり方であ
る。インデックスのほうがよいと言い切れるわけではないが、運用に透明性

図表 3-13　さまざまな投資信託

【運用方法による分類】

| 積極型運用<br>（アクティブ運用） | 運用者が銘柄を選別し運用<br>市場平均を上回るリターンを目指す |
| --- | --- |
| 指数連動型運用<br>（インデックス運用） | 株価指数などに連動するように投資し運用<br>市場平均並みのリターンを目指す |

【上場・非上場による分類】非上場指数連動型投資信託：6,000銘柄

| 価格公表は1日に1度 | 購入は取引終了後<br>1日1度だけ | 保有時コストが高い |
| --- | --- | --- |

上場指数連動型投資信託＝ Exchange Traded Fund（ETF）
　※上場しているために株式と同様の売買が可能　個別銘柄の流動性には留意

| リアルタイムな売買可能 | 価格はリアルタイムで確認 | 保有時コストが安い |
| --- | --- | --- |

がある。また、長期分散投資という文脈には、国際分散投資ということも含まれ、日本ではなかなか人口が増えないなか、世界の成長力を取り込んだ商品に投資するというのが、長期分散投資の1丁目1番地といってもよいと思う。世界中の資産に分散するには、「MSCI－KOKUSAIインデックス」（MSCIコクサイ指数）に連動するETFがある。

　ボーナスが出たときなどに金融機関が一括で購入させて、タイミングが悪いと損を出させてしまうということも少なくない。こうした問題を解決するために、現在では金融機関ごとに、自分のお客様全体の損益状況を開示している。それをみると、それぞれの金融機関の姿勢がみえてくるということで、そうした情報を活用することも必要である。

　投資信託以外にも、ETFという商品もあり、図表3－14にいくつかのカテゴリーを示してあるので、参照されたい。ETFは海外の指数に連動するものもあり、株だけではなく、REITや金融商品先物の指数型もあるが、商品先物も金や銀から穀物、畜産物まで幅広い資産を裏付けにしているので、リスク面では留意する必要がある。また、税制優遇制度として、NISAとiDeCoがあり、図表3－15に一覧表を示してある。このなかでは、「つみた

図表3－14　種類も豊富なETF

| 分　類 | 代表的な総合指数銘柄 | タイプ | 具体的な銘柄例 |
|---|---|---|---|
| 日本株 | TOPIX 日経平均株価指数 | 規模別 市場別 業種別 | JPX日経インデックス400・TOPIXコア30 マザーズ指数・JASDAQ-TOP20 TOPIX-17シリーズ |
| 日本債券 | NOMURA-BPI総合 | ― | ― |
| 外国株 | MSCI－KOKU-SAI指数 | 国別 パッケージ | 米国・中国・インド・ロシア・タイ・先進国・新興国・ユーロ・ASEAN |
| 外国債券 | シティ世界国債インデックス | 国別 パッケージ | 米国債・米国ハイイールド債・新興国債券 |
| 日本不動産 | 東証REIT指数 | | |
| 外国不動産 | S&P先進国REIT指数 | 国別 | 米国・オーストラリア・シンガポール |
| 商　品 | S&P GSCI商品指数 | 種類 パッケージ | 金・銀・白金・原油・小麦 貴金属・メタル・穀物・畜産物 |
| その他 | ― | 高配当株 レバレッジ インバース | 東証配当フォーカス・MSCIジャパン・日経平均株価・TOPIX・NYダウ・金・原油 |

てNISA」は20年間税制優遇があり、こうした積立投資は期間が長ければ長いほどよいので、いまから若いみなさんが資産運用を始めたいと考えたとき、選択肢の1つにすることも大事だと考えている。

　このように、少額から投資が可能な商品もさまざまな形態で出てきているので、ぜひ、金融リテラシーを身につけ、こうした資産形成に向けて取り組んでいくことは、みなさんの将来の生活設計に欠くことができない要素となるので、「金融リテラシー」について、よく学んでもらいたい。

図表3－15　税制優遇制度を活用しよう

| | NISA | | | iDeCo |
| | (一般)NISA | つみたてNISA | ジュニアNISA | |
|---|---|---|---|---|
| 年間投資額上限 | 120万円 | 40万円 | 80万円 | 14.4万〜81.6万円（職業や加入している年金制度によって異なる） |
| 運用期間 | 5年 | 20年 | 5年 | 60歳まで |
| 非課税投資総額 | 600万 | 800万 | 400万 | 年間掛金×年数 |
| 対象商品 | 株式、ETF、REIT、投資信託 ほか | 金融庁が選んだ投資信託 | 株式、ETF、REIT、投資信託 ほか | 投資信託、定期預金、保険商品 |
| お金を出すとき | 所得控除の対象にはならない（課税） | 所得控除の対象にはならない（課税） | 所得控除の対象にはならない（課税） | 所得控除の対象（非課税） |
| お金を引き出すとき | いつでも可 | いつでも可 | 子が18歳になるまで原則不可 | 60歳まで原則不可 |
| 特記事項 | つみたてNISAとの併用不可 | 一般NISAとの併用不可 | 口座名義は子、運用口座の管理は親 | ― |

（注）　NISAは少額投資非課税制度、iDeCoは個人型確定拠出年金のこと。


# ⑥ 本章の理解を深めるためのQ&A

**Q1**　JPXとして、学校教育に力を入れていることについて、投資に抵抗感がある人も含めて理解を得ながら、すそ野を広げていくための取組みは、非常に大事だと思う。しかしながら、たとえば、学校教員の方に対

するセミナーの開催について、人数はまだまだ少なく、砂に水をまくような段階でしかないという感じはするが、いかがか。

**A1** この点については、私どもが直接お話を伝えることができた先生方に反響をお聞きする限りにおいては確実に理解は進んでいる。しかし、何分にも、私どもがお話できる対象者が限られてしまうことは課題だと痛感している。


**Q2** 家庭内で、親が投資している経験などをみていることなども大事だと思うし、学校という教育の場も非常に大事だと考える。こういう「金融リテラシー」に向けた取組みが身近にならないと、旗を振っても、簡単にはいかないという面はあるのではないか。

**A2** 学校教育カリキュラムのなかで、いくら学習指導要領に反映されたとはいえ、それを実際に実践する先生がどこまでいるかということも含めて、4カリキュラム、年間40時間中の1時間程度の授業を行うことは、なかなか大変である。親が経済について、家庭で自然と教えるという環境があると、学校教育だけではない「金融リテラシー」が浸透するよい影響は出てくると思う。


**Q3** 株式投資に関して、値上り益だけではなく、配当込みの数字についてご説明いただいたデータは、大変重要だと思う。日本企業の配当は相当増えてきているので、配当込みでみて長期投資を行うという観点が、もう少し浸透したほうがよいのではないだろうか。

**A3** 配当を受け取って、そのお金で再投資したら、こうしたリターンが出るという複利効果の大きさを本章でお伝えできたとは思う。私どもは、この複利の効果をもっと多くの方にお伝えしていくことが使命だと思っている。


**Q4** 投資しようと思った時に、長期分散といっても、元手がそんなにあるわけではないので、結局のところは、投資信託を購入するのがいいのか

なと思う。投資信託の場合には、パフォーマンスというものをどう考えればよいか。

**A 4** パフォーマンスについて、過去のデータを参照すると、5年間程度の運用では長期運用とはいえない面があり、ブレが大きい。しかしながら、20年というタームで運用すると、統計的には真ん中の利回りに寄ってくることになる。究極的には、世界の成長と運用の成果がリンクしていくことが重要で、長期で運用すれば、マイナスがないというのが過去のデータとしては示されている。


**Q 5** NISAの年間の非課税枠120万円について、恒久化の見送りというニュースをみたが、それは、個人の投資を促す流れにマイナスの力が働くように思う。

**A 5** 金融業界としては、投資を促進しようということで、恒久化をお願いしているが、財政との関係もあり、まだ実現できていない。

第4章

# 保険リテラシー

慶應義塾大学理工学研究科特任教授
日本アクチュアリー会正会員　山内　恒人

序　論

幸田　博人／福本　勇樹

# 1 保険商品とは

　保険商品は契約類型上、以下の3つに分類される。

○生命保険

　生命保険は人の生死を保険対象とし、「保障」機能を提供するものである。人が死亡した場合、あるいは一定期間経過後に生存していた場合を契機として、生命保険では一定の保険金が支払われる。主な生命保険の商品として、死亡に対する保障を行う死亡保険、長寿に対する保障を行う年金保険、一定期間の死亡保障と貯蓄機能を兼ね備えた養老保険、などがある。このように生命保険商品は、死亡の場合に保険金が支払われる「死亡保険」、一定期間生存していた場合に保険金が支払われる「生存保険」、この2つを組み合わせた「生死混合保険」のどれか、もしくは組合せである。

○損害保険

　損害保険は主に物を対象とし、保険事故が発生した際に財産上の給付を行う「損失填補」機能を提供するものである。事故や火災等の発生により損失を被った際に、損害保険では損害の程度によって行われる財産上の給付が異なることが一般的である。個人向けの損害保険の代表的なものとして、自動車事故に対する補償を行う自動車保険、火災に対する補償を行う火災保険、地震に対する補償を行う地震保険などがある。

○傷病・疾病・介護保険

　かつては第三分野商品と呼ばれていたもので、生命保険会社でも損害保険会社でも取扱いができる商品類型である。疾病による入院関連保障、傷害保

険（ケガに関する通院や入院、手術等に対する保障（補償））、がん保険（がん治療に関する通院や入院、手術等に対する保障（補償））、介護保障などさまざまな商品がある。

## ② 保険商品の利用法

### (1) リスクヘッジのための保険商品の活用

　保険商品の本来の意義はリスクによる経済的損失の軽減である。火災で家や工場が消失する、交通事故で被害者となる、大病で長期間入院する、働き盛りで突然死亡し家族が収入を失うなど、将来の生活や事業に支障となるような事象に遭遇して多額の損失を被ることで、当初想定していたライフプランが成り立たなくなることがある。このような想定外のイベントに遭遇したときのための事前の備えとして、保険商品を用意しておくことで、当面の操業費用の確保、生活費や手術費用や入院費をまかなうだけでなく、当初予定していた事業プランや人生設計を大きく変更する必要がないようにすることができるなど、非常に大きな効果が得られる。

　したがって、保険商品を利用する際は、どのリスクに備えたいのか、どの程度の金額が必要になるのか、将来のライフプランを考えて、明確化しておくことが肝要である。そのうえで、こうした目的に合致した適切な保険商品を選択する必要がある。さて、このような観点からすると、リスクヘッジプランとしては損害保険・生命保険双方を取り扱う必要があるが、本章では以下生命保険を主体として議論を進め、必要に応じて損害保険との対比を行っていくこととする。

### (2) 資産形成のための保険商品の活用

　生命保険分野における資産形成は、生命保険会社が個々の契約者が支払う保険料のなかに将来の前払い部分があることから、その部分を積み立てなけ

ればならない機構（責任準備金制度）をもっていることに起源を有している。元来、終身保険や養老保険など長期の保険契約では保障機能と同時に資産形成機能を有しており、その両義性から貯蓄にも用いられていた。

　また、生命年金は長寿リスクを補うことを主な目的としていたので、年金開始は比較的高年齢であったが、これを一時金として支給する仕組みが拡大して貯蓄機能を大きく拡大した商品が生まれている。

　このような機能を前提として、お金をコツコツ積み立てる、まとまった老後資金を準備するなどの資産形成の目的で貯蓄型の保険商品を利用することができる。このような目的で保険商品を利用する際は、どれぐらいのペースでどの程度のお金を積み立てていくのか、将来にどの程度の金額が必要になるのか、などを明確化しておくことが肝要である。そのうえで、こうした目的に合致した保険商品を選択する必要がある。たとえば、老後の生活資金確保という目的では預貯金や投資信託等での投資も有力な選択肢となるが、長生きリスクに備えるという意味では、公的年金と同様に生きている限り年金がもらえる終身年金も選択肢の１つになる。

## (3)　金融商品としての生命保険

　一般消費者が保険商品を金融商品と認識した場合の投資行動は、銀行主導型の勧誘であることから、一般の保険商品の購入あるいは販売指向と異なったものである。近年、このような商品区分が一定の評価を得るようになっている。

　その際、契約者は提供される保険商品を投資信託と同義あるいは投資信託の亜流と認識していることに注意するべきである。このような商品類型では、提供される多くの商品では外国債券を組み入れたものが多く、金利の面では国内債券に優越するようにみえることが多い。しかし、為替リスクは契約者が被ることになるのであることは注意しなければならない。

　また、変額年金などでは外国債券などを組み込んでいなくとも、市場環境によっては元本割れになることもあるので注意が必要である。

## ③ 保険会社の健全性を測る方法

　保険商品は保険期間が長いものも多い。特に生命保険商品では保険期間が10年を超えるものも多く、終身保険のように非常に長期にわたるものも存在する。そのような特異な商品を提供している保険会社が破綻した場合、保険を購入した各個人が最終的に損失を被ることになる。そのため、健全性の高い保険会社を選択する観点も商品選択では重要である。保険会社の健全性を測る方法としてさまざまな専門的な指標があるかもしれないが、一般消費者が容易に入手できる指標としては、たとえば、以下の３つがある。

### (1)　ソルベンシー・マージン比率

　保険会社の健全性を測る指標の１つに「ソルベンシー・マージン比率」がある。ソルベンシー・マージン比率とは、通常の予測を超えて大損害が発生した場合にも、保険会社が支払う能力があるかどうかを判断するための指標である。たとえば、この比率が200％を下回る等、著しく悪化すると、状況に応じて金融当局（金融庁）により早期是正措置命令が発動される。

### (2)　格　　付

　格付機関（信用格付業者）が評価した格付を確認する方法もある。格付機関は、保険会社の財務状態や支払能力などを調査して評価結果を提示している。格付機関によって格付の定義は異なるが、基本的にアルファベット順にＡが最も健全性が高いことを示しており、アルファベットの数が多いほど健全性が高い。具体的には、ＡＡＡ（ムーディーズはAaa）が最も健全性が高く、次いでＡＡ＋（Aa1）、ＡＡ（Aa2）、ＡＡ－（Aa3）、Ａ＋（A1）、Ａ（A2）、Ａ－（A3）、ＢＢＢ＋（Baa1）、ＢＢＢ（Baa2）、ＢＢＢ－（Baa3）等の順となっている。ＢＢ＋（Ba1）以下の格付は、一般的に健全性が低く投機的と考えられている。日本では2017年４月時点で、S&P、ムーディーズ、フィッチの日本法人や、国内業者の格付投資情報センター（R&I）や日本格付研究所（JCR）など、

7社が登録されている。

### (3) 基礎利益や経常利益

補助的に勘案されるものが、基礎利益（保険会社の本業から得られた利益）、経常利益（本業以外も含めた通常の事業活動からの利益）を確認することである。基礎利益では危険差益が継続的に同じ水準で推移しているか徐々に増加しているようすは会社の健全性の指標である。また、経常損より経常益のほうが健全であることは常識的に判断できるが、新興の保険会社では経常利益が赤字の場合もあり、現行の法定会計制度のもとでは営業がうまくいっている場合のほうが経常損を出しやすいので、一概に経常損が悪いわけではない。このような理由から、会計情報は保険会社の健全性判断にはあくまで補助的位置にあって、健全性判断としては不十分である。

慶應義塾大学理工学研究科特任教授
日本アクチュアリー会正会員　山内　恒人

## 1 生命保険とは

### ⑴ 100年を見渡す生命保険という長期契約

　生命保険を考えようとするとき、100年を見渡す目をもつことが求められる。特に、最近「人生100年時代」というフレーズが頻繁に使われるようになったが、生命保険には「終身保険」という商品がある。これは被保険者が人生を全うするまで保険保障をする商品であり、まさに人生100年時代を体現する商品である。

　たとえば大学生が新社会人として世に出て終身保険に加入したとすると、彼らが100歳まで生きるならば、保険期間は70〜80年続くことになる。この70〜80年という期間について読者は実感があるだろうか。ちなみに、第二次世界大戦が終了してから2020年までで何年経過したかを考えてみると感覚がつかめるかもしれない。終戦の年1945年から計算すると、2020年までは75年である。人生100年時代が本当なら、20代の人が加入した終身保険について本人が死亡して給付がなされるまでの期間は、戦後の焼け野原からスマートフォンが日常品となっている現代までの期間である。いったい誰が戦後すぐの焼け野原から、今日の日本の姿を想像できるだろうか。人生100年時代というが、保険という観点からみれば、寿命が延びるだけといった、そんな単純な話ではない。終身保険のような、生涯の保障を約束する商品を考えるときに、そのタイムスパンというのは、読者の想像を絶する長さだということを、最初に知ってほしい。

保険は、大きく分けて生命保険と損害保険の２種類の業態がある。本稿では生命保険を主体的に語ることになることは最初に断っておきたい。生命保険というこの業態の区分と人生100年ということを絡めて考えてみよう。契約者が払い続ける保険料は保険会社が決めるのだが、生命保険契約の場合、ある契約者がその保険料で保障を購入した場合、その後、その保険料を変更することはほとんどできない（本稿では基礎率変更権の話はしない）。変更できるとしたら、その生命保険会社が財政的に危険になったときだけである。したがって、あなたが20代の大学生だとして、いま終身保険に加入したとすると、100歳まで生きるとすると70年以上保険料は変わらないし、保険会社側からみると変えることができないのだ。

　一方、損害保険は生命保険と違って、過去の発生率に応じて保険料の変更は比較的自在である。したがって、生命保険と損害保険、この２つの保険料の決め方はまったく異なっている。損害保険では前年度の収支をライン別に検討し、さらに商品別に細かな精査が行われ、翌年度の保険料が決定される。さらに、個人的にも前年度の事故の状況から当年度の保険料が変化するなど（車両保険のクラス別料率などはその顕著な例である）、生命保険の世界からは信じられないことが普通に行われ、世に受け入れられている。このように、同じ「保険料」という言葉ではあるが、生命保険と損害保険では性質がまったく異なるのである。

　さて、図表４−１をみていただきたい。近時40年程度の金融指標を概観したものだが、わずかその40年の間に日本では次のような劇的な変化が起きた。まず、国債の利回りは、1980年では、10年の国債の利回りはなんと8.88％もあったが、いまはゼロ金利である。日経平均株価をみると、1989年12月には３万8,000万円に達した。あの頃を知る者は、誰もが日経平均は４万円になると平気で思っていた。ところが、ついにその日は訪れなかった。そして、円ドルレートも大きく変化した。1985年のプラザ合意以前は、１ドル250円の時代だったが、いまは108円くらいである。プラザ合意とは巨大な対日貿易赤字を抱えた米国が、強引に円高誘導をしたものである。ところが、この時に、生命保険会社はかなり膨大な外国債券を保有していたことも

あり、それが暴落するという事態が発生した。最後に、主要都市の地価の動きも激しかった。図表4－1の4つのグラフ中にあるあみ掛けの丸は、この頃にたくさんの生命保険会社の破綻が起きたこと（1998年付近）を示している。

　ただ注目すべきことはこれがほんの40年間に起きたということである。先ほどから、人生100年時代という話をしているが、それが本当ならば、若い人が終身保険に入るとその保険期間は70年程度であることからして、その間にまさにこの40年間に日本で起きた金利・株価・為替・地価の変動がまた起きないとは誰にもいえないということである。基軸通貨ですらドルではなくなっている可能性がある。

　さらに、100年というタイムスパンは生命保険の世界に非常に厳しい規律を課していることも認識してもらいたい。図表4－2にその考え方を示している。この図は真ん中に立っている人が過去と未来の100年を眺めている図である。これは何を意図しているかといえば、商品ができた時も実際に保険給付をする時も同じ解釈ができないといけない、ということを示している。たとえば2020年に開発した商品があったとすると、100年後にそれをみた人が、「100年前の商品開発の趣旨はこのようなものだった」というポリシーに関する事柄と、その折、契約者に渡した保険料や解約返戻金表があればそれをいつでも復元できなければならないのである。契約が残っている限りいつでもそれができる体制が担保されていなければならない。この継続性、つまり、再現性の確保という点が、非常に大きな問題なのだ。生命保険というビジネスは、販売したらその時の状態を保存しなければならない。このように「長期にわたって変更を許さない」ものというものは必然的に「人」の介入なしには成り立たないものである。これについて以下に述べたい。

　つまり、保険料は100年変えられないが、経済環境は大きく変わる。それでも保険料を一定に保たなければならない。ということは、生命保険会社にとってリスク管理が非常に重要ということが帰結する。しかしながら、私たちは100年後までプログラミングをすることはできない。一般には、想像力を豊かにしてリスクに備えることが重要であるとか、歴史に学んで事前に準

図表4－1　わずか40年程度の話

［激変のようす］過去40年間の国債の応募者利回り［月別データ］

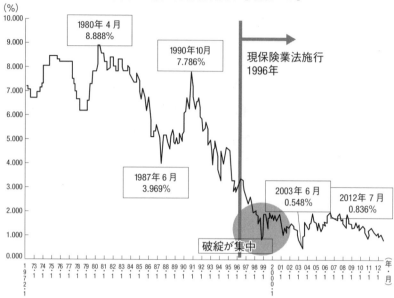

［激変のようす］ドルと円の為替レート

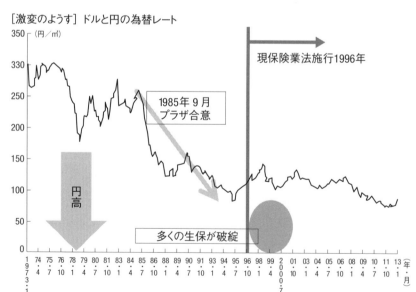

［激変のようす］日経平均の年末値（各年の12月末の取引最終日）1950〜

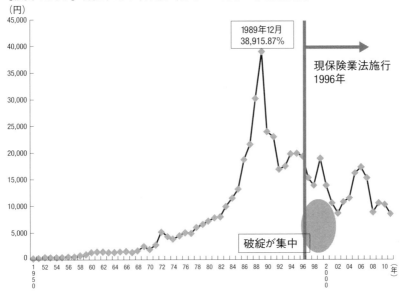

［激変のようす］主要都市の商業地の最高価格推移

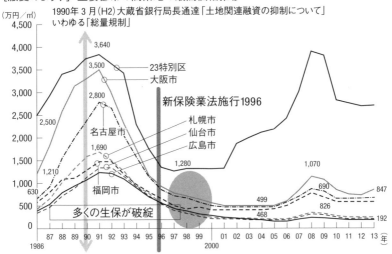

図表 4 - 2　100年というタイムスパン

■生命保険契約は100年以上継続することもある
■60年以上続く契約は現に存在する
●商品ができた時と同じ解釈をしなければならない
●100年後の生命保険会社の職員は現在と同じ解釈をしなければならない
●再現性の確保 ⇔ 変えてはいけないものがある

過去100年　　　　　　　　　　将来100年

現時点

備せよなどとの古言も必要かもしれないが、新たな事象というのは人間のさ
かしらを超えたかたちで出現し社会に影響を及ぼす（近年のパンデミックが
その証左である）。したがってわれわれは事後に最も賢明な対処をすることが
求められており、リスクの専門家はその点に果断に対処できる人だといえ
る。そうすると、「人」、優秀な人に、物事を託すしかなくなる。将来、その
場その場で困難な状況になったとしても、賢明な人たちが、適切な判断を下
せるようにしないといけない。したがって、生命保険会社にとっては優秀な
人を採用するということは大きな課題になるのである。それも上司受けする
エリートではなく、誤解をおそれずいえば「冷静な野人」が求められるかも
しれない。いずれにしても保険業界が託すべきは最終的には「人」なのであ
る。

## (2)　生命保険の代表的な商品

　次に生命保険の代表的な商品について簡単に説明する。図表 4 - 3 に損害
保険商品との比較を示してある。生命保険と損害保険は、同じ「保険」だ
が、性質は大きく異なる。まず、生命保険は定額保障である。死亡したら
1,000万円という保険金の生命保険なら、その人がどんな人であろうが、亡
くなれば1,000万円の保険金が出る。一方、損害保険は実損填補がモットー
である。たとえば家屋に5,000万円の保険がついていても、台所が燃えて、

図表4－3　生命保険と損害保険

| 生命保険 | 損害保険 |
|---|---|
| 1．定額保証 | 1．実損填補 |
| 2．「人」が対象 | 2．基本的に「物」が対象 |
| 3．長期的な保障が多い | 3．短期的な保障が多い |
| 4．医療保険も販売 | 4．医療保険も販売 |
| 　代表例 | 　代表例 |
| 　　a．定期保険・終身保険 | 　　a．自動車保険 |
| 　　b．養老保険 | 　　b．火災保険 |
| 　　c．医療保険 | 　　c．医療保険 |

査定の結果、損害額が100万円だったとしたら、100万円の金額が給付される
にとどまる。ここが生命保険と大きく異なる。

　次に保険の対象にも違いがある。生命保険は「人」が対象で、損害保険は
主に「物」が対象といえる。また、保障期間についても生命保険と損害保険
では大きく異なる。一般的な個人向け生命保険でおおよそ最低でも5年の保
険期間がある、長ければ一生であるが、損害保険は1年と短期が多い（もち
ろん生命保険分野でも団体的保険のように保険期間1年の商品もあるが、更新で
結果的に長期になる）。

　講学上、生命保険の商品類型は、図表4－4にあるとおり、①死亡保険、
②純粋生存保険、③生死混合保険、④医療関連保険の4つに分けられる。

　1つ目の、死亡保険とは、被保険者が死亡したときに保険金が支払われる
保険で、「定期保険」や「終身保険」がある。定期保険は一定期間の死亡保
障をする商品で、終身保険は終身にわたって保障を行う保険商品だ。次に、
純粋生存保険とは、加入してから満期まで，"生きていたら"満額保険金が
出るという保険商品である。満期まで生存していなければならないので、満
期の前に死亡したら、たとえそれが満期の直前であったとしても何の給付も
ないのである。商品の特性とはいえ、このような特性は時として消費者の理
解を得ることができない可能性があるので、現在、純粋生存保険そのものは
市場には提供されていないが、その特性をもつ一類型として保証期間経過後

図表 4 - 4　生命保険の代表的商品

| 商品類型 | 保険事故 | 代表的な商品 |
|---|---|---|
| 死亡保険 | 被保険者が死亡したとき | 定期保険<br>終身保険 |
| 純粋生存保険 | 被保険者が一定期間経過後に生存しているとき | 年金保険などがあるが、純粋な生存保険はない<br>本当の純粋生存保険は過酷な状態を生み出す可能性がある |
| 生死混合保険 | 被保険者が保険期間内で死亡するか、保険期間の一定時に生存しているとき | 養老保険 |
| 医療関連保険 | 被保険者の入院・手術など多種多様 | いわゆる医療保険、介護保険など |

の「年金」がある。

　生死混合保険は、保険期間中の死亡と、満期まで生存していた場合の満期保険金を提供する商品である。「養老保険」はいちばんわかりやすい商品類型である。これは定期保険とその定期保険の死亡保険金額と同額の満期保険金額を満期時に支払う純粋生存保険を組み合わせた商品である。養老保険は昭和40年・50年代では、保険の代名詞であった。いまでは低金利の影響で、満期保険金額よりも払い込む保険料のほうが大きくなることもあり、販売については顧客への丁寧な説明が必要となっている。

　そして、いま最も種類が豊富なのは医療関連保険である。これは被保険者の入院・手術・通院など、さまざまなタイミングで給付金が支払われる。いわゆる医療保険や介護保険であり、がん保険もここに含まれる。商品バラエティーが多岐にわたっており、統一的な話はあまりできない。

　2014～2018年の個人保険の種類別契約件数の推移から、生命保険のトレンドをみてみる。図表 4 - 5 にあるとおり、2018年の全体の契約件数は1,563万件で、一応、終身保険はまだかなり売れているが、数が多いのはがん保険と医療保険である。がん保険と医療保険を足すと、4 割弱になるから、医療

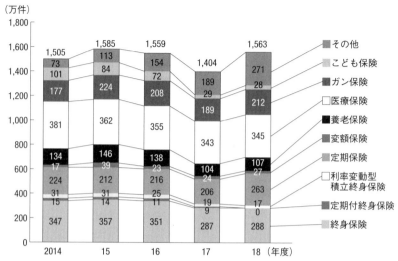

図表 4 - 5　個人保険の種類別新契約件数の推移

（注）　転換後契約は含まない。新契約ベースの数値。
出典：生命保険協会編「2019年版　生命保険の動向」4 頁

関連保険の商品が大きなウェイトを占めていることがわかる。

## (3)　生命保険の基本的な用語と登場人物〔保険を知るための基礎知識〕

　生命保険の金融リテラシーとして、保険法に沿って基本的な用語と登場人物を説明しておく。契約時に保険法が前面に出てくることはないが、保険会社が作成する約款（普通保険約款および特約条項）では、専門的な用語が出てくる。いずれも保険を理解するうえで基本となるものなので、紹介しておきたい[1]。

・「保険者」[2]……保険契約の当事者の一方であって、保険事故が発生した場合に保険金の支払義務を負う者である。保険インフラストラクチャーの提

---

1　以下、用語の定義については保険法第 2 条に依拠しているが著者による注釈も含まれている。
2　保険法第 2 条第 1 項第 2 号

供者である。一般的には保険会社のことだと理解してもよいかもしれないが、ここでは法律関係の当事者の一方という意味で「保険者」としている。これによって、会社組織でなくてもより広く保険提供主体をカバーすることができる。たとえば、共済組合も保険を提供している。共済で最も大きな組織は全国共済農業協同組合連合会である。これは、国内最大級の生命保険会社と比肩する規模である。このように、会社組織でなくても大規模に保険事業を運営している共済も存在する。

- 「保険契約者」[3]……保険契約の当事者のもう一方の相手方（保険者の相手方）であって、保険料の支払義務を負う。保険の購入者（消費者）だといってよい。保険者と保険契約者を保険契約の当事者といい、彼ら以外は当事者ではない（たとえば、後述する被保険者や保険金受取人は生命保険契約の重要な要素ではあるが「当事者」ではない）。保険契約の当事者は当該保険契約の消息のすべての責任と権利義務を負う。さらに、保険者・保険契約者の双方が義務を負うことから、生命保険契約は「双務契約」であるといわれている。なお、保険契約者は自然人だけではなく法人もなりえる。たとえば会社が保険契約者となり、従業員や役員に保険契約を掛ける場合などがそれに相当する。

- 「被保険者」[4]……生命保険契約では当該保険契約の目的となる人である。たとえば、ある人が死亡した場合に保険金が支払われるという生命保険がある場合、その亡くなる人のことを「被保険者」という。なお、損害保険契約では、被保険者の意義が生命保険契約の場合と異なり、いわゆる損失填補を受ける人を「被保険者」という。生命保険と損害保険では被保険者の意味が異なる。

- 「保険給付」……保険法第2条（保険契約の定義規定）第1項第1号によると、保険契約上定められた事由が生じた場合に行われる給付である。給付については「財産上の給付」と示されており金銭に限定されていない。これは、現物給付の可能性を示唆しているのである。たとえば、青果店で配

---

3　保険法第2条第1項第3号
4　保険法第2条第1項第4号

達の車が壊れてしまったら、店の人にとって必要なものは金銭給付ではなくて明日から使える代車である。そのほかにも災害時におけるホテルの手配、移動困難時におけるタクシーの手配などさまざまなものが考えられるが、もしもこのような給付を保険会社がするのであれば、これは狭い意味の「金銭の支払い」ではなかろう。したがって、財産上の給付という非常に広い範囲を指す文言を用いることによって給付の可能性を広げているのである。ただし、同条カッコ書により、生命保険契約と傷害疾病定額保険契約（医療介護系保険契約）では、保険給付は金銭に限るとして、金銭以外の給付は認められていない。つまり、現物給付は許容していないのである。

・「保険料」……保険契約者の義務は保険料の支払いである。保険法第2条第1項第1号によると、保険契約者は保険給付がなされる一定の事由の発生の可能性に応じて保険料を支払うことになっている。ここで「可能性に応じて」について洲崎博史・京都大学教授は「保険制度の特徴たる保険給付と保険料の間の保険数理的関係を示しているものと考えられるが、保険料と保険給付の間に厳格な給付反対給付均等原理が成立していることまで求められていると解すべきではない」[5]としている。これは、厳格な対応関係が成立していると考えてしまうと、純保険料[6]部分のみがここでいう保険料となって営業保険料は保険料とならなくなる可能性があることと、「給付反対給付の厳密な対応関係」であると言い切ってしまうと、その文

---

5　山下友信、米山高生（編）『保険法解説－生命保険・傷害疾病定額保険』（有斐閣、2010年）136頁
6　一般的に市井にいう「保険料」は保険業界にいう「営業保険料」を指す。純保険料とは営業保険料中給付に対して直接かかわる部分であって、予定利率と予定発生率（あわせて、基礎率という）が確定すれば決まるものであって会社間でそれほど差が生じるものではない（ただし、「有配当保険」か「無配当保険」で差が生じるがそもそも基礎率が異なり、商品性が異なるので、会社間で差が生じるものではない、という言説はなお正しい）。一方「営業保険料」とは純保険料に事業費部分である「付加保険料」（損害保険分野では「社費」）を足したものであって、この部分は会社の一般事業費や営業手数料などの費用であって、保険会社によってさまざまである。会社ごとの差を述べると差しさわりがあるが、「定期保険」では営業保険料ベースで2倍近い差が生じる場合もある。

言を奇貨として保険法の支配を脱することを目的としてやや外れた料金を設定する者が現れることを防ぐ意味があるとのことである。これは近代的な保険制度がリスクを計量しリスクに対応する保険料設定を前提とした保険制度を大括りとしたときの法制度としての保険法のあり方も示している。すなわち、小規模企業や身内の見舞金制度などはリスクと対価との間になんら関係を見出すこともできない場合などが存在するが、そのような場合にまで保険法を適用させることは酷であるから保険法の対象としないという自然な帰結も生じさせることが可能となる[7]。このようにして、厳密な数理的対応関係ではないが、一定の事由に対応することがわかる程度の対応関係にある保険料という意味が明確になる[8]。

・「保険金受取人」……保険者から保険金を受け取る者である。これは生命保険契約および傷害疾病定額保険契約にのみ定義される言葉である。言辞的解釈からこの理由を述べると、先に、生命保険契約および傷害疾病定額保険契約にあっては保険給付は金銭に限ることを紹介したが、実は「保険金」とは金銭を表象している言葉である。したがって、金銭給付に限定さ

---

7　山下友信、米山高生（編）『保険法解説―生命保険・傷害疾病定額保険』（有斐閣、2010年）137頁

8　ここで読解に関する私見を以下に述べたい。それは、本文に述べた学説を理解しつつも、いったん看過してこの部分の言辞的読解では別の読み方もできるのではないかと思量するのである。保険契約者の義務は保険料の支払いであるが、保険法第2条の該当部分を記すと下記のとおりである。「相手方がこれに対して当該一定の事由の発生の可能性に応じたものとして保険料（共済掛金を含む、以下同じ。）を支払うことを約する契約をいう。」（保険法第2条第1項第1号後半）、これを「当該一定の事由の発生の可能性に応じたものとして保険料を支払う」で切り、「可能性に応じた」を「保険事故の発生の可能性に応じた」と読んで、保険事故が発生しようがしなかろうが保険料の支払いをしなければならない、と読むという読解である。そしてこの読解では「応じた」とは保険契約者の行為としての「応ずる」となって、金額的な「対応」関係から解放されることから、数理の厳密さからも解放される。対比のために、「可能性」を落として読むと「発生に応じたものとして保険料を支払う」ことになって、保険事故が生じなければ保険料を支払わなくてもよいことになる。可能性を入れることによって、保険事故の発生の有無にかかわらず保険料支払いの義務が生じるので、保険者の義務が「一定の事由が生じたことを条件として」発生する、との対応関係がきわめてよくなる。このような言辞的読解の可能性があることは示しておきたい。先にも述べたが保険料とは一般的に「営業保険料」を指すのだが、これは会社間での差が激しいのでもはや学説のいうような対応関係が見出せないのである。以上が私見の開陳であるが、初学者は必ず学説を前提に理解をし、そのうえで批判をするようにしてもらいたい。

れた生命保険契約および傷害疾病定額保険契約についてのみ「保険金受取人」が定義できることになる。その一方で、損害保険契約で想定されている給付は、必ずしも金銭に限らないことと、損失填補を受ける者として「被保険者」が措定されているため、「保険金受取人」は損害保険契約には定義されていない[9]。

・「保険事故」……「事故」というと、自動車事故のようないわゆる事故やアクシデントを想像するかもしれない。しかし、保険用語の場合、保険事故は、保険給付のトリガーとなるインシデントあるいはイベント、つまり、保険金請求や損失填補要請の契機になる事象のことを指すのである。特に、生命保険契約の場合注意しなければならないのは、「死亡」だけではなく、「生存」も保険事故になる。一定期間生存していることも「保険事故」とすることによって、たとえば養老保険の満期保険金、純粋生存保険や保証期間経過後の生命年金などの給付類型も生命保険の給付のカテゴリーに入れることが可能となる。

・「告知」[10]……被保険者の健康状態など保険の引受けをするために重要な事柄を、保険契約者または被保険者から回答してもらう制度である。これは保険契約の公平性の確保と被保険集団の均一性・永続性を担保する最も重要な制度である。健康状態などは、外からみてもわからないので、被保険者がどういう状態なのかを答えてもらうことが前提となる。告知は保険会社が用意した告知書あるいは診査医の質問に答えることによって行われる。告知義務者である保険契約者または被保険者は聞かれたことに、知っていることを正しく答えればよい。言い換えれば、聞かれていないことに自発的に申告する必要はない。

---

9　ただし、このような言辞的解釈は専門的な理解を必要としない場合にはそれで十分であり、これはこれで一定の納得感があるが、本来は被保険利益の存在を契約成立の要件にするかしないかによって解釈するべき事柄である。損害保険契約では被保険利益の存在を前提にしているため、損失填補を受ける者は限定され、特段指定の必要がないが、生命保険契約および傷害疾病定額保険契約では被保険利益の存在を前提にしていないため、給付を受ける者を指定する必要が生じる。そこで「保険金受取人」という地位を用意したということである。

10　保険法第37条

1つだけ生活の知恵的注意を与えると、「過去5年以内に初診から終診での期間が7日間以上にわたる医師の診察・検査・治療・投薬を受けたことがありますか」という質問は通例どの会社の質問票にもあるものだが、さて、あなたは最近風邪をひき、病院に行き7日分の投薬を受けたとする。たしかに病院には1回しか行ってないが、7日分の投薬を受けたということは7日間の治療を受けたことと同じになるので、したがって、この質問の回答は「はい」になる。

　なお、保険法上、故意または重大な過失により正しく告知をしなかったことが契約から5年以内に判明した場合は、告知義務違反により保険者に解除権が発生する。この5年は通例保険約款によって2年に短縮されるが、これは5年を2年に単純に短縮したものではなく、約款上短縮された2年という期間はその間に支払事由が発生していた場合は後日でも解除の対象となるが、保険法上の5年は単純に5年経過すると保険者には告知義務違反による解除権が発生しない。

　以上が保険契約を理解するうえで必要となるおおよその「用語と登場人物」である。

　以下、契約関係に関する要点をもう少し説明しよう。生命保険契約を典型例で整理すると、図表4－6にあるように、保険契約者兼被保険者である母親が、保険者である生命保険会社に保険料を支払い、保険金受取人である子供に対して保険金の支払いが行われるという流れである。一方、図表4－7のように、保険契約者が自分の夫を被保険者にすることもできるが、死亡保険契約の場合、この人（被保険者；この場合であれば夫）の同意がなければならない。この同意が、生命保険契約の成立の前提になっている。そして、相手方である保険契約者は、自然人でなくてもかまわず、会社でもいい。従業員全体を被保険者と考えることもできて、これが図表4－8に示しているが、団体保険契約を意味している。

　さて、いま述べた被保険者の同意について、保険法では、図表4－7のように生命保険契約の当事者（保険者と保険契約者）以外の者を被保険者とする死亡保険契約は、その被保険者の同意がなければ効力を生じない、と定め

図表4-6 保険契約の構成要素①

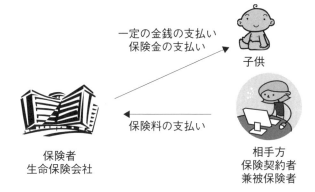

一定の金銭の支払い
保険金の支払い

子供

保険料の支払い

保険者
生命保険会社

相手方
保険契約者
兼被保険者

図表4-7 保険契約の構成要素②

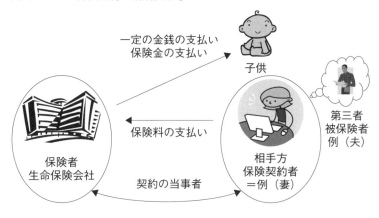

一定の金銭の支払い
保険金の支払い

子供

第三者
被保険者
例（夫）

保険料の支払い

契約の当事者

保険者
生命保険会社

相手方
保険契約者
＝例（妻）

図表4-8 保険契約の構成要素③

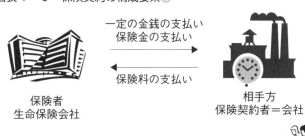

一定の金銭の支払い
保険金の支払い

保険料の支払い

保険者
生命保険会社

相手方
保険契約者＝会社

第三者
被保険者＝従業員

られている[11]。これはとても重要な項目で、この制約がないと、生命保険契約は賭博行為とほぼ同じになる。たとえば、テレビに映る芸能人を片っ端から被保険者として保険契約を締結することも可能となるのである。それを防ぐために、本人の同意が必要なのである。これは近代の生命保険契約における基軸になるもので、大陸法を継受している。その一方で、英米法に起源をもつ「被保険利益[12]の存在」は日本の損害保険契約には必要とされているが、生命保険契約には課されていない。しかし英米では生命保険契約の成立にあたって被保険者同意は課されていないが生損保ともども被保険利益の存在は必須要件である。

　もう一点、保険法に関する注目点を記しておくと、生命保険契約の場合、保険契約者は保険金の受取人を、保険者に対する意思表示によって変更することができる[13]。もしも、保険契約者が被保険者を兼ねている場合は保険契約者はオールマイティーな存在となるので、自己の意思のみで、単に保険者に対して受取人変更の旨を意思表示するだけで、保険事故が発生するまでなら何度でも保険金受取人を変更することができる。たとえば、契約者である親が被保険者も兼ねている場合、当初、保険金受取人として長男を指定していたとしても、三男に変更したければ、長男になんら断ることなく保険会社に伝えるだけで保険金受取人の変更ができる。また、その際、三男に対して三男が新たに保険金受取人になったことを伝える必要もない。筆者の経験では、きわめてまれな実例ではあるが、保険金受取人を毎週変更する保険契約者もいた。しかし、その行為自体について保険会社はなんら拒否することはできない。

---

11　保険法第38条
12　被保険利益とは、保険の目的につき保険事故が発生すると否とについて（損害保険の場合では）被保険者が経済上の利害関係を有する場合に、被保険者は「被保険利益」を有する、という（大森忠夫・保険法67頁、有斐閣2004年オンデマンド版）。要するに、当該保険事故なかりせば得ていたであろう利益である。
13　保険法第43条。ただし、被保険者が保険契約者と別人の場合は、当該被保険者の同意が必要となる（保険法第47条）。

図表 4 - 9　生命保険の用語・まとめの問題

【設例問題】
　「さくら」さんは毎月4,000円を支払って、夫「博」さんが死亡したときに息子「満男」君に3,000万円の保険金が支払われる、という契約を柴又生命保険株式会社と交わしました。
　このとき次に該当する人や数値は何でしょうか。
　1　保険契約者：
　2　保険者：
　3　保険事故：
　4　被保険者：
　5　保険金受取人：
　6　保険金額：
　7　保険料：

【練習問題】
　図表 4 - 9に問題を用意したので解答してもらいたい。解答は章末に掲載する。

## ❷　個人にとっての生命保険の意義

### (1)　生命保険の機能

　生命保険は、早期死亡リスクへの備えと長寿リスクへの備えという、「人の寿命」にまつわる２つのリスクに備えることが大前提となっている。

　元来、長寿リスクへの備えは受給者が高齢者でかつ保険料支払期間も就労期間のほとんど全部となるほどの長期だった。しかし、その機能を、一時払保険料でかつ若年齢で給付できる商品に変換することによって、貯蓄対象としての生命保険が使われるようになった。これはほとんど銀行主導の販売であって生命保険会社が自前の営業社員を用いて行う営業とはかなり方向性の

異なるものである。本章ではあくまで本来の生命保険の役割に議論の対象を限定したい。

　それでも、生命保険には貯蓄機能があるというのはなぜかというと、多くの保険契約で保険契約者は平準払保険料[14]を支払っている。これは死亡率が上昇するにもかかわらず、また、将来生存保険金を支払うにもかかわらず保険料が保険期間一定であるものを総称した言葉遣いである。このような平準保険料では、保険期間前半期に収入する保険料は後半期の保険料の前払い部分が含まれており、その部分を生命保険会社は積み立てる必要がある。これが責任準備金[15]である。この前払い部分の蓄積の存在によって元来死亡保障をメドにしていた商品に関してその蓄積部分によって死亡保障と蓄積の両義性が生じたことから貯蓄にも使われるようになるのである。

## (2)　保険加入の機会

　昭和期から平成前半期までの保険勧誘は大半が企業内で行われていた。企業に就職すると、昼休み時に生命保険の営業社員が職場に入ってきて、保険加入を勧めていた。これは職場に訪問して勧誘する、職域営業といわれるものである。

　もう1つ、会社では団体生命保険を従業員に提供している場合が多かった。大体、大手の生命保険会社は、大企業の大株主になっていることが多い。その波及的効果の1つとして職域用の保険販売が可能となっていた[16]。

　現在は職場での勧誘活動はほとんど不可能である。したがって、生命保険に対するファーストコンタクトは、ある意味では多様化している。たとえば

---

14　年払保険料や月払保険料のことである。一時払保険料は平準保険料ではない。

15　本来、責任準備金は多義的な言葉である。企業会計上の負債を形成する場合の保険契約者準備金を指称する場合と契約者価額を指称する場合があるが、この場合は契約者価額を考えている。なお、現在は予定解約率を自在に用いることによって商品デザインの自由度が格段に上昇したが、これによって無解約返戻金商品や低解約返戻金商品もあり、特に医療系の商品では長期保障であっても解約返戻金がまったくない商品（すなわち、契約者からみると貯蓄機能がまったくない商品）もあることは注意を要する。

16　ちなみに生命保険業界では「政策株」の存在はいっさい認めていないので、この部分の表現はむずかしい。

ネットであったり、保険ショップのようなリアルな店舗もある。

　しかし、若い人たちの生命保険への接点が少なくなっていることも事実である。職場での勧誘活動があった時代は、それによってなんらかの保険保障が20〜30代で形成されていた。また団体保険への加入によって基本的な保障も得ていたのである。しかし、今日これを期待することはできない。

　したがって、各自で自由に選ぶ時代となっている。ところが、いざ自分で保険を選ぶのはそこそこむずかしい課題である。そのような時代なので、販売組織に大きな構造変化が起きているのか、というとそうでもないのである。図表4−10に、営業員数、代理店数などの近時の推移を示してあり、おおむね横ばいで推移している。これは生命保険商品の複雑性と適正な保障額の設定について、アドバイスがあるのとないのではまったく保険設計が異なることに大きな原因がある。したがって、人を介して保険に加入するということは今後も長く続くものと思われる。

　本書の読者層は大学生を含む若い人であるので、それを前提として本項末

図表4−10　年度末登録営業職員数、登録代理店数および代理店使用人数の
　　　　　　推移

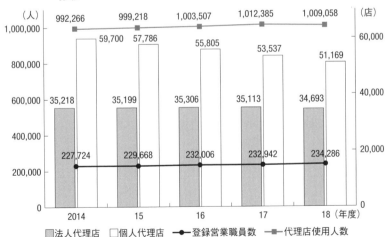

（注）　代理店使用人数は、法人代理店使用人数と個人代理店使用人数の合計。
出典：生命保険協会編「2019年版　生命保険の動向」29頁

まで書いてみたい。生命保険に若い時に加入する効用はたくさんある。まず、保険料が安い。

　下記表はあくまで純保険料であるので実際の営業保険料ではないが、どの程度の価格差になるかについての実感を得てもらうための例示である。

《終身保険・保険料終身払・男性・予定利率0.5%》

(単位：円)

| 年齢 | 保険金額100万円の年払純保険料 |
|------|------------------------------|
| 20 | 13,974 |
| 30 | 16,987 |
| 40 | 21,383 |
| 50 | 28,116 |

　さらに、生命保険に加入したくなる切迫した理由が個人に生じたとしても、その時はすでに体況が悪化している場合があり、保険会社は加入を断ることがある。これは一般的に年齢が高くなるとその可能性が高まるために、若い時に加入しておく意義はある。

　しかし、その意義はわかっていても若い人にとっては生命保険加入はどこか不要不急な課題であろう。さらに、月々の収入から定期的に保険料が引き去られることにも抵抗感があるかもしれない。それも保険料払込期間が何十年にもなることを思うと気が遠くなるかもしれない。いずれにしても若い人たちにとってはかなりハードルの高い商品だろう。しかし、いったん病気になると、加入の機会はかなり狭くなる可能性が高いので、なるべく早いうちに保険（特に生命保険）というものをじっくりと考える機会はあったほうがよい。

## (3)　保険の仕組みと選定のむずかしさ

　先ほど商品の概略は説明したが、保険の仕組みはわかりにくい。また一般的な保険加入者が生命保険約款を精読することは通常考えられない。また比

較サイトで適した商品を選定することも賢い方法かもしれないが、同時に目的とする保障が本当に提供されている商品であるのかないのかは、適切なアドバイスがないと加入はおぼつかないのである。

　生命保険会社直属の外務員はたしかにその会社の商品しか提供できないので商品選択の幅は狭いかもしれないが、商品に関する説明と顧客ニーズに適合した商品提供という観点から親身になって相談に乗ってくれる人たちである。彼らの資質は生命保険協会の試験制度などでも水準が保たれている。また複数の保険会社の商品を扱っている代理店からも商品の説明を受けることができる。また補助的にインターネットでの情報や比較サイトの情報もあなたの商品選択を助けてくれるだろう。さらに、お金を支払ってファイナンシャル・プランナーに相談することも一理あることである。

　さらに、一般消費者を悩ませるのは「必要保障額」である。いったい、いくらの保険金額の保険に加入したらよいかという点である。これは、本当にプロフェッショナルの仕事であるので、できれば優秀な外務員と相談されることを推奨したい。真摯にこの課題に向き合うためには多分数回のセッションが必要となる。そしてそれが終わった頃にはあなたの人生観が変わるほどの感動が得られるかもしれない。実は生命保険営業のだいご味はここにあるといっても過言ではない。生命保険を単なる金融商品だと思っている諸氏にはこれは理解できないだろうが、生命保険の営業を正しく行っている者にとっては当たり前のことである。

　また、購入した後も定期的にその保障が現在の自分に適合しているかはチェックしたほうがよかろう。保険を買ったチャネルの担当者に定期的に自らの保険の内容を教えてもらうことでこの目的は果たせるかもしれないが、自らできることもあるので、これから先は私見であるがいくつか項目を提供したい。

〔自らの生命保険の保障の確認方法〕

1．保険会社名を思い出す。

2．保険証券[17]を探す。

3．保険証券がない場合は再発行を保険会社に要請する（また契約の確認で

保険契約がその保険会社に存在しているか否かを確認することができる)。

4．保険種類を確認する。商品名の後にカッコ書で「終身保険」とか「定期保険」などの名称がみえるだろう。

5．保険期間を確認する（これは絶対に書いてある。定期保険であれば更新可能契約かどうかを確認する必要がある。またすでに満了して保障が終了している場合もある)。

6．保険料払込期間を確認する。

7．保険金額を確認する（たとえば60歳を過ぎると保険金額が下がる保険もある)。

8．特約として何が付加されているかを確認する（定期特約が付加されている場合、すでに特約の保障期間が終了している場合は保険金額が10分の1以下に下がっている場合もある)。

9．保険金受取人を確認する（ただし、保険金受取人は証券に記されている人がいまでも保険金受取人であるとは限らないので、生命保険会社に確認する必要があるが、保険会社は保険契約者以外には現保険金受取人が誰かは保険事故発生までは教えない可能性が高い)。

10．解約返戻金が裏面に印字されている場合もあるのでそれも確認して現在解約したらいくらになるか確認しよう。

11．保険設計書がある場合はそれも確認したほうがよい、加入した時のプランを思い出すことができるだろう。

だいたい上記によって加入している保険について知ることができる。

約款を読むことはむずかしいかもしれないが、保険証券によって知りたい

---

17　現在、保険法では「保険証券」という言葉は用いられておらず「生命保険契約の締結時の書面交付」と称され、保険法第40条に記載内容が記されている（同第6条（損害保険）、同第69条（傷害疾病定額保険契約))。また、保険法に倣い「保険証券」という名称をすでに廃した保険会社も多い。これは証券という言葉がなんらかの有価証券的な印象を与え、「保険証券」の譲渡などが権利義務の移動を錯覚させる可能性を嫌ったものである。保険証券は保険内容を記して少なくとも過去にその契約が成立したことがあることを証明する証拠証券としての役割を果たすにとどまる。なぜなら、保険証券は保険契約者の希望によって何回もそして複数発行することができるからである。とはいえ、ここでは名称を簡単にするため「保険証券」という言葉を用いる。

項目は記載されているだろう。

　最近は、保険商品を取り巻くプレーヤーは増え、販売チャネルはかなり広がった。既存生損保の相互参入や代理店に加え、主に医療保険を取り扱う外資系、ネット専業などここ20年くらいで新規参入は増加した。これらの動きは、みなさんにとって、保険に加入する際、保険会社や商品の選択肢が多くなった面もあるが、逆に比較検討時に適切な知識がないと迷ったりしてなかなか適切な商品にたどり着かないかもしれない。しかし、上記の内容を押さえることによって、保険専門家とのコミュニケーションも楽になることは間違いない。

　また、多種多様なプロバイダーがいたとしても、彼らが行うのはその保険契約者の必要保障額の算定と保険商品の選定だけであることを考えると、その本質的な仕事そのものは昭和期とそれほど変わっていないこともわかるのである。

## (4)　保険業界の新規参入について

　保険会社の開業へのハードルは非常に高い。生命保険会社であれば、まず実態的には資本金が最低でも100億円必要である[18]。もう1つは長期的な継続企業だから、高度な経営の安定性を求められるので、一般事業会社では考えられないほどの管理体制の充実が求められる。生命保険会社は、全部認可事業で、新しい保険会社を設立するには、基礎書類の作成や行政対応、態勢

---

18　保険業法上は最低資本金は10億円であるが実体的には100億円はメドとなる水準である。すなわち、保険業法第6条は、
　　保険業法　第6条（資本金の額又は基金の総額）　保険会社の資本金の額又は基金（第56条の基金償却積立金を含む。）の総額は、政令で定める額以上でなければならない。
　　2　前項の政令で定める額は、10億円を下回ってはならない。
　またこれを受けて、保険業法施行令では、
　　保険業法施行令　第2条の2（資本金の額又は基金の総額の最低額）　法第6条第1項に規定する政令で定める額は、10億円とする。
　と記載されている。しかし、多くの生命保険会社は100億円の資本金を用意するか、開業当初は100億円でなくとも早々に100億円としている。ちなみに2018年7月2日に設立された「はなさく生命保険株式会社」は資本金300億円（うち、資本準備金150億円）で設立されている（同社のホームページによる）。

整備、資本の安定供給の確保、出資者の母体となる事業の透明性など整備することや証明しなければならないことが非常に多い。だいたい、どんな小さい会社でも、準備期間も含めて最低４年はかかるのではないかと思われる。

このような厳密な認可態勢を敷いているが、それは必ずしも「保守性」だけをメドとしたものではない。日本の保険の世界にも、最近は、テクノロジーと組み合わせて、保険の周辺領域で新たなサービスを手掛けたり、既存の生命保険会社が業務の効率化・高度化へ動き出している。スマートフォンでの保険管理や家計簿アプリとの連携など、InsurTech（インシュアテック）と呼ばれる分野が徐々に始まっている。また、保険業法には服するが保険会社とは別の設立様式をもつ「少額短期保険業者」でも興味深い商品が誕生している[19]。

# ③ 生命保険会社の運営について

## (1) 経営の考え方

現在の生命保険会社の経営のポイントを、図表４-11に、４つあげている。①健全な経営方針、②長期的に利益を生む収益の確保、③目的に即した明確なリスク管理、④市場からの信頼の確保、が非常に重要だ。この４つを維持することで、会社の健全な永続性、すなわちソルベンシー（財務健全性）の確保ができるということだ。

たとえば、長期的に利益を生む収益を確保するために、ボラティリティで少し稼ぐというようなことは、生命保険会社の主要な投資行動ではない[20]。短期的な収益ではなく負債との整合的な資産運用が会社の投資方針となるべきである。

リスク管理の基本は、自社を知ったうえでリスク管理の重点項目を決める

---

19　justInCaseによる「わりかん保険」などはその一例である。

## 図表4－11　生命保険会社の経営のポイント

〔例〕経費効率に資する販売方針
危険差益を大事にする経営
権力の集中が回避されている

「短期」の収益目標は不要
〔例〕株価のボラティリティで稼ぐ
必要はない

健全な経営方針

会社の健全な永続性
＝
ソルベンシーの確保

長期的に利益を生む
収益の確保

目的に即した明確な
リスク管理

市場からの信頼の確保

自社を知ったうえでのリスク管
理資本とのバランスがとれたリ
スク管理

この「市場」とは
①資本市場
②顧客市場の双方をいう

ことである。会社の大小によってもリスク管理項目は変わる。主力商品は何か、購入者層はどのようなプロファイルなのか、それらによってその会社独自のリスク管理態勢が求められるのである。リスク管理はオーダーメードである。

たしかにリスク管理はオーダーメードではあるがその一方で、現在は、ALM（資産と負債の双方を一元的に総合管理すること）・ERM（リスクマネジメント活動に関する全社的な仕組みやプロセス）、ソルベンシー・マージン基準、標準責任準備金制度、保険計理人の実務基準などの大枠となる基本ツールがそろっていることもあり、私見ではあるが、相当の問題が起きない限り、保険会社がつぶれることはないと思っている。

とはいえ、保険会社が営業をするとは他人のリスクを金銭で引き受けるこ

---

20　The underlying assumptions in the standard formula for the Solvency Capital Requirement calculation（EIOPA-14-322）のMarket Risk の基本的な考え方に次の言葉がある。

The underlying assumption for the market risk module can be summarised as follows：

・The sensitivity of assets and liabilities to changes in the volatility of the market parameters is not material.（試訳：市場パラメーターのボラティリティの変化に対する資産と負債の感度は重要ではない）。

とである。したがって、リスクを全部回避すると商売が成り立たなくなる。そこで、会社が積極的に取り組むリスクととりたくないリスクは明確にしなければならない。

　また、顧客から引き受けたリスクは保険料によって大半の部分はヘッジされるが、想定外の問題（リスク中のリスク）を引き起こす可能性がある。これはリスク事象が確率分布としては広い裾をもつので仕方のないことである。したがって、保険料でヘッジできない部分は会社勘定を引き当てなければならない。そこから、リスクと資本（内部留保を含む拡大した資本概念）とは天秤の両腕であるという考えが誕生する。他人のリスクを受け取ることを生業としている保険業では常にこれを忘れてはいけない。図表4-12はこれを象徴した絵である。原理的にはリスクをとれば必ず資本に影響があるはずなのである。

### (2)　アクチュアリー

　アクチュアリーとは、保険数理を専門に扱う職種で、生損保、信託銀行などをあわせて5,000人以上の個人会員がいる[21]。生命保険会社においては、決算部門、商品開発部門、リスク管理部門など幅広い分野で活躍している。一般的にアクチュアリーという人々と「保険計理人」は区別して考える必要

図表4-12　リスクをとればそれに相応する資本が必要である

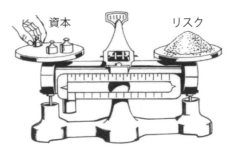

リスクをとったらそれに
見合う資本が対応しなければならない

がある。元来保険会社にどうしてアクチュアリーが必要であったかという
と、ジェームズ・ドドソン[22]の時代は別として、日本の旧保険業法上では保
険会社は諸々の計算、特に保険料を計算し負債を評価計算して会計開示資料
にまとめることになる。大事な会計開示資料のそれも資本負債総額の80％に
も相当する部分が評価計算である。したがって、それが正しく計算されてい
るかを確認しなくてはならず、その確認の責任者として「保険計理人」が制
定されていた。今日では、「保険計理人」の関与事項、該当要件、確認事項、
確認業務は保険業法施行規則（第211条の48～第211条の51）に定められてい
る。また、民間選定の会社機関であるにもかかわらず、内閣総理大臣は「保
険計理人が、この法律又はこの法律に基づく内閣総理大臣の処分に違反した
ときは、当該保険会社に対し、その解任を命ずることができる。」（保険業法
第122条）としている、きわめて特殊な職掌である。

　多くの国にアクチュアリー組織があり、日本のアクチュアリーは日本アク
チュアリー会に所属することが前提であって、会員資格としては正会員を目
指すべきである。専門的な試験を通過し正会員になるが、独り立ちしたアク
チュアリーになるにはさらに10年程度の実務的な研鑽が必要となる。興味が
あれば日本アクチュアリー会のホームページを訪問されたい。

## (3)　組織・計算・販売の現況

　生命保険会社には、一般事業会社と異なる点がいくつかある。まずは「相
互会社」という組織である。これは生命保険会社だけに認められている会社
組織で、保険契約者そのものが「社員」となる。これは一般事業会社の「社

---

21　2020年3月末時点の個人会員の業態分布（日本アクチュアリー会ホームページ）

| | 正会員 | 準会員 | 研究会員 | 計 |
|---|---|---|---|---|
| 生保 | 829 | 563 | 745 | 2,137 |
| 信託 | 197 | 118 | 60 | 375 |
| 損保 | 271 | 260 | 312 | 843 |
| その他 | 547 | 392 | 952 | 1,891 |
| 計 | 1,844 | 1,333 | 2,069 | 5,246 |

22　James Dodson FRS（c.1705-1757）was a British mathematician, actuary and inno-
vator in the insurance industry.（近代的生命保険制度を考案したレジェンドである）。

員」とは異なり、株式会社の株主に相当するといえばいちばんはっきりするかもしれない。相互会社では会社の意思決定は、保険契約者たる社員が行う。剰余金の処分にあずかるのも保険契約者たる社員である。株式会社の意思決定機関は株主総会であるが、相互会社の意思決定機関は「社員総代会」という。

　貸借対照表も一般事業会社とは大きく異なる。生命保険会社42社の貸借対照表を全社足しあわせると、総資産約381兆円のうち、保険契約者の準備金が全体の86.7%を占め、非常に巨大な「保険契約準備金」があることがわかる。そのうち責任準備金と呼ばれるものが85.2%ある。そういうものが一括して「保険契約準備金」というかたちで、強大な金額として項目が立っている。一方、資産の部は単純にポートフォリオを組んでいるということになる。

　生命保険会社の営業の現況については図表4-10をみてもらうとわかるが、職員数はここ数年増えも減りもしていない。ただ、かつては約40万人いた登録営業職員数がガタっと減って、いまでは23万人程度に落ち着いている。

　また、販売商品の推移に関しては、図表4-5を参照してもらいたいが、現状では医療系商品が新契約件数上は主力となっている。しかし、死亡保障の泰斗である終身保険・定期保険がこの低金利下でも販売を維持していることは死亡保障が生命保険の使命であることを忘れない保険営業員の継続的な努力によるものである。

## (4)　保険料計算と利益源泉

　保険料はどのように計算されているだろうか。まず、保険会社の主なキャッシュフローは、収入となる保険料と支出となる保険金からなる。副次的には、利息を加えて、これら3つを加減算したものが「純保険料」で、さらに事業費を差し引いたものを「営業保険料」という。

　営業保険料計算の仮定は、死亡率・入院手術等発生率などの「予定発生率」、長期の金利予測による「予定利率」「予定事業費率」の3つの予定の集

図表 4 －13　生命保険会社の利益源泉

| 保険料の計算基礎 |
|---|

| 予定発生率 |
|---|
| 予定利率 |
| 予定事業費率 |

| 予定と実際の差異から生じるものが利益源泉 |
|---|

| 予定発生率 | 予定より死亡者数など発生数が少ない | 死差益（危険差益） |
|---|---|---|
| 予定利率 | 予定より利回りがよい | 利差益 |
| 予定事業費率 | 予定より事業費が少ない | 費差益 |

合体で成り立っている。この予定から求められる保険料の計算が、先述の説明のとおり、長期間にわたりかつ変更ができないため非常にむずかしい。それゆえ保険会社のアクチュアリーは、非常にコンサーバティブにものを考え、何があっても大丈夫なように保守的な視点が求められている。

　さて、保険会社はどこで利益を出すのか。これは、予定よりも実際にかかったものに対して差額が生じる。そして、その差額が利益の源泉になるのである。図表 4 –13に示してある。たとえば、 1 年間に500人死ぬと思っていたものが、200人ですんだ場合、300人分プラスになる（死差益（危険差益））。事業費も、今年は100億円かかると思っていたのが70億円だったら、30億円浮く（費差益）。利回りも、仮に 3 ％の利回りで設定した保険料だったけれど、実際は3.5％で回ったらプラスになる（利差益）。

　これら 3 利源について日本生命の基礎利益に関する開示資料をみると次のようになる[23]。

---

23　日本生命「2018年度業績の概要」14頁および「2019年度業績の概要」15頁

図表 4 -14　日本生命の基礎利益

（単位：億円）

| 基礎利益 | 2018年度 | 2019年度 |
|---|---|---|
| 基礎利益合計 | 6,782 | 6,474 |
| 利差益 | 2,340 | 2,209 |
| 費差益 | 261 | 282 |
| 危険差益 | 4,179 | 3,982 |

　2019年をみると、日本生命は6,474億円の基礎利益を得ている。このうち、危険差益が大きなポーションを占めている。この危険差益こそ生命保険会社のみが享受できる利益である。さらに、危険差益は金利変動や経済変動に影響されづらい利益であることから、経済的な変動を受けても、会社を守っていけるというわけである。したがって、利益源泉のなかでも、危険差益を安定的に稼いでいる会社は、安定した保険会社だと考えてよいかもしれない。

## (5)　過去に発生した大問題

　みなさんが生まれる前、2000年頃、日本の生命保険会社が連続して破綻した時代がある。その理由は、バブル崩壊後の金利下降局面において、貯蓄性商品の販売（前納保険料の割引率も含めて実質的に8％近い利回りを約束した商品も登場した）を主軸にしていた保険会社が特にその影響をもろに受けてしまったからだ。

　4つのグラフ（図表4 - 1参照）を再度みると、まず国債の利回りだが、1980年以降金利は急速に下降した。生命保険契約は常に長期の契約であり一定の予定利率で割り引いた保険料をその保険期間（終身保険なら被保険者が死亡するまで）中変更することなく使用することになる。運用対象が保険期間より短ければ、満期を迎えた後、後続の債券に乗り換えなければならないが、その時の金利が下がっている場合、予定利率に適合できる債券が存在しない場合も考えられるので、金利の下降局面は常に経営的にはマイナスである。1990年から2000年初頭にかけて大規模かつ長期に金利の下降が発生した

ため、非常に危ない状況を創出した。また日経平均も1989年12月の高値の後バブルが崩壊し、資産価値を失うことになった。

一方で、当時の生命保険会社は、配当競争が激しく、またインカム配当原則により通常配当には保有債券の利息配当金収入しか充当できなかった。国内金利の低下に伴い高い利回りの債券を求めて外国債券をかなり購入していた[24]。しかし、1985年のプラザ合意以降は円高になり、購入した外債に大きな穴が開いてしまった。

それから不動産バブルである。当時、生命保険会社もほかの業界と同様、不動産を買っていた。しかし、1990年3月に大蔵省銀行局が土地の融資に関して銀行に行政指導、いわゆる「総量規制」を行ったことで地価が暴落し、保険会社は大損した。

この3つの事例が重なったうえ、当時、貯蓄性商品への過度な依存を行った生命保険会社の経営者は自社が深刻な状態になったときにこれといった有

図表4−15　日本の生命保険会社の集中的な破綻

| | 破綻時 | 処理完了 | 債務超過額 | 予定利率 | |
| | | | | 破綻前<br>(平均) | 破綻後<br>(上限) |
|---|---|---|---|---|---|
| 日産生命 | 1997年04月 | 97年10月 | 3,029億 | 不明 | 2.75% |
| 東邦生命 | 99年06月 | 00年03月 | 6,500億 | 4.79% | 1.50% |
| 第百生命 | 2000年05月 | 01年04月 | 3,177億 | 4.46% | 1.00% |
| 大正生命 | 00年08月 | 01年03月 | 365億 | 4.05% | 1.00% |
| 千代田生命 | 00年10月 | 01年04月 | 5,950億 | 3.70% | 1.50% |
| 協栄生命 | 00年10月 | 01年04月 | 6,895億 | 4.00% | 1.75% |
| 東京生命 | 01年03月 | 01年10月 | 731億 | 4.20% | 2.60% |
| 大和生命 | 08年10月 | 09年04月 | 643億 | 3.00% | 1.00% |

出典：平成20年10月27日「大和生命の経営破綻について」金融庁などより筆者作成

---

24　インカム配当原則の意味も含めて詳細は、たとえば大野早苗「公的規制が生命保険会社の契約者配当決定に与える影響」（文研論集120号1997/09）

効な解決策を示すことができず、結局図表4－15のように破綻を招いた。

## (6)　今後の保険会社経営と求められる人材

　100年というタイムスパンで人生を考えなくてはいけない時代において、100年先をイメージすることはできないにしても、今後どのようなことが起きるのかを、誰しも少しは考えておくべきだろう。

　今後100年の金利水準はどうなっているだろう。あるいは、生命保険の保険料を加入時から変更できないという現制度が継続すると仮定したとき、リスク管理はどうあるべきだろうか。金利はいつ上昇し、どんな上がり方をするだろうか。100年後も基軸通貨はドルだろうか。──完璧な答えは神様にしかわからない。

　先がわからないなら、いま何を有しておくべきなのか、どのようにしたら100年後の継続契約の契約者の負託に応えることができるのか、もちろん答えはない。しかし、だからこそ、常日頃から状況を見極め、考えることができる優秀な人材を会社が常時登用することで、そのつどの状況を乗り切るしかない。

　東南海大地震が起きたらどうするか。一緒に富士山も爆発するかもしれない。そうしたら東京のほうにも粉塵が運ばれて、スマートフォンもパソコンも使えない石器時代に逆戻りするかもしれない。あるいは、金融セクターが変化したらどうだろう。今後は金融の中心が分散化していく可能性がある。特に米国の動向が不透明で、基軸通貨の問題も将来的にはあるかもしれない。では、そのとき、ドル以外の何に託すのかを考えなくてはいけない。また、長期化する低金利の後、金利高騰があるかもしれない。こうした、あらゆる「もしも」が起こったその時その時に、正しい判断ができる、正しく物事をみることができる優秀な人を保険業界は常に必要としている。

　したがって、ここでいう「優秀な人」というのは、上司受けするエリートではない。今後はしぶとく主張し、考え、生き抜く人がこの業界での「優秀な人」になってくると確信している。

## ④ 本章の理解を深めるためのQ&A

**Q 1** いままでの生命保険会社と、これからの生命保険会社を考えると、大地震の可能性や世界の地政学リスクなど、従来より生命保険の支払いの可能性が高まっている。あるいは100年先の金利が読めないということでは、ボラティリティがものすごく高くなって運営に失敗するなど、これまでよりリスク管理が重要になってきているのは、まさにそのとおりだと思う。しかしこのリスク管理が、非常にむずかしくなるなか、いままでの生命保険の商品設計が、本当に維持できるのだろうか。自然災害などの短期的なリスクにさらされている損害保険と比べると長期の話ではあるが、100年ととらえたときに、随分状況は変わっていると思うが、どう考えればよいか。

**A 1** ごもっともである。ただ、最後の最後まで何が重要かというと、危険差益（死差益）であり、これが最後の砦である。他の金融機関では享受できないもので、これがしっかり計上される限りにおいては、そんなに大きく収益がぶれることはないはずである。

**Q 2** 現在の予定利率は 1 ％未満とかなり低い状態で、医療保険や損害保険に入ってリスクを分散するのはわかるが、利率の低いいま、生命保険に入る意味はあるのだろうか。

**A 2** 将来、金利が高くなったときに、もっと保険料が安くなるので、その時に入ればいい、ということだと思うが、その時まであなたが健康なのか、ということを問いたい。要するに、保険というのは、明日誰が死ぬかわからない、明日誰が入院するのかわからないからこそあるわけだ。質問の意図をふまえると、保険にまったく入らずに、たとえば90歳まで長寿を全うして死ぬのがいちばん合理的ということになる。

　　ただ、それはかなりリスキーな人生だと思う。保険という制度についてせっかく話をしたのだから、将来なんらかの保険加入の機会があるは

ずなので考え直してほしい。ちょっと得をしたとかちょっと損をしたと
かいう「勝ち負け的な問題」は保険の話にはなじまない。


**Q3** 生命保険に入るぐらいなら、利回りとしては米国債を買ったほうがよ
いのではないだろうか。

**A3** それは違う。保険は、保障が第一義的であることを思い出してほし
い。保険料をたとえ1回しか支払わなくても、翌日死亡すれば保険金が
出る（告知義務違反などの話はいまはしない）。それは米国債では実現で
きないことだ。機能が違うのだから比較の対象にしてはならない。


【練習問題】（図表4‐9）の解答：
1　保険契約者：「さくら」さん
2　保険者：柴又生命保険株式会社
3　保険事故：「博」さんの死亡（あるいは単に死亡でもよい）
4　被保険者：「博」さん
5　保険金受取人：「満男」君
6　保険金額：3,000万円
7　保険料：月4,000円

第5章

# 金融リテラシーの
# 基礎・資産運用

京都大学経営管理大学院特任教授　川北　英隆

# 序　論

幸田　博人／福本　勇樹

## ① 資産形成の考え方

　資産形成では、将来の自分のライフプラン（例：退職後にどのくらいの収入が得られ、またどのくらい長生きして、どのくらい生活費がかかるのか）を想定したうえで、事前にいかにして備えておくのかという観点が重要になる。また、結婚出産や進学、退職などのライフイベントを経て、当初予定していたライフプランに離齬が生じた場合は、それに応じて資産形成のやり方も柔軟に見直していく必要がある。

　資産形成を行ううえでまず投資家が考えるべきことは、どの程度の「期待収益率」を必要としていて、どの程度の「リスク」までなら許容できるのかという問題である。

○期待収益率

　期待収益率とは、ある金融商品を購入したときに期待できる収益（平均値）のことである。主に年率で計算することが多い。

○リスク

　リスクとは、期待収益率から乖離する「可能性」のことを指す。すでに支払うことが確定している手数料などの費用はリスクには含まない。一般的にはリスクが大きい金融商品ほど期待収益率が大きくなる。一方で、リスクが大きくなればなるほど、将来にわたって実際に得られる収益が期待収益率から大きく乖離する可能性も高まる傾向がある。将来得られる収益が期待収益率から乖離する原因はさまざまあるが、たとえば以下のようなものがリスクとして考えられる。

・価格変動リスク（市場リスク）……将来、株価、金利や為替相場が変動することで金融商品の価格が変動する可能性のこと
・信用リスク……債券や株式を発行している発行体（国、地方自治体、企業など）や、間接金融型の金融商品の販売元（銀行や保険会社など）が倒産するなどして、投資元本や利息などの全額もしくは一部が受け取れなくなる可能性のこと
・流動性リスク……金融商品を市場等で売却したい場合にすぐに売ることができない、または希望した価格で売却できない可能性のこと

## ❷ 資産形成に分散投資や長期投資が求められる理由

　資産形成では将来のライフプランにおいて必要な生活資金を想定するなど投資目的を明確化したうえで、現在投資可能な余剰資金と今後の出費予定、貯蓄可能額等を想定し、目標とする収益率または金額を定め、それに合致する適切な金融商品を選択する必要がある。しかしながら、価格が変動するような金融商品を購入した場合、短期的には必ずしも期待収益率どおりに収益を得られるとは限らない。

　基本的に金融商品の期待収益率が高いほどリスクは大きくなるのが一般的である。資産形成では自分自身が許容できる損失の範囲（リスク許容度）を考慮しながら、その範囲で期待収益率の高い金融商品を選択していく必要がある。そのために、分散投資、長期投資、時間分散などの考え方を理解したうえで活用し、うまく金融商品を組み合わせていくことでリスクを低減させ、目標とする中長期的な期待収益率を達成していくことが重要である。

　分散投資を行うことで、個々の金融商品の一時的な期待収益率以上の収益で他の金融商品の期待収益率以下の損失を相殺できるなど、投資資産全体として期待収益率からの乖離が小さくなることが期待できる。長期投資の場合、ある時期に期待収益率以上の収益を得る場合とある時期に低収益や損失が出る場合とが相殺しあうことが期待でき、複利効果も期待できる。さら

に、長期期間にわたって毎月コツコツと定額投資を続けるなどの積立投資を活用して投資する時点を分散させると、価格が高い時に少ない投資単位を購入し、価格が低い時に多くの投資単位を購入することができるため、平均的な投資単価を低くし、収益率（＝実現収益÷投資金額）を高めることも期待できる。

## ③ 金融商品を選択するうえで考慮すべき個別条件

　資産形成を行っていくうえで、選択するべき金融商品の期待収益率やリスクを検討することはもちろんである。それに加えて、以下のような投資家の個別条件も考慮に入れるべきであり、投資家ごとに許容できるリスクの程度は異なる。それゆえ、どの金融商品を選択するべきなのかという問題は、このような個別条件も含めて投資家ごとに決定されるリスク許容度に応じて投資家ごとに決定されるため、それぞれの投資家ごとにその答えは異なる。

○時間軸

　将来のどの時点（例：結婚、進学、退職後など）において資金が必要になるのかによって、資産運用する期間が変わってくるため、リスク許容度は異なってくる。一般的に、資産運用期間が短期であればあるほど投資に失敗した場合のリカバリーの可能性が小さくなるためリスク許容度が低下し、長期であればあるほどリカバリーの可能性が増えるためリスク許容度は高まる。

○余裕資金や収入、借入れなどの資産状況

　一般に余裕資金が多いほど、リスク許容度が高まる。また、投資するのに一定規模の金額以上が必要な金融商品がある。現時点で投資できる余裕金額の規模が大きいほど、投資可能な金融商品の数が増えることにつながり、分散効果も活用できるようになる。また、余裕資金以外にも、給与水準や就業先の企業が提供している福利厚生の程度によっても投資家のリスク許容度は変わる。たとえば、退職後の生活を十分にカバーするような退職金制度や年金制度があれば、投資家のリスク許容度は高まる。さらに、将来に住宅購入

等の大きな出費が控えている、住宅ローン返済等、定期的に借入返済が必要であるなどの事情があれば、余裕資金の程度にもよるが、リスク許容度は低下することになる。

○税制

　所得控除（保険料控除等、資産運用への投入資金に税金がかからない）の有無、非課税制度（NISA等、資産運用による利益に税金がかからない）の有無、損益通算（資産運用による損益の相殺）の可否など、投資家に適用される税制が金融商品ごとに異なる。したがって、各個人の状況に応じて選択するべき金融商品の組合せ等も変わる。日本では、つみたてNISA等の非課税口座、個人型確定拠出年金（iDeCo）、保険商品等を活用することで税制メリットが得られる。


# 4　日本の年金制度

　老後の生活資金の確保に向けた資産形成について考えるうえで、年金制度について知っておくことは重要である。日本の年金制度は「３階建て」と呼ばれる。企業（教員や公務員を含む、以下同じ）に勤める人は、20〜60歳の全員が加入する国民年金（基礎年金）（１階部分）、企業に勤める人が加入する厚生年金（２階部分）、任意の企業年金など（３階部分）の３つの年金制度と関連することになる。

## (1)　公的年金制度──国民年金と厚生年金

　公的年金制度は、いま働いている現役世代が支払った保険料を高齢者などの年金給付に充てるという賦課方式で基本的に運営されている（保険料以外にも、年金積立金の運用収入や税金も充てられている）。また、日本の公的年金制度は「国民皆保険」の特徴があり、20歳以上の人が加入する国民年金（基礎年金）と、会社員（教員や公務員を含む）が加入する厚生年金などの２階建ての構造になっている。

老後には、原則65歳（繰上げ受給や繰下げ受給の制度がある）からすべての加入者は老齢基礎年金、厚生年金に加入していた人はさらに老齢厚生年金が受給できる。年金の受給額は、老齢基礎年金は保険料を納めた期間に応じて、老齢厚生年金は保険料を納付した期間や賃金水準に応じて確定される。日本年金機構によると、2020年度の年金額は、満額の場合の老齢基礎年金が約6.5万円、夫婦2人分の老齢基礎年金を含む標準的な老齢厚生年金は約22万円となっている。

　なお、年金の受給額は毎年度、2つの観点で見直されている。1つ目は、賃金や物価が上昇した場合に年金の実質価値が変わらないように調整するものである。2つ目は、年金財政の健全性を維持するために少子化や長寿化の影響をふまえて調整するもの（「マクロ経済スライド」といわれる）である。

　また、老齢基礎年金も厚生年金も基本的には65歳から受給が開始されるが、それぞれ1カ月繰り下げるごとに0.7％年金額が増額される。したがって、5年間繰り下げて70歳からの受給とすると年金額が42％増額されることとなる。ただし、制度が複雑で単純な損得計算はできないため、高度な知識が必要である。

　老齢年金以外にも、病気やケガによって生活や仕事が制限される場合に現役世代も含めて受給できる障害年金（障害基礎年金、障害厚生年金）や、国民年金や厚生年金の被保険者がなくなった場合に生計を維持していた遺族が受給できる遺族年金（遺族基礎年金、遺族厚生年金）がある。

○第1号被保険者（自営業者、大学生など）

　自営業者で国民年金に加入している人は、毎月定額の保険料を原則60歳まで自分で納める。国民年金の保険料は、物価変動率や実質賃金変動率などを加味して、毎年度見直しが行われている。2020年度（2020年4月～2021年3月）の第1号被保険者（後述）および任意加入被保険者（国内に住む60歳以上65歳未満の人、国外に居住している20歳以上65歳未満の日本人などで、任意で国民年金に加入を希望する人）の1カ月当りの保険料は所得にかかわらず一定であり、1万6,540円となっている。

　なお、まとめて前払いすると「国民年金前納割引制度」により割引が適用

される。2020年度の老齢基礎年金受給額は、40年間加入していた場合、毎月約6.5万円である。

○第2号被保険者（会社員や教員、公務員など）

　厚生年金に加入している会社員（教員や公務員を含む）は、所得水準に応じて決定される毎月定率の保険料を企業と折半して負担する。保険料は原則65歳まで毎月の給料から天引きされる。現在のところ、厚生年金の保険料は2017年より18.3％（会社と加入者の負担合計）で据え置かれている。なお、厚生年金の保険料には国民年金の保険料が含まれるため、会社員が自分で国民年金の保険料を納める必要はない。

　夫婦2人（夫が会社員で妻が専業主婦）で平均的な収入（平均標準報酬（賞与含む月額換算）43.9万円）で40年間就業した場合に受け取る年金（老齢厚生年金と2人分の老齢基礎年金）は、2020年度で毎月約22万円である。

○第3号被保険者（主婦・主夫など）

　第2号被保険者に扶養されている人は第2号被保険者が保険料を負担しているため、個人として保険料を負担する必要はない。

## (2)　国民年金基金制度

　厚生年金に加入していない自営業者などの第1号被保険者や任意加入被保険者が加入できる公的な年金制度で、国民年金（老齢基礎年金）に上乗せして、老後の所得補償の役割を担う制度である。自営業者等の2階建て部分である。そのため、第2号被保険者や第3号被保険者は加入できない。また、第1号被保険者であっても国民年金の保険料免除者、農業者年金の被保険者は加入できない。

## (3)　企業年金——確定給付年金と（企業型）確定拠出年金

　企業が従業員の退職後の生活を支える福利厚生として企業年金と呼ばれる年金制度を提供していることがある。企業年金は、大きく「確定給付年金」と「（企業型）確定拠出年金」の2つの種類に分かれる。

○確定給付年金（Defined Benefit：DB）

確定給付年金では企業が資産運用の責任を負い、従業員自らは資産運用をしない。転職すると、退職金として一時金を受け取れることもあるが、老後に年金として受給することはできない。基本的に将来の退職金や年金給付額が約束されており、資産運用の状況が思わしくなくても企業より資金が補充される。しかしながら、資産運用成績の悪化により企業の負担が重くなり過ぎると、企業業績が圧迫されて給与やその他の福利厚生に悪影響を及ぼすことがありうる。最悪の事態として、企業が破綻した場合は年金減額などの影響を受けることがある。

○（企業型）確定拠出年金（Defined Contribution：DC）

　確定拠出年金では、企業から一定の掛け金が支払われ、従業員自らが資産運用に責任をもつ。確定給付年金とは異なり、原則60〜70歳に一時金もしくは年金（10年間や15年間等の有期年金もしくは終身年金）、またはその組合せでの受取りを選択することができる。ただし、各企業の制度ごとに選択できないものもあり、選択の幅には差がある点は注意が必要である。転職した場合は新たな勤務先などのDCや個人型確定拠出年金に加入する際の原資として活用できるが、転職時に退職金としては受け取ることはできない。また、資産運用資金は信託銀行等で各個人ごとに分別管理されているため、企業が破綻しても影響を受けない。

### (4) 個人型確定拠出年金（individual-type Defined Contribution pension plan：iDeCo、イデコ）

　個人で加入して老後に備える「個人型確定拠出年金（iDeCo）」と呼ばれる年金制度もある。企業が提供する確定拠出年金と同様に、加入している個人自らが資産運用に責任をもつ。個人で拠出する資金は所得控除され、資産運用による収益は非課税になるなどの税制メリットがある。DCと同様に原則的に60歳までは受け取りはできず、70歳までに一時金や年金等での受取りを選択することができる。選択しない場合は70歳になった時に一時金で支払われることになる。また、資産運用資金は信託銀行等で各個人ごとに分別管理されており、口座を保有している金融機関が破綻しても影響を受けない。

　本章では資産運用の基本について考える。

　資産運用と聞くと、いろいろと疑問が浮かんでくる。どうして資産運用が必要なのか。必要だとして資産運用とは具体的には何なのか。どうするのがいいのか。以上は一例であろう。

　本章では、最初に個人の一生を考えた場合に必要なお金の総額をイメージし、それに対する有価証券の有効性を指摘する。有価証券の代表が債券や株式である。そのうえで、債券と株式の特性、それらの価値を説明する。最後は、実際に投資する方法である。

## 1　生活することと資金の必要性

　高校生でも大学生でも、学校を卒業して社会人になろうとした場合、不安になることが多いはずである。その不安とは、親から離れ、本当に生活していけるのかという思いでもある。逆に、親から離れ、ようやく好きなことができると、期待が湧き上がることもあろう。

　考えてみれば、これらの不安も期待も、お金（資金）が大きく影響しているのではないだろうか。お金さえあれば、世の中、なんとでもなることが多い。

　ついでにいえば、何かをするには、もう2つ、重要なことがある。時間と健康である。お金と時間と健康の3つさえあれば、好きなことが（他人に迷惑をかけない範囲内で）できるに違いない。

　お金に戻ると、それが社会人の生活にどのように影響するのか。このこと

を考えるには、社会人として生きていくためのさまざまなステージをイメージするのがてっとり早い。

代表的には、独身時代のステージ、結婚して家庭をもつステージ、退職した後のステージである。ひょっとすれば親を介護するステージが間に入るかもしれない。さらには病気になって思うように働けないステージもありえよう。垣間見てきた親のステージなどを参考にして、想像をたくましくすればいい。

すると、さまざまなステージに必ず登場するのがお金だと気づくだろう。そのお金の具合、つまりお金が不足しているのか潤沢かで、ステージの風景が左右される。親の愚痴や喜びを思い出せば理解できよう。

独身のステージでは、お金の具合はあまり影響を与えないかもしれない。失業していない限り、適当に暮らせる場合が多い。

家庭をもてば状況が一変する。子供ができればなおさらである。さらにいえば、親と同居すれば別かもしれないものの、家族で暮らす家が必要になる。このステージのどこかで、「独身時代にお金を貯めておけばよかった」と反省すること、ほぼ間違いなしである。

子供の独立を見守り、会社を退職すれば（もしくは商売をやめれば）、老後が待っている。その時の収入が年金だけだとすれば、お金の問題が切実になる。死ぬまで、ちゃんとした生活が、それも夫婦で可能なのかどうか。いろいろと心配になってくる。その時、貯金を含めた金融資産がいくらあるのかで、老後の心配度が左右される。

資産運用とは、広い意味で考えれば、稼いだお金を生活に充て、残ったお金を貯めておくことである。その残ったお金であるが、札（日銀券）のままもっていることは多くない。

少なくとも銀行（郵便局を含む）に預けて貯金しておくだろうが、現時点では銀行預金の利子は限りなくゼロに近い。変に現金を引き出せば（たとえば夜間の銀行やコンビニなどのATMを使えば）、その手数料だけで預金残高が減ってしまう。

お金を貯めるために、貯金以外の、もう少し気の利いた方法はないのか。

このもう少し気の利いた方法の候補として、資産運用が登場する。

# ② ライフステージと資産運用

　上で述べた「生きていくためのさまざまなステージ」を総称して「ライフステージ」とする。このライフステージとお金との関係を示したのが図表5－1である。

　この図表は、将来想定できる収入と支出を簡略的に示すとともに、現時点での財産額（金額）の推定値をイメージしたものである。なお、現金もしくはそれと同等の（たとえば銀行振込みなどによる）収入や支出をキャッシュフローと呼ぶことにする。

　以下、図表5－1をもう少し説明しておく。

## (1)　将来の収入と支出を想定する

　現時点において、誰もが、銀行預金を含めて何がしかの財産（資産から負債を差し引いた正味財産）を保有している。

図表5－1　ライフステージとキャッシュフロー

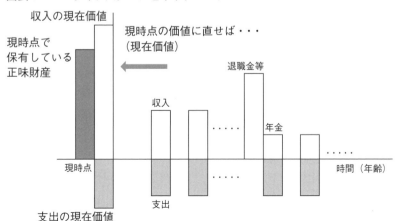

しかし、財産はこれだけではない。将来（会社員であれば定年まで）働け
ば、その対価としての賃金や退職金が入ってくる。退職後は、年金（老齢基
礎年金や老齢厚生年金などの公的年金、確定給付年金をはじめとする企業年金、
個人型確定拠出年金＝iDeCo）が期待できる。これらの想定できる収入が図表
5 － 1の実線より上に描かれている[1]。

　他方、生きていくためには生活費が必要である。家を買わないといけない
かもしれないし、子供が結婚する時に援助が必要になるかもしれない。これ
らが図表5 － 1の実線より下に描かれている。

　支出として予定しておくものは以上に限定されない。万が一の場合の支
出、たとえば災害時の支出、親の介護のための支出などもありえる。

　ところで、キャッシュフローは将来のいろいろな時点で生じる金額だか
ら、その金額を相互に比較するには、現時点での価値に引き戻さなければな
らない。この現時点の価値に引き戻す方法が序章で紹介した「将来価値
（キャッシュフロー）について、期待収益率を用いて現在価値に引き戻す方
法」である[2]。

　現在価値の計算に用いる割引率（期待収益率）において、まず想定しなけ
ればならないのは、将来生じるかもしれない物価上昇率（インフレ率）と実
質的な生活水準の上昇率である。

　この率は、国債などの安全な金融商品の金利水準にほぼ相当する。ここ
で、国債などの安全な金融商品の金利水準をリスクフリーレート（もしくは
無リスク金利）と呼ぶ。

　このリスクフリーレートは実質金利（実質的な生活水準の上昇率に相当）と
インフレ率を加えたものに分解できる。この意味で、現在価値を求める場合
の割引率として用いることができる。

　もう1点重要なのは、将来のキャッシュフローとは、あくまでも「期待で

---

1　図表の収入は単なるイメージであり、具体的な数値は自分で算定することになる。支
　　出も同じである。なお、年金については第2分冊の応用編で取り扱う。
2　たとえば、10年後のキャッシュフロー100万円の現在価値は、期待収益率が年率5％
　　だとした場合、100万円を（1＋0.05）の10乗で割り戻せばいい。約61万円になる。

きる金額」にすぎない点である。実際には変動する可能性、言い換えればリスクが常にある。このため、現実に用いる将来のキャッシュフローに対する割引率は、リスクフリーレートよりもさらに大きくなる。

まとめると、現在価値を基準にすれば、現時点の100円と将来の100円では、将来の100円の価値が低いことになる。今後生じるかもしれないインフレと生活水準の上昇に加え、将来のキャッシュフローのリスクが、将来のキャッシュフローの価値を低下させる。

### (2) 現時点での財産の額を推定する

これらの結果、現時点で推定した財産額が合計でいくらになるのか。つまり、現時点において実際に保有している財産額（正味財産額）に、将来の収入と支出の現在価値を加減したものが現時点での推定財産額となるが、それがいくらになるのか。大雑把でいいから計算してみよう。

マイナスになりそうであれば問題である。万が一の場合の支出も想定したうえで、「現時点で推定した財産額がプラスを確保できている」と、自信をもっていえる個人はそんなに多くないだろう。

プラスを確保できないことは、言い換えれば、老後に破綻する可能性を意味する。2019年、金融庁の審議会が「（退職後の）不足額の総額は単純計算で1,300万〜2,000万円になる」[3]との資料を公表したのも、この老後の破綻の可能性を示唆したものである。

それでは、どうすればいいのか。ヒントは、現在価値を求める場合の割引率にある。

その割引率を打ち消す程度に、現時点で保有している財産を運用できれば（つまり財産を増やすことができれば）よい結果になりえると考えていい。将来の収入と支出の差額も将来の財産となるから、その差額を同様に増やすことができれば状況が大きく改善する。

次に問題となるのが、そんな現在価値を求めるうえでの割引率を打ち消す

---

3 https://www.fsa.go.jp/singi/singi_kinyu/tosin/20190603/01.pdf

運用方法があるのかどうかだろう。

##  資産運用——債券と株式の性質

個人の財産において主要なものは何か。多くの場合、現金や預金である。家をもっていればそれも加わり、さらに保険であり、その他に株式や債券などの有価証券だろうか。

このうち、現金や預金をいくらもっていても、それらはほとんど増えない。

家は住むためのものだから、それで家賃が入るわけでもない。その家が将来値上りすると期待するのは虫がよすぎるし、値上りしたので売ったとしても、その瞬間に次の居住を考えなければならない。新たな家を買うのなら、同様に値上りしている。持家から借家に乗り換えるにしても、住宅価格と同様、家賃も値上りしているに違いない。

これに対し、有価証券は別物である。

この有価証券を保有することについて考える前に、最初に有価証券の特徴を説明し、その後で有価証券の価値とは何なのかをみておきたい。

有価証券を大きく分ければ、債券と株式になる。「証券投資信託もあるではないか」[4]との疑問もあるだろうが、証券投資信託は株式と債券の組合せだから（言い換えれば、株式と債券のポートフォリオであるため）、株式か債券、もしくは両方をミックスした性質を備えている。

なお、債券や株式に投資するには債券市場や株式市場を利用する。個人の場合、それぞれの市場の仲介機関である証券会社を主に利用し、投資することになる。

---

4　不動産投資信託（REITと呼ばれる投資対象）もあるが、ここでは取り上げない。

## (1) 債券の性質と種類[5]

　債券の性質について。結論を先に示しておくと、資金の貸出とほぼ同じである。もう少し説明すれば、債券を発行する機関が、その発行時点において、投資家に対し、元金（元金の1単位が債券の額面）と利金（すなわち利息）について、その支払方法（期日、率など）を約束するのが債券の特徴である。

　債券の発行者としては、中央政府（国）、地方政府（都道府県、市など）、企業などがある。これらの発行者に応じ、それぞれの債券は国債、地方債、社債などと呼ばれる。

　典型的な債券に固定利付債がある。固定利付債の場合、額面100円の元金は、その100円が約束の期日（満期日）に償還される（債券の場合、資金の返済のことを償還という）[6]。その償還までの間、定期的に（たとえば半年ごと、1年ごとなど）、額面100円に対し、当初約束した一定の利率に基づき利息が支払われる。利息の支払いを利払いと呼ぶ。

　もう1つの典型的な債券が割引債である。割引債では、額面100円に対し、債券の発行価格が100円未満である（つまり割り引いて発行される）。利払いはない。そのかわり、満期日には額面100円が返済される。イメージすればわかるように、額面と発行価格の差額が利息に相当する。

　この固定利付債と割引債のキャッシュフローのイメージを図表5－2に示した。図表の矢印がキャッシュフローを示す。下にあれば支出（投資）であり、上にあれば利金と元金の収入である。

　このように、固定利付債であれ割引債であれ、満期まで債券を保有していれば、投資した瞬間に、その投資によって将来得られるキャッシュフローが確定する[7]。

　ただし、債券に投資するには最大のリスクを考慮しなければならない。そ

---

5　ここでは基本的な債券の種類だけを述べる。

6　現実には、返済される元金は100円でなくてもいい。100円より多いか少ないか、その多寡は利払いで調整される。この返済される金額も発行時点で約束される。

7　厳密には、利付債の場合、将来支払われた利金を元手に新規投資することになるが、その利息などは確定しない。

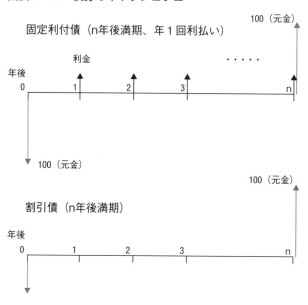

図表 5 − 2　債券のキャッシュフロー

固定利付債（n年後満期、年 1 回利払い）

割引債（n年後満期）

れは、債券を発行した相手（国、地方、企業など）が、定められた日に元利金を支払うという当初の約束を破ることである。典型的には財政や経営が極端に悪化した場合に生じる。この「定められた日に元利金を支払うという約束を破ること」を、債務不履行もしくはデフォルトという。デフォルトを想定するのなら、固定利付債や割引債においても、投資によって将来得られる金額が確定しない。

このため、デフォルトのリスクを緩和する工夫が生まれる。

1 つは、担保をつけることである。担保のついた債券のことを、担保付債券もしくは有担保債と呼ぶ。デフォルトしそうになった時点で、その担保が処分され、得られた資金が担保付債券の元金や利金に優先的に充てられる。担保のない債券（無担保債）に比べてデフォルト時に有利である。

もう 1 つが保証である。例として、政府関係機関が債券を発行する場合、国が元利金の支払いを保証する場合がある。このような債券を保証債と呼ぶ。

さらに、元利金の支払いに関して優先劣後の関係を設定することもある。優先される債券を優先債、劣後する債券を劣後債と呼ぶ[8]。

このように、債券への投資では、デフォルトを回避することがいちばん重要な課題となる。この点についてはもう一度後で考えたい。

## (2) 株式の性質

株式は企業（正確には株式会社）の資金調達手段の1つである。国などが発行することはない。その性質は債券と異なる。

大きな違いは、1つは元金の返済が基本的にないことである。言い換えると満期がない。もう1つ、利息の支払いが約束されない。利息相当のものとして配当が支払われるが、配当は出来高払いに近い。つまり、株式に投資し、株主になったとしても、将来得られるキャッシュフローが確定しない。

さらに付け加えるのなら、企業がデフォルトに陥り、倒産したとすれば、企業は工場や在庫をはじめとして残っている全財産を売り払う。これによって得られる現金を従業員の賃金や社債などの債務の返済に優先的に充てる。その支払いの後、残った財産（すなわち残余財産）があれば、その分だけが株主に対して、持ち株数に比例して支払われる。

ただし、残余財産がマイナスだったとしても、つまり賃金や債務などを払いきれなかったとしても、その債務を支払うために、株主が追加で資金負担させられることはない。つまり、株式の価値はゼロにはなりうるが、マイナスにはならない。

この理屈は倒産時だけのものではない。企業が任意に解散した場合も（めったに起こらないが）、同様である。

見方を変えると、企業にとって株式は使い勝手のいい資金である。このため株主としては、企業経営者が株式で調達した資金を好き放題に使うのではと心配になる。

この心配を防ぐため、法律（会社法）は株主の権利を規定している。株主

---

8 典型的には銀行が劣後債を発行している。

の最大の権利は株主総会での議決権である。原則1株に1票の議決権が与えられる[9]。株主総会では、取締役や監査役など、経営者や経営者の監視役を選ぶ。経営者が不適切だと判断すれば、株主総会で首にすればいい。

これがコーポレートガバナンス（訳して企業統治）と呼ばれている仕組みの根幹であり、株主としての重要な関心事項となる。もっとも、取締役や監査役の役割や構成などについて、先進国間でも差異がある。

それはともかく、株式に投資したとして、何のメリットがあるのか。それは、企業が稼いだ税引き後の利益、言い換えれば営業によって得られた利益（営業利益）から借入れへの利息や社債への利金[10]、そして法人税などを支払った残り、すなわち税引き後の利益は、そのすべてが株主のものになることに尽きる。

税引き後利益のすべてが株主のものだとの根拠は、先に述べたように、残余財産が株主に支払われることにある。つまり、「企業は株主のもの」のようにみえる。倒産時だけではなく、企業が大成功した場合でも企業は株主のものであるから、株主になることで、非常に大きな利益を得る可能性が生じる。

大雑把にいえば、株式投資は、その価値がゼロになるか、巨額になるかのどちらかである。債券投資のようにキャッシュフローがほぼ確定することとは大違いである。

株式に投資する価値について、もう一度後で考える。

## (3) 社債と株式の関係

企業は株式も発行するし、社債も発行する。銀行から借入れもする。これらの資金調達の関係について簡単にまとめておきたい。

図表5−3が社債と株式の関係を表している。ここで借入れを社債と読み替えることも可能である。借入れも社債も本質的に差がないからである。

---

9 日本では単元株制度を採用しており、上場企業では、100株につき議決権1個となっている。

10 利息収入やその他の収入、支出も生じるが、ここでは簡略して説明している。

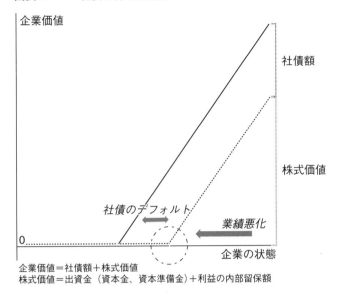

図表 5 - 3　社債と株式の関係

企業価値

社債額

株式価値

社債のデフォルト

業績悪化

0

企業の状態

企業価値＝社債額＋株式価値
株式価値＝出資金（資本金、資本準備金）＋利益の内部留保額

　この図表に説明を加えておく。

　株式の特徴で述べたように、企業の解散時や倒産時には社債の返済が最初になされ、次に株式への残余財産の分配がなされる。全財産を売却して社債などの債務をすべて支払える限り、言い換えれば「債務を控除した後の企業価値＝純資産株式価値」がプラスである限り、社債への元利金の支払いは全うされる。

　一方、純資産がマイナスになったとしても、株式への投資家に追加での資金負担は生じない。株式の価値がゼロになるだけで、ゼロ未満にはならない。株式の価値がゼロになり、さらに進んで企業の価値が減ったとすれば、社債への投資家が損失を被る。つまりデフォルトの状態に陥る。

　なお、債券の特徴に関して優先債と劣後債を説明したが、劣後債と株式の関係が気になる。結論は、劣後債への元利金の支払いが株式よりも優先する。劣後債といえども、あくまでも債券だからである[11]。

# 4 債券と株式の価値

　債券および株式の特徴と、それぞれの価値に本質的な影響を与える要因について、3でみてきた。債券と株式の価値について、もう少し詳細に説明しておきたい。

## (1) 債券の価値

　債券の場合、先に説明したように、デフォルトを想定しないのなら、それへの投資によって将来得られる元利金の時期と金額、すなわちキャッシュフローが確定する。

　キャッシュフローが決まれば、その現在価値も計算できる。債券投資の場合、元利金の現在価値を求め、それを合計すれば、債券全体の現在価値、すなわち「投資家として、現時点において、その債券に対して支払っていい金額（その上限値）」が求められる。

　他の投資家も、債券の発行者も同様に現在価値を計算しているはずだから、市場原理が十分に機能しているのなら、その債券の発行価格は現在価値近辺になるだろう。

　ここまで、債券を満期まで保有することを前提とし、途中で売買することを想定してこなかったが、途中で売買するときも、発行時点での価格の計算と同じである。もっとも個人のような少額の投資家の場合、債券の売却はむずかしいため[12]、満期までもち続けることを基本に考えるべきである。

　債券の場合、現実にはデフォルトリスクを考慮しなければならない。政府の場合は財政状態が、企業の場合は事業活動状態がよくないと、投資家は債券のデフォルトリスクを高く見積もる。また、満期までの期間が長いと、どのような経済変動があるかもしれないので、投資家は債券のデフォルトリス

---

11　優先株が発行されることもある。普通の株式（普通株）よりも残余財産の分配において優先する株式である。優先株はあくまでも株式であり、劣後債よりも劣後する。
12　債券売買は基本的に億円単位である。

クが高いと考えるかもしれない。

　いずれにせよ、このデフォルトリスクの分だけ、キャッシュフローの割引率が大きくなり、債券の現在価値が下がる。つまり、債券の発行価格や売買価格が下がる。

　デフォルトについて、国債なら安全だろうか。実は国もデフォルトする。いくつか事例があるなかで、日本の個人投資家が巻き込まれたデフォルトとしてアルゼンチンが記憶に新しい[13]。

　では、デフォルトリスクにどう対処すればいいのか。個人の場合、信用格付の利用が簡便である。元利払いの安全度を記号で表したのが信用格付である。

　専門会社（代表的には、海外系のムーディーズ、S&P、フィッチ、国内では格付投資情報センター：R&I、日本格付研究所：JCR）が信用格付をAやBなどのアルファベットなどを用い、記号で公表している。信用度に変化があれば、記号が変化する。

　個人としては、この信用格付を利用して、「投資適格」（一般投資家の投資に適している）とされる格付以上[14]の債券に投資するのが安全である。

## (2)　株式の価値——配当割引モデル

　株式の場合、債券と異なり、キャッシュフローが確定しない。配当金額が約束されているわけではない。償還もない。せいぜい１年後の配当額がほぼ確定している程度である[15]。では、株式の価値の計算はどうなるのか。

　少し現実に戻っておきたい。

　ある企業の株式に投資した場合、その企業の税引き後利益の一部が配当と

---

13　アルゼンチンは2001年にデフォルトし、日本の個人が巻き込まれた。その後もデフォルトが続き、2020年５月にもデフォルトした。これに限らず、他の国のデフォルトも散見されるし、本稿を書いている2020年８月時点において、デフォルトの懸念の高い国が複数ある。

14　格付会社によって記号のつけ方に多少の違いがあるが、AAA（トリプルA）からBBB（トリプルB）までが投資適格とされる。

15　企業が業績見通しとともに発表することがある。また、さまざまな機関が予想している。

して支払われる。残りは企業に内部留保され、設備や研究開発など新規投資のための資金となる。次の年度、この新規投資が新たな利益を生み、その一部が配当に、残りがさらに新規投資のための資金として付け加わる。一種の好循環である[16]。

以上は企業の成長についての説明だと言い換えてもいい。この企業の成長が株式投資の最大の魅力である。

投資家からすると、株式には満期がない。もしも投資資金を回収したいと思ったのなら、株式を売却する。売却した株式は他の投資家が買うことになる。企業がきちんと経営され、成長しているのなら、買いたいと考える投資家が当然いるはずである。

ある株式投資家にとって、将来の売却を前提とすれば、得られるキャッシュフローは配当と売却代金である。その投資家の売却に応じて株式を買った別の投資家が得るキャッシュフローは、その後の配当と売却代金である。その投資家の売却に応じて株式を買ったさらに別の投資家が得るキャッシュフローは、さらに先の配当と売却代金である。という具合に、延々続いていく。

大局的にみると、投資家全体が株式から得るキャッシュフローとは、将来永久に続く配当である。しかも配当は成長する。

ここで、1年後の配当額が予想できるとする。また、その配当が一定の率で成長しつつ、毎年支払われると仮定する。そのうえで現在価値を求めるための割引率を定めれば、株式の価値は次の式になる。配当割引モデルと呼ばれる有名な式である[17]。

*株式価値＝1年後の配当額／（割引率−配当成長率）*

割引率は金利水準が上昇すれば大きくなるから、金利水準の上昇は株式の

---

16 配当と新規投資とが、合理的な経営判断に基づいているとの前提が必要である。
17 成長を加味した場合に期待できる毎年の配当金額の現在価値を求め、それらを無限の年数の先まで足しあわせ、高校で習う無限等比級数の和の公式を用いて整理すれば、配当割引モデルの式が求まる。なお、投資家全体として株式の売却代金を得るのは無限の先であるため、価値はゼロとなる。

価値を引き下げる。一方、企業の成長率が高まれば（つまり業績が好調になれば）、株式の価値が高まる。ただし、金利水準と成長率の間にも関係がある（一般に成長率が高まれば金利水準が上昇する）。

配当割引モデルは、式が単純なだけに、株式の価値を推計する方法としては慎重な扱いが求められる。もう少しいえば、1年後の配当額、割引率、配当成長率を整合的に定めないと、株式の価値を誤って計算してしまう。

### (3) 株式の投資収益率

配当割引モデルを理解したとして、心配なのは、企業によっては業績が頭打ちになり、衰退する企業があることだろう。この心配は、長期的かつ経済全体を考えれば杞憂に近いと筆者は考えているし、現実にもそうだった。もう少し正確に述べれば、投資の方法に工夫をこらす必要があるものの、それさえ誤らなければいい。

たとえば、日本企業の業績は、日本経済の状態を反映する。日本経済が成長すれば、日本企業全体としては成長し、業績が拡大する。成長に伴って配当金額が増え、その期待から株価も上昇する。

言い換えれば、経営力のない企業に投資すれば別だが、平均以上の経営をしている企業なら、その企業は国の経済成長にあわせて成長する。優良な企業であればなおさらである。

もちろん、ある企業が平均以上か、優良かを正確に判別できるわけではない。しかし、そう推測できる企業を複数選び、投資すれば（つまり、第2分冊応用編の第4章で述べる分散投資を実行すれば）、確度高く、国の経済成長にあわせて成長する企業への株式投資が実現できる。

実際のところ、日本の株式に投資したとして、どの程度の投資収益が得られたのだろうか。これを示したのが図表5－4である。ここでの投資収益率とは、配当と株価上昇率（もしくは下落率）をあわせ、それを年率に直したものである。なお、この図表には、債券の投資収益率（新規に発行された国債もしくはそれと同等の債券の年間での利払い率）と経済成長率（名目国内総生産＝名目GDP成長率）も描かれている。

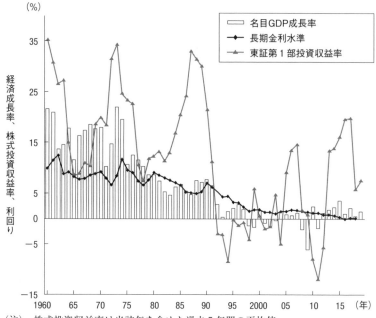

図表 5 - 4　株式の投資収益率と長期金利水準（2019年まで）

（注）　株式投資収益率は当該年を含めた過去 5 年間の平均値。
　　　長期金利水準は、1984年までは利付電々債、それ以降は10年利付国債流通
　　　利回りの年平均値。
　　出典：内閣府、日本銀行、日本証券経済研究所、日本取引所グループ等の資料よ
　　　り筆者作成。

　これによれば、名目GDP成長率の長期的な低下によって債券と株式の投資収益率も長期的に低下していること、株式の投資収益率が名目GDP成長率にかなり大きく左右されていることがみてとれる。

　なお、1980年代の後半に株式の投資収益率が大きく上昇したが、これは異常な株価上昇によるもの（いわゆるバブル）だった。このバブルが崩壊したため、1990年代から2000年代はじめにかけて株式の投資収益率が大きく落ち込み、平均するとマイナスになった。

### ⑷　インデックスについて

　債券や株式に投資するに際し、それぞれの市場の全体的な値動きを知るこ

とが重要となる。全体を俯瞰できなければ、適切な投資判断が困難になる。

そこで、市場全体を知るためにつくられたのがインデックス（指数）である。株式の場合は株価指数と呼ばれている。

日本の株価指数として代表的なものに、東証株価指数（通称、TOPIX）と日経平均株価（通称、日経平均）がある。

TOPIXは東京証券取引所の市場第一部に上場されている全企業の時価総額に基づき、計算される[18]。新規上場、新規の株式発行、上場廃止などが調整され、上場株式全体の株価の推移を表すように計算される。数値は、1968年1月4日の時価総額を100とした指数値になっている。

日経平均株価は、上場企業から主要な225社を選び出し、その企業の株価の単純平均を基本として計算される。対象企業の入替え、新規の株式発行、株式分割（たとえば保有している1株に対して新たにもう1株を割り当てれば、理論的には株価は半分になる）などを調整して計算される。1949年5月16日の単純平均株価をスタートとしているため、指数は円単位で表される。

海外では、米国のダウ工業株30種平均（通称、ダウ平均）やS&P500種指数（通称、S&P500）が代表的である。それぞれ原則として米国を代表する30企業、500銘柄の株価を基本に算出されている[19]。欧州各国や中国などにも代表的な株価指数があるので、投資に際してはそれらを参照することになる。

債券の場合、個人投資家にとって指数の重要性は乏しい。通常、国債の利回りの推移を観察していると、投資適格債全体の動きを知ることがほぼ可能である。債券では、株式との比較において、個々の銘柄の個別性（値動きの差異）が大きくないからである。

---

18　2022年4月をメドとした市場第一部上場制度とTOPIXの見直しが進んでいる。

19　S&P500では、ある企業が2種類の株式（たとえば議決権株、無議決権株）を発行している場合、両方とも指数を構成しうる。

## ⑤ 実際に債券や株式に投資する

　ここまで債券や株式の基本を述べてきた。しかし、書いてあるものを読む
だけでは不十分であるし、理解も中途半端になるだろう。筆者としては「実
践あるのみ」だと考えている。

### (1)　何に投資すべきか

　実践するとして、投資対象の選択が問題になる。少しだけ、筆者の経験も
ふまえて述べておく。あくまでも参考にすぎず、「絶対に成功する」との保
証はない。

　債券への投資を考えると、日本の国債や社債の場合、投資適格の信用格付
を得たものしか基本的に流通していない。そのなかから格付の上位のものを
選べば、利回りは低いものの、デフォルトが起きる心配はまずないため、安
心して投資できる。

　問題は外貨建ての債券である。新興国の債券の利金は大きい（利回りが高
い）ものの、通貨の価値が不安定であり、為替差損が生じやすい。債券投資
において為替差損が生じれば、その損失を取り戻すのは至難である。加えて
先に述べたように、国自身がデフォルトするリスクもある。これらの理由か
ら、新興国が発行する外貨建て債券への投資はもちろん、国際機関などが発
行する新興国通貨建て債券への投資は、生半可な知識レベルでは避けるべき
である。

　また、仕組債という債券もある。仕組債とは、一定の状態が生じれば（多
くの場合、一定の状態として、株価の値や為替レートの値が事前に設定されてい
る）、利金、元金、償還期限など、発行当初の条件に大きな変更が生じる債
券である。筆者としては、仕組債のリスクは大きく、投資を考えるべきでは
ないとの意見をもっている。

　株式への投資の場合、事業内容や業績に安定性があり、ある程度の成長も
期待できる企業を選ぶべきである。それも5年間もしくはそれ以上の期間、

投資しても大丈夫だと判断できる企業である。企業の選択を誤ったとしても、株式に投資した資金がゼロになることはほぼない[20]。ましてや、事業内容や業績に安定性があれば、大損することも多くない。

　配当利回り（1年間の配当金額／株価）に重点を置くべきではない。PER（株価／1株当り税引き後利益）やPBR（株価／1株当り純資産）といった通常使われる指標も、それだけを用いて単純に株価が割高か割安かの判断を下してはならない。いちばん重視すべき点は、本章で指摘した事業内容や業績であり、成長性である。

　株式の場合、債券と異なり、先進国の企業であれば投資対象として検討していい。むしろ、欧米には、事業内容や成長性の観点から、日本にないような企業も多い。また、株式の場合、為替差損が少々生じても、株価の上昇で取り戻せる可能性が十分ある。

### (2)　分散投資の概念と投資対象

　実際に投資する場合、そうはいっても、投資対象を適切に選べるのかとの心配が常につきまとう。

　個人が手始めに投資する場合を想定してみよう。筆者は、株式であればとりあえずの投資センスを養うため、せいぜい数カ月後に売ることを想定して投資すればいいのではと考えているが[21]、最初の一歩を踏み出すにはそれなりの決心がいる。一方、債券の場合、個人が投資できる銘柄は限定されている。

　そこで登場するのが投資信託を用いた分散投資である。この分散投資のメリットは第2分冊応用編の第4章で述べるので、それを参考にしてほしい。

　投資信託への投資とは、アセットマネジメント会社（いわゆるプロと称される投資家）が、投資方針に沿って選んだ複数の企業の株式に（債券であれば

---

20　借金をして、手元資金の何倍も株式を買う方法（レバレッジを掛ける方法）で投資をすれば別である。借金して投資する代表的なものとして、証券会社などから資金もしくは株式を借りる信用取引という方法がある。

21　もちろん、先に述べた安定性のある企業を選ぶべきである。

複数の銘柄に）投資した、その資産全体（ポートフォリオと呼ばれる）の持ち分を買う方法である。

現在、株式市場で売買できる投資信託（ETFと呼ばれる）もある。ETFでは、主要な株価指数をほぼ完全に模倣するようにポートフォリオを組み立てているものもある。株価指数を模倣してくれるのなら、アセットマネジメント会社の企業選択ノウハウに依存しなくてすむ。このことは、投資信託に支払う手数料を安価に抑える効果も生み出す。

## (3) どこで投資でき、どこに情報があるのか

債券、株式、投資信託は証券会社で売買できる。国債や投資信託は銀行でも大丈夫である。

個人の場合、ネット証券会社に口座を開設するのがいちばん簡単だし、売買の手数料も安い。そうではなく、多少なりとも投資アドバイスを受けたいと考えるのなら、ネット以外の証券会社に口座を開設する方法もある。

投資対象に関する情報のうち、株価はインターネットで得られる。時々刻々の売りもしくは買いに対する注文状況を投資家に提供している証券会社もある。

企業の事業活動に関する重要な情報は法律（金融商品取引法）に基づき、投資家に開示されている。開示制度（ディスクロージャー制度）と呼ばれており、発行開示、継続開示、適時開示に分類される。代表的な開示書類として、発行開示のための有価証券届出書や目論見書、継続開示のための有価証券報告書をあげることができる。また、適時開示とは、企業に生じた事件事故や大きなイベント（重要な新商品の開発、業務提携、合併など）を投資家向けに公表する制度である。

これらの書類もインターネットでの閲覧が可能である。発行開示と継続開示はEDINET[22]で、適時開示は日本取引所の「適時開示情報閲覧サービス＝TDnet」で閲覧できる。

---

22　企業の開示情報以外に、投資家の開示情報としての大量保有報告書も閲覧できる。

多くの場合、企業のホームページでもこれらの情報を閲覧できる。さらに法律で定められている以外の企業情報（IR＝Investor Relations情報と呼ばれる情報や、製品やサービスの情報）をアップする企業も多くなっている。加えて、社長の言葉や環境問題への取組みなども提供されるようになった。これらも投資の参考情報となろう。

# 第6章

# 金融経済教育のいま

金融庁総合政策局リスク分析総括課リスク分析総括調整官

佐藤　雅之

# 序　論

幸田　博人／福本　勇樹

## 1　世界的に重要度が増す金融教育

　OECDの定義によると、金融教育とは「金融の消費者ないし投資家が、金融に関する自らの厚生を高めるために、金融商品、概念およびリスクに関する理解を深め、情報、教育ないし客観的な助言を通じて（金融に関する）リスクと取引・収益機会を認識し、情報に基づく意思決定を行い、どこに支援を求めるべきかを知り、他の効果的な行動をとるための技術と自信を身につけるプロセス」とある。日本では金融教育と呼ぶ場合、学校教育を意識しがちだが、世界的には生涯を通じて学ぶべき事項として認識されている。

　2007年のサブプライム問題や2008年のリーマンショックと呼ばれる金融危機が発生して以降、消費者保護のような金融規制だけではなく、金融商品や金融サービスを購入する消費者の金融リテラシーを向上させることが、金融市場や家計にもたらす負のコストの回避につながり、金融システムを円滑に機能するための前提条件とする考え方が世界的に強く認識されるようになっている。そのため、多くの国において消費者の金融行動を改善することが長期的な政策の優先課題になっており、国家戦略として金融教育の取組みを発展させてきた。

　2012年4月に「金融教育のための国家戦略に関するハイレベル原則」がOECD／INFE（OECD金融教育に関する国際ネットワーク：すべてのG20メンバーを含む97カ国と、関連する国際機関の代表で構成される）によって作成され、2012年6月にG20ロスカボス・サミットにおいて承認された。

　「金融教育のための国家戦略に関するハイレベル原則」では、国家戦略に

おいて、可能な限り、省庁、中央銀行、金融規制機関および監督機関とともに、その他の中央政府機関および地方公共団体などの公的機関が関与し、国家レベルで金融リテラシーの問題に対する意識を高め、国家戦略として主導する機関を決定することを求めている。また、その国の金融リテラシー調査の結果に基づいて、国民のニーズや国の政策に欠けている点についても評価を行うべきとしている。

「金融教育のための国家戦略に関するハイレベル原則」における金融リテラシーの目標の範囲は、消費者および投資家の金融に関する認識、自信、知識、理解の向上から、金融に関する賢い意思決定にまで及んでいる。

# 2 日本における金融経済教育の取組状況

こうした国際的な議論をふまえたうえで、2012年11月に、金融庁において有識者・関係団体・関係省庁をメンバーとする「金融経済教育研究会」が設立された。日本では金融経済教育という枠組みで議論が進められており、2013年4月に、日本における金融経済教育の今後の進め方について報告書が公表されている。この報告書に基づいて、2013年6月に、金融広報中央委員会（事務局：日本銀行情報サービス局内）のなかに金融経済教育推進会議が設置され、当該報告に掲げられた諸課題について推進する役割を果たしている。

## (1) 最低限身につけるべき金融リテラシー（4分野・15項目）

当該報告書のなかで、下記の最低限身につけるべき金融リテラシーの4分野・15項目が提示されている。

○分野1：家計管理

（項目1）適切な収支管理（赤字解消・黒字確保）を習慣にすること

○分野2：生活設計

（項目2）ライフプランを明確にすること

○分野３：金融と経済の基礎知識と、金融商品を選ぶスキル

【金融取引の基本としての素養】

（項目３）契約をするとき、契約の基本的な姿勢（契約書をよく読む、相手方や日付・金額・支払条件などが明記されているか、不明点があれば確認するなど）を習慣にすること

（項目４）情報の入手先や契約の相手方である業者が信頼できるかどうかを必ず確認すること

（項目５）インターネット取引の利点と注意点を理解すること

【金融分野共通】

（項目６）金融と経済の基礎知識（単利・複利などの金利、インフレ、デフレ、為替、リスク・リターンなど）や金融経済情勢に応じた金融商品の選択について理解すること

（項目７）取引の実質的なコスト（価格、手数料）を必ず確認すること

【保険商品】

（項目８）自分にとって保険でカバーしたい事態（死亡、病気、火災など）が何かを考えること

（項目９）カバーすべき事態が起きたとき、必要になる金額を考えること

【ローン・クレジット】

（項目10）住宅ローンを組む際の留意点を理解すること

①　無理のない借入限度額の設定、返済計画を立てること

②　返済をむずかしくさせる事態に備えること

（項目11）無計画・無謀なカードローンやクレジットカードなどの利用を行わないことを習慣にすること

【資産形成商品】

（項目12）高いリターンを得ようとする場合には、より高いリスクを伴うことを理解すること

（項目13）資産形成における分散（運用資産の分散、投資時期の分散）の効果を理解すること

（項目14）資産形成における長期運用の効果を理解すること

○分野 4 ：外部の知見の適切な活用

（項目15）金融商品を利用するにあたり、外部の知見を適切に利用する必要性を理解すること

## (2)　金融経済教育の取組状況

　金融経済教育研究会の報告書では、金融経済教育の対象者として学校教育における取組みだけではなく、社会人・高齢者にも焦点を当てている。

　学校教育では、以下のような中学校・高校における学習指導要領の改訂に際して金融経済教育に関する拡充を行うだけではなく、金融庁による出張授業などの活動も行われている。

○学校教育における学習指導要領における金融経済教育の拡充

・中学校……2017年 3 月および 6 月に実施された中学校学習指導要領および同解説の改訂に際して、社会科と家庭科において、金融経済教育に係る内容が拡充された（改訂後の新学習指導要領は、2021年度より実施予定）。

・高校……2018年 3 月および 7 月に実施された高校学習指導要領および同解説の改訂に際して、社会科および家庭科において、資産形成の観点も含めて、金融経済教育に係る内容が拡充された（改訂後の新学習指導要領は、2022年より年次進行で実施予定）。

○年齢別の金融リテラシー・マップの策定

　「最低限身につけるべき金融リテラシー（ 4 分野・15項目）」の内容を、年齢別に具体化・体系化した「金融リテラシー・マップ」が策定されている。

## マップの主な内容<sup>(注1)</sup>

| 分野 | 分類 | 小学生<sup>(注2)</sup><br>社会のなかで生きていく力の素地を形成する時期 | 中学生<br>将来の自立に向けた基本的な力を養う時期 | 高校生<br>社会人として自立するための基礎的な能力を養う時期 |
|---|---|---|---|---|
| 家計管理 | 家計管理 | 必要なもの（ニーズ）と欲しいもの（ウォンツ）を区別し、計画を立てて買物ができる | 家計の収入・支出について理解を深め、学校活動等を通じて収支管理を実践する | 自分のために支払われている費用を知り、家計全体を意識しながらよりよい選択・意思決定ができる |
| 生活設計 | 生活設計 | 働くことを通してお金を得ることおよび将来を考え金銭を計画的に使うことの大切さを理解し、貯蓄する態度を身につける | 勤労に関する理解を深めるとともに、生活設計の必要性を理解し、自分の価値観に基づいて生活設計を立ててみる | 職業選択と生活設計を関連づけて考え、生涯の収支内容を理解して生活設計を立てる |
| 金融知識および金融経済事情の理解と適切な金融商品の利用選択 | 金融取引の基本としての素養 | 小学生が巻き込まれる金融トラブルの実態について知り、消費生活に関する情報を活用して比較・選択する力を身につける | 契約の基本を理解し、悪質商法等を見分け、被害に遭わないようにする | 契約および契約に伴う責任に関する理解を深めるとともに、自ら情報を収集し消費生活に活用できる技能を身につける |
| | 金融分野共通 | 暮らしを通じてお金のさまざまな働きを理解する | お金や金融・経済の基本的な役割を理解する | お金や金融・経済の機能・役割を把握するとともに、預金、株式、保険など基本的な金融商品の内容を理解する |

（注1） 学校段階（小学生～高校生）においては、学習指導要領または同解説に示された科における発展的な学習や総合的な学習の時間および特別活動において実践されて
（注2） 小学生の部分は、マップ本体では「低学年」「中学年」「高学年」に区分されてい

| 大学生 | 若年社会人 | 一般社会人 | 高齢者 |
|---|---|---|---|
| 社会人として自立するための能力を確立する時期 | 生活面・経済面で自立する時期 | 社会人として自立し、本格的な責任を担う時期 | 年金収入や金融資産取り崩しが生活費の主な源となる時期 |
| 収支管理の必要性を理解し、必要に応じアルバイト等で収支改善をしつつ、自分の能力向上のための支出を計画的に行える | 家計の担い手として適切に収支管理をしつつ、趣味や自己の能力向上のための支出を計画的に行える | 家計を主として支える立場から家計簿などで収入支出や資産負債を把握管理し、必要に応じ収支の改善、資産負債のバランス改善を行える | リタイア後の収支計画に沿って、収支を管理し、改善のために必要な行動がとれる |
| 卒業後の職業との両立を前提に夢や希望をライフプランとして具体的に描き、その実現に向けて勉学、訓練等に励んでいる<br>人生の3大資金等を念頭に置きながら、現実的な生活の収支イメージをもつ | 選択した職業との両立を図るかたちでライフプランの実現に取り組んでいる<br>ライフプランの実現のためにお金がどの程度必要かを考え、計画的に貯蓄、資産運用を行える | 環境変化等をふまえ、必要に応じライフプランや資金計画、保有資産の見直しを検討しつつ、自分の老後を展望したライフプランの実現に向け着実に取り組んでいる<br>学校と連携しつつ、家庭内で子の金融教育に取り組む | リタイア後のライフプランについて、余暇の活用、家族や社会への貢献にも配慮した見直しを行っている<br>年金受取額等をベースとした生活スタイルに切り替え、心豊かに安定的な生活を過ごせるよう、堅実に取り組んでいる |

収集した情報を比較検討し、適切な消費行動をすることができる

| | |
|---|---|
| 金融商品を含むさまざまな販売・勧誘行為に適用される法令や制度を理解し、慎重な契約締結など、適切な対応を行うことができる<br>詐欺など悪質な者にねらわれないよう慎重な契約を心がける | 資産管理面で高齢者が必要とする基本的な知識を習得し、必要に応じて専門家に相談することができる |

金融商品の3つの特性（流動性・安全性・収益性）とリスク管理の方法、および長期的な視点から貯蓄・運用することの大切さを理解する
お金の価値と時間との関係について理解する（複利、割引現在価値など）
景気の動向、金利の動き、インフレ・デフレ、為替の動きが、金融商品の価格、実質価値、金利（利回り）等に及ぼす影響について理解している

教科等の内容を反映しているが、学習指導要領または同解説に記述されてないもの（各教きたものなど）もあることにご留意いただきたい。
るが、ここでは簡略化のため、まとめて示した。

| 分野 | 分類 | 小学生 | 中学生 | 高校生 |
|---|---|---|---|---|
| 金融知識および金融経済事情の理解と適切な金融商品の利用選択 | 保険商品 | 事故や疾病等が生活に大きな影響を与えることを理解し、自らも安全に行動する不測の事態に備える方法として貯蓄以外に保険があることを理解する | リスクを予測して行動するとともに、人を負傷させたり、人の物を壊した場合には弁償しなければならないことを理解する<br>事故や病気のリスクや負担を軽減させる手段の1つに保険があることを理解する | リスクを予測・制御して行動するとともに、加害事故を起こした場合には責任や補償問題が生じることを理解する<br>社会保険と民間保険の補完関係を理解する |
| | ローン・クレジット | 子供同士でお金の貸し借りはしないようにする | ローン等の仕組みや留意点について理解する | 貸与型の奨学金などローンの仕組みを理解し、返済方法や金利、延滞時の影響について考える<br>各種カードの機能や使用上の留意点を理解し、適切に行動する態度を身につける |
| | 資産形成商品 | 金利計算（単利）などを通じて、主な預金商品とその利息の違いについて理解する | リスクとリターンの関係について理解する<br>金利計算（複利）を理解し、継続して貯蓄、運用に取り組む態度を身につける | 基本的な金融商品の特徴とリスク・リターンの関係について理解し、自己責任で金融商品を選択する必要があることを理解する<br>リスク管理の方法や定期的に貯蓄・運用し続けることの大切さを理解する |
| 外部の知見の適切な活用 | 外部の知見の適切な活用 | 困ったときにはすぐに身近な人に相談する態度を身につける | トラブルに遭ったときの相談窓口に、必要に応じて連絡する方法を身につける | トラブルに対処できる具体的方法を学び、実際に行使できる技能を身につける |

272

| 大学生 | 若年社会人 | 一般社会人 | 高齢者 |
|---|---|---|---|
| 自分自身が備えるべきリスクの種類や内容を理解し、それに応じた対応（リスク削減、保険加入等）を行うことができる<br>自動車事故を起こした場合、自賠責保険ではまかなえないことがあることを理解している | | | |
| | 備えるべきリスクと必要な金額をカバーするために適切な保険商品を検討し、選択し、家族構成や収入等の変化に応じた見直しを行うことができる | | 高齢期における保険加入の必要性・有効性や保険の種類を理解している |
| 奨学金を借りている場合、返済を延滞した場合の影響等を理解するとともに、自力で返済する意思をもち、返済計画を立てることができる | 住宅ニーズを考慮したライフプランを描いている<br>現在とリタイア後の住宅ニーズを考慮したライフプランを着実に実行しつつある<br>住宅ローンの基本的な特徴を理解し、必要に応じ具体的知識を習得し返済能力に応じた借入れを組むことができる | | リタイア後の生活の安定のために、必要に応じて負債と資産のバランスを見直せる |
| ローンやクレジットは資金を費消してしまいやすいことに留意する<br>クレジットカードの分割払いやリボルビング払いには手数料（金利）負担が生じる点に留意する<br>ローンやクレジットの返済を適切に履行しない場合には、信用情報機関に記録が残り、他の金融機関等からも借入れ等がむずかしくなることを理解する | | | |
| 自らの生活設計のなかで、どのように資産形成をしていくかを考えている | | | |
| さまざまな金融商品のリスクとリターンを理解し、自己責任のもとで貯蓄・運用することができる<br>分散投資によりリスク軽減が図れることを理解している<br>長期運用には「時間分散」の効果があることを理解している | リスクとリターンの関係をふまえ、求めるリターンと許容できるリスクを把握している<br>分散投資・長期投資のメリットを理解し、活用している | 分散投資を行っていても、定期的に投資対象（投資する国や商品）の見直しが必要であることを理解している | 自ら理解できない商品への投資はしない<br>ノーリスク・ハイリターンをうたう金融商品に疑いをもつことができる<br>年齢やライフスタイルなどをふまえ、投資対象の配分比率を見直す必要があることを理解している |
| 金融商品を利用する際に相談等ができる適切な機関等を把握する必要があることを認識している<br>金融商品を利用するにあたり、外部の知見を適切に活用する必要があることを理解している<br>金融商品の利用の是非を自ら判断するうえで必要となる情報の内容や、相談しアドバイスを求められる適切で中立的な機関・専門家等を把握し、的確に行動できる | | | |

# 解　説

金融庁総合政策局リスク分析総括課リスク分析総括調整官　佐藤　雅之

## 1 国際的な金融経済教育の位置づけ

　本章では、金融行政における1分野としての金融経済教育について私見を述べたい。日本においては、文部科学省が教育政策全般に責任をもつ立場であるのと同時に、金融庁も金融経済教育、金融リテラシーの向上を政策課題として掲げている。また、日本銀行も同様に、金融広報中央委員会の事務局というかたちで、金融経済教育に関与している。さらに、私の知る限りほぼすべての国において、金融監督当局[1]内に金融経済教育担当の部署が設置されている。つまり、金融監督当局は、金融機関のモニタリングや法執行のみならず、金融リテラシーの向上にも取り組む必要がある、との考えはほぼ世界の共通認識となっているが、本章は、この分野における国際的な議論やわが国における歴史の一部を紹介することで、政策テーマとしての金融リテラシーについて、考えるきっかけとなればと思う。

　まず、大きな問題意識について、図表6－1に示した。先ほど申し上げたとおり、金融リテラシーの向上は、日本だけではなく世界各国の政府が取り組んでいる課題であり、一例として、G20の議論を紹介したい。特に国際金融規制の世界において、最も重要な文書は、コミュニケと呼ばれるG20の合意文書である。一方、金融規制は、国際フォーラムの数が非常に多く、金融論を少し本格的に学んだ方は、バーゼル規制の策定に関与しているBCBS（バーゼル銀行監督委員会）や、マネー・ローンダリングに関する国際的な勧

---

1　中央銀行、市場監視当局、年金監督当局などを含む。

## 図表6－1　問題意識

➤金融リテラシーの向上は、日本をはじめ、世界各国の政府が取り組んでいる政策課題です。

➤本日は、グローバルコミュニティ、他国の動向を紹介しつつ、なぜ「金融教育」はグローバルアジェンダなのか、金融教育は今後どうなっていくのか、を考えたいと思います。

"The federal government spends an estimated $273 million annually on financial literacy and education programs and activities across 23 federal agencies and entities."
*Treasurer of the United States (2019)* "Federal Financial Literacy Reform"


## 図表6－2　G20サミットにおける金融経済教育

▶ロスカボス・サミット（2011年）
　➤金融教育のための国家戦略に関するOECD／INFEハイレベル原則を承認
▶サンクトペテルブルク・サミット（2012年）
　➤OECD／INFE等による、金融教育に関する作業の進展（プログラムの測定・評価ツール、PISA、女性・若年層に関する報告書等）を歓迎
▶大阪サミット（2019年）
　➤高齢化社会における金融包摂を強化するため、「高齢化と金融包摂のためのG20福岡ポリシー・プライオリティ」を承認


告の策定に関与しているFATF（金融活動作業部会）といった名前は聞いたことがあるかもしれない。日本に事務局があるIFIAR（監査監督機関国際フォーラム）などを含めると、広めに数えるとテーマ別に10近い国際フォーラムが存在し、日々活動しているのだが、多くの国が重要であり、協調が必要と考えるテーマが、最終的にG20コミュニケに採用されることになる。したがって、G20のコミュニケに採用される、すなわち各国リーダーの合意事項になるということは、当局の職員の世界では結構大きなことである。

　図表6－2に、G20サミットにおける金融教育に関する記述について整理した。G20の歴史をごく大雑把にみると、2008年の金融危機後しばらくは、危機への対応ということで、たとえばデリバティブや証券化商品などに関する金融規制が主なアジェンダだったが、2012年のロスカボス・サミットにおいて初めて金融教育がコミュニケに盛り込まれている。具体的には、OECD／INFE（International Network on Financial Education：金融教育に関す

る国際ネットワーク）というフォーラムが策定した金融教育のための国家戦略（ナショナル・ストラテジー）に関するハイレベル原則という文書を承認し、各国にそれをふまえた対応を求めるという内容である。この原則では、金融危機はあらためて金融教育の重要性を各国に再認識させたものであり、さらにプルーデンス規制（いわゆる金融庁などが行っている金融機関・金融システムの安定性維持に関する規制）を補完する重要な役割を担うものである、といった趣旨の記述が含まれている。

　その後、サンクトペテルブルク・サミットを最後に、金融教育はコミュニケに採用されていない。しかし、日本が議長国を務めた2019年のG20は、「高齢化と金融包摂のためのG20 福岡ポリシー・プライオリティ」という文書が策定されている。これは高齢社会を迎えるにあたって、金融面から各国準備が必要となる課題を整理したものであるが、その提言は、金融リテラシーと関係の深いものも多い。長くなった人生分、お金と付き合う時間も増える、さらに老後が長くなった分若年期からの準備が大事、というのはそう違和感のないロジックだろうが、であれば個々人が金融上の判断を適切にできることが、その前提となる。世界的に長寿化が進んでいることをふまえると、これも各国共通の課題である。G20の動きは、このようなものである。

　さて、G20は、所詮20の国と地域の話だと思われるかもしれないが、「金融リテラシーの向上」は、先進国から発展途上国までそれぞれ取組みが行われている。先ほどのOECD／INFEには、2008年から活動を開始した、グローバルに金融教育について関連当局等が議論するネットワークだが、現在世界120カ国260以上の組織が参加しており、数多く存在する金融関連の国際会議のなかでも、参加当局数からみて最大級のフォーラムの1つである。これも個人的体験もふまえた解釈だが、特に金融規制系の国際会議は、大きな目標は共有しつつも、個々の論点では各国の利害が対立することが往々にしてあり、賛成派、反対派が激しく争うこともある。さらに、議論している規制からあまり影響を受けない国も存在し、そういった国の代表者が、所在なさげにしていることもある。OECD／INFEは、そういった会議とは異なり、コーヒーブレイクの際などにはポジティブな議論があらゆる国の代表の間で

あちらでもこちらでも行われており、金融の世界では他にあまり例がないのかなというのが率直な感想である。

では、OECD／INFEとは何を行っている組織なのだろう。まずは、先ほど申し上げたハイレベル原則に基づき、各国に金融教育に関する施策のグッドプラクティスを示すことにある。ハイレベル原則は、各国がナショナルストラテジーを策定して目標を共有すること、金融当局、教育当局、業界団体、などが適切な役割分担のうえで連携して取り組むこと、効果測定を定期的に行うことなどが含まれている。さらに、各論として、たとえば、若者、女性、高齢者などセグメント別にどういったアプローチが効果的か、またデジタル・ツールをどのように生かすか、などのテーマについて、各国の知見を持ち寄り、それを報告書としてまとめている。また、効果測定の具体的な方法論などもテーマである。また、あまり知られていないが、OECDが国際的な子供の学力の比較として行っているPISA（Programme for International Student Assessment：OECD生徒の学習到達度調査）には、参加国数は限られているが、調査のオプションとして「金融教育」というものがあり、その運営も行っている。

## (1) 金融リテラシーの定義

ここまで、金融教育はグローバルな行政テーマだと強調してきたが、そもそも金融リテラシーとはどういった概念であり、各国は金融教育を通じて何を達成したいのであろうか。OECD／INFEの定義が、国際的にも国内的にもいちばんよく引用されるが、そこでは「金融に関する健全な意思決定を行い、究極的には金融面での個人の良い暮らし（financial well-being）を達成するために必要な、金融に関する意識、知識、技術、態度および行動の総体」とされている。態度や行動というところにまで及ぶようになってこそ「金融リテラシー」であるということが、国際的に明言されているということがポイントである。また、究極的には、個人のfinancial well-beingを達成するため、というのもポイントである。とはいえ、現実的には人の行動を変えることはむずかしいし、現実に個人のfinancial well-beingが達成されていれば、

世の中にこんなにお金にまつわる犯罪やトラブルは存在しないはずである。では、どうしたら人の行動を変えることができるのか、ということが議論になる。理念としてはわかりやすいが、結構壮大な目標と感じるのではないか。

## (2) 金融経済教育の意義（経済学的な説明）

　経済学的な説明に移していきたい。経済学には多様な議論が存在するが、個人はさまざまな不確実性をふまえ、生涯にわたり、その消費から得られる効用の最大化を行うと仮定したうえでの議論も、スタンダードなミクロ経済学、マクロ経済学のなかで扱われていると思う。

　一方、消費者にとって、物を買いたい、サービスを受けたいと考えたときに収入が入ってくるわけではないし、収入が多いときに遊ぶ時間があるわけでもなく、要は支出と収入のタイミングは当然ずれるものである。それに、先のことはわからない。事故や天変地異、失業、あるいは長生きし過ぎるといったさまざまなリスクが人生にはある。こういった支出と収入の差を埋める機能や、リスクをコントロールする機能を有するのが金融である。つまり、合理的に先を見通せる個人が、完全な金融市場が存在する世界で行動すると、効用が最大化される、というのが大雑把ではあるが経済学の理論であり、暗黙のうちに機能の高い金融市場が存在し、かつ個人は金融市場を使いこなせるという仮定が存在している。この点、少なくとも、金融庁の金融経済教育担当者として、さまざまな個人の金融行動についての調査結果を読んだり、金融機関の不祥事に関する情報を聞いたり、金融市場の動きをみたりしている限りにおいて、ほとんどの仮定は当てはまらないようにみえるというのも正直なところである。

　まず、金融中央広報委員会のアンケート（2019年）では、老後について「生活設計を立てている」と答えた世帯は35.1%だった。先ほど述べたような仮定を考えながら、個人が生きていくことは、少なくともミクロのレベルでは、誰もできないのではないか。時間が経てば意見が変わるというような時間的不整合や、限定合理性を仮定したほうが、正しい気がする。

さらに、あらゆるリスクに対応可能な保険というのもあまり現実的ではないようにみえる。社会保障制度や民間の保険は、時間をかけて整備されてきたが、たとえば過去の人が想定しなかった「気候変動リスク」といった新しいリスクも生じているし、その計測などができるのか、という議論もある。

　経済学の専門家ではないので、ボロがすぐ出そうな議論はそろそろ打ち切るが、基本的には、こういった仮定は、どうも成り立たないからこそ、貯蓄促進税制や金融リテラシー教育、年金といった施策があるというのが1つの解釈である。一方、なんらかの税制上のインセンティブづけは別のゆがみを生じさせる、という議論や、税や保険料として強制的に貯蓄させることもパターナリスティックで不効率も大きい、という議論も可能であるとすると、金融経済教育はより抑制的な政策手法といえるかもしれない。

　関連で、日本人は貯蓄が好きで、リスク性資産の保有割合がきわめて低い、という議論がある。低金利環境がこれだけ長く続いているのにもかかわらず、なかなか家計の巨額の資金が投資に向かわない、という話である。実際ポートフォリオ理論が教える理想的なポートフォリオと、多くの家庭の実際のポートフォリオは乖離している。この点、金融庁の主張も怪しいのでは、という意識をもって考えてもらえばという本音もあるが、よくいわれている背景として、①投資への理解が足りないから、②金融機関がこれまで顧客本位の商品を売ってこなかったので、投資をしても損をする例が多いから、③投資の習慣や成功体験がないから、④米国の年金制度のように制度的に投資をする誘因が小さいから、などがある。金融経済教育は、投資促進だけを目的にしたものではないが、この点も金融経済教育の役割が期待される点である（図表6-3参照）。

　ここまでの結論としては、金融リテラシーをもつことは、いわゆる伝統的な経済学がいうところの、理想的なリソース分配につながる、とはいえそうである。

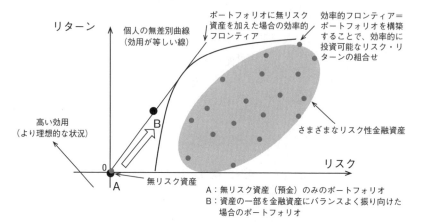

図表6－3　ポートフォリオ理論

リターン

個人の無差別曲線
（効用が等しい線）

ポートフォリオに無リスク
資産を加えた場合の効率的
フロンティア

効率的フロンティア＝
ポートフォリオを構築
することで、効率的に
投資可能なリスク・リ
ターンの組合せ

高い効用
（より理想的な状況）

B

0

A

無リスク資産

さまざまなリスク性金融資産

リスク

A：無リスク資産（預金）のみのポートフォリオ
B：資産の一部を金融資産にバランスよく振り向けた
　　場合のポートフォリオ

AからBへと移行しないのは、　①投資への理解が足りないから？、
②（少なくとも店頭で勧められるような）金融商品がこれまで顧客本
意でなかったから？、　③習慣・成功体験がないから？

## **2** 金融に関する世界のイシューと金融リテラシー

### （1）　世界のイシュー

　金融経済教育の世界で、世界で議論されているイシューを、ごく大雑把で
はあるが図表6－4にまとめた。あらゆる問題が、金融リテラシーのテーマ
として扱われていることがわかるだろう。

　まずは、金融サービス等など社会から取り残されてしまう人がどうしても
出てくるときに、社会全体に金融のアクセスを確保できるようにするという
概念を「金融包摂（Financial Inclusion）」という（その反対語は「金融排除（Fi-
nancial Exclusion）」という）。「金融排除の防止」「貧困の撲滅」「多重債務の
解消」などは、金融包摂寄りのイシューといえる。なぜ金融排除が起こる
か、というと、金融機関の側が富裕層しか相手にしない、またはたとえば利
益が見込めないスラム街のようなところには支店をつくらない、という問題

図表6-4　イシューの例

▶金融排除の防止（健全な金融サービス間の競争）
▶貧困の撲滅
▶多重債務の解消
▶金融犯罪の防止
▶家計の資産増大
▶格差の解消／拡大防止
▶成長資金の確保
▶金融安定性の確保
▶社会の変化（デジタル化など）への対応
▶長寿化への備え

が、他国では指摘されている。ただし少なくとも日本においては、そのレベルでの金融排除は一部の金融商品を除いてあまり観察されない。基礎的な商品であれば、口座をつくれない、サービス提供を受けられない、という話というより、もっぱら先立つものがないか、またはそもそもそのような金融サービスの活用の仕方を知らない、といったリテラシー面の差が、金融活用の差につながっていると想像される。少なくとも、金融技術やFinTechの推進で、少額から高度な金融サービスを受けられるようになってきているが、それだけで、あまねく金融包摂が達成されるかと問われると、そう簡単ではなさそうだ。

　家計がきちんと成長し、成長した結果を家計に還元できるようにするという「家計の資産増大」というイシューもある。あるいは、社会にとって必要な投資が回るようにするためには、お金を各個人に回していかなくてはならない。そのため、銀行や証券会社などを通じて成長産業にお金を振り向けなくてはならないという「成長資金の確保」というのもイシューの1つである。先ほど少し申し上げたサブプライム・ローンなどの話は「金融安定性の確保」のイシューの例である。

　さらに、デジタル化が進むと、それによってサービスが利用できる人とできない人に分かれてしまうのをどうするかといったデジタル・デバイドのような話や、長寿化の備えといったことまでイシューになっている。こうして

さまざまな社会の要請に対し、金融経済教育はどう貢献できるのかということが議論されている。

## (2) 日本の戦後の金融経済教育

　少し、歴史の話もしたい。金融経済教育の定義次第だが、日本では、明治の初めから金融経済教育と似たようなことはすでに行われていた。具体的には、郵便貯金の導入と普及である。1861年、世界で初めて英国で郵便貯金制度が誕生したといわれているが、日本で郵便貯金が開始されたのは1875年である。当時、日本のポジションは、いまでいう新興国、少なくとも先進国ではなかったと思うが、世界最先端の制度である郵便貯金を導入するまでに、14年しかかからなかったというのは結構すごいことだと感じる。郵便貯金を導入することで国民に貯金という習慣を根付かせ、国を発展させていこうということを明治の初めから考えていたわけである。なお、東京のスカイツリーに郵政博物館というのがあり、関連の展示も少しあるので、紹介しておく。

　地域金融機関や銀行の歴史は省略するが、こうして異例の速さで日本に導入された郵便貯金をはじめとし、金融というものが急速に整備されたのが明治期である。一方、貯蓄・貯金の習慣がない個人に、そういった習慣をつけてもらうのは大変なことであり、学校でも国民に貯金の大事さを伝えていく貯蓄教育などの動きがあった。特に日露戦争の前くらいから本格的に日本中で行われたとされている。いくつか専門書も出ているが、戦前の文献をみると、明治期はそうでもないが、その後大正、昭和となるにつれて、この時代は国家のためにも貯蓄が必要、というある種国家の本音をあまり隠さないのだなという感想をもつ。要は、戦費調達のためにも、国家の発展のためにも、資本蓄積が必要だったわけで、たとえば1924年には国家レベルでは勤倹約推奨中央委員会というのをつくり、各都道府県にも支部をつくらせ、都道府県別の実施計画をつくらせるといった中央主導で草の根に至るまで鈴をかけていたようだ。なお、太平洋戦争直前の1938年には、大蔵省に国民貯蓄奨励局をつくり、国民貯蓄を奨励して、戦争の戦費の調達を行うといった動き

もある。

　戦後、いったんこういった流れがリセットされるが、復興のためにお金が必要なので、1946年に救国貯蓄運動が開始されたほか、現在の金融広報委員会である「都道府県貯蓄推進委員会」（1950年発足）、「マル優」と呼ばれる少額貯蓄非課税制度（1963年導入）などの動きがある、ある意味で、「金融教育」と「貯蓄奨励」がほぼ同義のようなところがある。

　日本がこうした流れで金融を発展させてきたように、現在でも、特に発展途上国には貯蓄奨励の意識が強いといえる。OECD／INFEの会合でも、アフリカのある国において、村全体で支え合うことで成り立ってきた農村部でも、家族・個人ベースの社会へと変わりつつあるなか、貯蓄の意義を知ってもらうことが大事になっている、という発表を聞いたことがあるが、多かれ少なかれ似た話は日本でもあったのだろう。

　さて、貯蓄奨励から日本が方向転換したきっかけには、1986年のいわゆる「前川レポート」が１つの役割を果たしている。きわめて大雑把な説明で恐縮だが日米貿易摩擦が大きなイシューとなり、日本はもっと消費を重視する経済としていかないとというのが大きな流れである。いずれにせよ、前川レポートのなかでは、消費を増やすことやマル優の見直しが含まれており、実際に1988年にはマル優は廃止された。あわせて、日本ではバブルへと向かう景気の過熱があったが、財テクという言葉がブームになり、個人の証券投資が活発になったのもこの頃のことである。国家として貯蓄をこれ以上推奨する意義が小さくなってきた、１つの転換点である。

　その後バブル崩壊が起こり、個人投資家が大きな損を被ったり、証券会社の不正が問題となったり、金融危機が発生し最終的に大蔵省が分割されたりといった動きにつながっていくが、金融経済教育の関係では、金融ビッグバンとその前後の報告書が重要である。金融ビッグバンは、「フリー、フェア、グローバル」を標語として、日本の金融市場をより競争的なものとするための各種改革がなされたものであるが、関連の1997年の証券取引審議会の報告などをみると、自らで判断できる個人投資家の確立が必要であり、そのために証券教育を含む広範な投資家・消費者教育の充実が課題である、との記述

がある。ここら辺から、投資や資産運用について考えることも、金融経済教育のなかで本格的に位置づけられることになる。

## (3) 国家戦略（ナショナルストラテジー）

さて、最近の動きとして、OECD／INFEの動きもふまえて作成された、国家戦略についても触れておきたい（図表6－5参照）。日本では、2013年に金融庁を中心に金融経済教育研究会報告書がまとまり、これを国家戦略と位置づけている。同年に第1回が開催された金融経済教育推進会議は、同報告書をベースに開催されたものだが、これが日本における金融経済教育の中心的な存在となっている。

ではどの程度日本の金融リテラシーが上がったのかというと、残念ながらそれほど上がっていないというのが現状といえる。もっとも、金融経済教育というのは、重要であることは誰も否定しないが、政策的に効果があるかと問われると、よく砂漠に水をまくようなもの、と皮肉をいわれるとおり、そう簡単に結果が得られるものではない。この10年、20年で、お金の教育に対する学校現場の理解は相当高まった、という話はよく聞くので、前に進んで

**図表6－5　National Strategy**

➤OECD／INFEでは、国家戦略（National Strategy）を金融教育推進のうえでのコア概念と位置づけており、各国にその策定を推奨。

➤現在はほぼすべてのINFE参加国で策定が終了。現在は、新たな課題に対応するための改訂や、進捗管理や実績評価のあり方が議論されている。

［国家戦略の定義］

その国にあわせて設計された枠組みまたはプログラムによって構成される、国家レベルで調整された金融教育へのアプローチであり、そのなかで、

    ➤金融教育の重要性を、立法を通じる場合を含めて、認識し、当該国における金融教育の意味や範囲を国民のニーズや課題と関連させて定義し、

    ➤国内のリーダーまたは調整にあたる団体ないし委員会を特定するとともにさまざまな利害関係者の協力に言及し、

    ➤特定の、あらかじめ定めた目的を期間内に達成するための工程表を策定し、国家戦略の効率的かつ適切な実現のための個々のプログラムに適用される手引を提供する。

出典：OECD／INFE「金融教育のための国家戦略に関するハイレベル原則」（2012/06）

いることは事実だと思うが、この場で誇れるような目にみえる効果は出ていない。金融経済教育の効果をきちんと検証して、より意味のある次のアクションにつなげていこうということが、関係者の大きなテーマとなっている。

### (4)　職場教育

　少し各論を紹介したい。職場教育は論点の１つである。OECDでも、職場での金融経済教育を推進するという部会が活動中であるが、学校を卒業した人にアプローチするには、職場しかないという切実な事情がある。では、職場で金融経済教育をやることで会社にとってメリットはあるのか、そしてそれに取り組む場合に政府は何をするのかということが次の議論になる。わかりやすい例をあげれば、お金の問題に不安を抱える従業員は、業務に集中できなかったり、場合によっては不正をしたりする可能性があるのであって、会社のほうでもお金の問題について研修なりで扱うことが大事であると啓蒙するのが具体的なアクションである。詳細な国際比較はむずかしいのだが、日本についてみると、大手企業の大半で、退職が近い職員を対象にしたライフバランスセミナーを行っているなど、比較的進んでいる面もあるとみている（図表６－６、６－７参照）。

　ただ、これを大手以外ができるかというと、なかなかむずかしい。中小企業向けに、商工会議所などで同様のセミナーを開いている例もあるが、どこまで広がるかはまだわからない。また、より若いうちからお金の問題を教えてほしい、という考えもある。財形貯蓄制度の加入率が高かった頃は、新入社員はほぼ自動的に給料天引きの貯蓄制度に加入していた会社が多かったといわれているが、現在は、財形は一部の人しか入らない制度になってしまっている。このように、企業内教育というのは１つのテーマとなっている。

### (5)　FinTech

　FinTech（Finance＋Technology）と呼ばれるデジタル化時代の金融サービスの登場は、世界的な流れになっている。デジタル技術を生かすことで起こ

図表 6 － 6　日本における企業での金融教育

セミナーの実施率

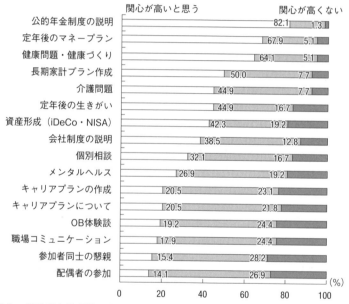

（2018年、%）

| 区分 | 40歳未満 | 40〜49歳 | 50〜54歳 | 55歳以上＋退職準備型 |
|---|---|---|---|---|
| 平均 | 39.6 | 20.8 | 41.7 | 60.4 |
| 民間企業 | 26.2 | 16.7 | 38.1 | 71.4 |
| 労働組合 | 63.6 | 18.2 | 36.4 | 18.2 |
| 公務員 | 46.5 | 25.6 | 46.5 | 60.5 |

現在実施している項目についての受講者の関心

| 項目 | 関心が高いと思う | 関心が高くない |
|---|---|---|
| 公的年金制度の説明 | 82.1 | 1.3 |
| 定年後のマネープラン | 67.9 | 5.1 |
| 健康問題・健康づくり | 64.1 | 5.1 |
| 長期家計プラン作成 | 50.0 | 7.7 |
| 介護問題 | 44.9 | 7.7 |
| 定年後の生きがい | 44.9 | 16.7 |
| 資産形成（iDeCo・NISA） | 42.3 | 19.2 |
| 会社制度の説明 | 38.5 | 12.8 |
| 個別相談 | 32.1 | 16.7 |
| メンタルヘルス | 26.9 | 19.2 |
| キャリアプランの作成 | 20.5 | 23.1 |
| キャリアプランについて | 20.5 | 21.8 |
| OB体験談 | 19.2 | 24.4 |
| 職場コミュニケーション | 17.9 | 24.4 |
| 参加者同士の懇親 | 15.4 | 28.2 |
| 配偶者の参加 | 14.1 | 26.9 |

出典：労務研究所「『旬刊福利厚生』No.2259 ’18.11月上旬」より金融庁作成

る事象には、2つの側面がある。ある側面では個人の金融リテラシーの向上になるが、一方で利用者の脆弱性が増したり、新たな金融技術から排除される消費者が出てきたりする可能性もあると考えられる。そのため、FinTechを金融経済教育のうえでどう位置づけるかについては、さまざまな意見が出ているのが現状である。

図表6-7　誰が金融経済教育を担うのか

▶金融教育の担い手として、いくつかの選択肢が考えられる
　➢学校
　➢公的機関（レギュレーター、中央銀行）
　➢金融機関
　➢FP
　➢NPO
　➢会社
▶INFEでは、国家戦略のもと、それぞれの機関が連携することが重要としている。
▶「学校」に期待が集中し過ぎている、という問題。


　とはいえ、いくつか論点はあり、まずは、「収入・支出の見える化」である。世界で初めて家計簿をつくって普及させたのは、日本の「婦人之友社」であり米国には家計簿というものはないという話を聞いたこともあるが、いずれにせよ家計簿のように、お金の「入り」と「出」の管理は、金融経済教育の最初の一歩である。ただし、家計簿というのは、続く人は続くが、続かない人はまったく続かないものである。家計簿アプリのようなものを通じて、ずぼらな人でもお金の見える化ができるようになったように、FinTechが今後の金融経済教育に与える1つの恩恵となる可能性がある。

　もう1つのトピックが、投資を身近に感じてもらうアプローチである。日本ではいくつかの会社が少額から気軽にスタートできる「おつり投資」「ポイント投資」といった投資サービスを提供している。FinTechを通じて、個人投資家がより少額から、かつ気軽に投資を行うことができるようになる可能性がある。なお、米国でもロビンフッドという個人投資家向けのサービスが、大きな成功を収めていると聞く。

　一方で、ネットで「投資」という語を検索すると、かなりの確率で問題のあるサイトがヒットしてしまうという現実がある。FinTech時代になり、SNS等を通じて、会ったこともない人に騙されてしまうということも増加している。裏の側面として、新たな金融詐欺が出てくるのではないかという懸念もある。

そう考えると、政府としては、FinTechの光の部分がより大きくなるためにはどうしたらよいか考えていくことになる。暗号資産や一部のキャッシュレス事業者のトラブルによって、「FinTechは怖い。現金がいちばん」となることは避けなければならない。日本は、すでに便利なATM網や貨幣への信認があることから、キャッシュレス化が遅れているといわれることも多いが、何かのきっかけに急激に変化する可能性もあり、その準備は金融経済教育のミッションでもある。

## (6)　社会包摂

　社会包摂の意義については、貧困層や移民、先住民、犯罪者、ギャング、認知症の人々などの社会的弱者に対して、どのようなかたちで社会として包摂していくかという観点から、金融リテラシーが語られることがある。社会的弱者といってもさまざまな属性があるが、そうした人たちは適切な家計管理や、金融サービスの活用ができていないという傾向がみられる。金融リテラシーによって彼らの問題を解決するために、国もかかわっている。

　日本でも関連する取組みはいくつかある。たとえば、厚生労働省は、シングルマザーに対して無料のFP（ファイナンシャル・プランニング）相談の費用を助成している。特別支援学校や児童養護施設で出張授業に取り組む地方銀行も存在している。成人年齢引下げの動きのなかで、より金融面でトラブルに遭いやすい層に、契約の大切さやお金の使い方などを伝えていくことが課題になっている。このほか、少年院に対しては、一部の財務局が出張授業を行っている例もある。金融に関する勉強をすることで、再犯防止につながるという観点から取り組んでいる。

　海外の例として、ブラジルで聞いた話だが、ファヴェーラという非常に貧しい地域に集中して金融教育や職業教育を行っているとのことだった。ギャングがいるような危険な地域では、なかなか貧困の連鎖から逃げ出すことができない。こうした地区に対して金融教育を行うことで、最終的に犯罪の抑制まで達成できないか、という社会実験とのことだった。

## (7) アカデミズムとの連携

アカデミズムにおいても、金融経済教育は、特にパーソナルファイナンスの関連で議論されている。いろいろな論点があるが、金融経済教育を行うことが、金融行動につながるか、というのが最も重要な問いだと考えている。また、どういった金融経済教育であれば、効果が高いか、というのも同じく重要。お金に限らず、リスクをふまえ、計画を立てて節度をもって行動するということは人間にとってそもそもむずかしいことであり、参考例として出てくる分野は「健康」の領域である。たとえば、コツコツお金を貯めるとか、お金を使い過ぎないようにするとか、お金を借り過ぎないというようなことは、禁煙やダイエットといった、計画を立てて実行するとか、やめられない悪習慣をできるだけ防ぐという点で、かなり近いところにある。こうした行動経済学に通じるような「習慣」のようなことはどうしたら身につくのか、それは教育だけで達成可能か、というのが大きな問いである。

お金について正しい知識を身につければ行動が変わるかというと、それはあまりにも楽観的な考え方だが、最近のサーベイ論文では、金融経済教育は行動を変えうる、というポジティブな結果のものが増えていると指摘されている。もっといえば社会システムとしてどういったナッジ（自発的に望ましい行動を選択するよう促す仕掛けや手法）が必要かということもテーマとなる。こうした点は、アカデミズムからの貢献が期待される分野である。

## (8) 金融経済教育の担い手

最後に、誰が金融経済教育を担うのかという課題がある。これは当局の担当者として正直悩ましい点でもある。現状思いつく選択肢としては、金融当局以外に、学校、公的機関、金融機関、FP、NPO、会社、家庭などがある。「お金のことは大事だからきちんと考えましょう」といえば、誰しも「そうだね」と答えてくれるわけだが、では誰がそのコストを払うのかという議論になると明確な答えがない。

学校については、学習指導要綱の改訂で金融の要素が少し拡充されるなど

の動きがあり、国民全体に広げていくために、大きな役割を果たす存在であることは間違いない。その場合、教師が重要な存在になるが、金融機関や金融関連の協会、地域のFPの方など、出張授業というかたちで、学校で授業を行っている人たちも存在する。各都道府県には、金融広報委員会という組織があり、事務局は県庁や日本銀行の支店が担当しているが、そういった組織が派遣するといった動きもある。最近金融庁も独自に出張授業を行っている。

　さまざまな動きがあるが、「自分たちの商品を売ろうという下心があるのではないか」と金融機関を信用していない人もいるため、中立的なFPやNPOが金融経済教育を行ったほうがいいのではという議論もある。しかし、FPも単に金融知識を伝えるだけではなく、金融商品の宣伝もしないと食べていけないという現実もあるし、NPOにしてもどこかからお金を調達しなくてはいけないという問題もある。また、会社では福利厚生の一環として教育は行うが、基本的に営利企業であることから、自分たちが教育機関にはなりえない。つまり、さまざまな取組みは存在するが、どの組織も金融経済教育にかけられるリソースはそう大きくないのが現状といえる。

　OECD／INFEでは、各国が国家戦略のもとで、関係者が連携することが重要としているわけで、それはまったくそのとおりだが、現実的には学校に期待が集中し過ぎているという問題もある。

　ここで、金融経済教育と隣接する政府の取組みを紹介したい。まず、租税教育というのがあり、これは国税庁や税務署を中心に全国で実施している。税務署は日本全国で約700カ所あり、非常に草の根的な活動を行っている。2つ目が社会保障教育で、これは厚生労働省や日本年金機構などを中心に実施している。3つ目が、消費者教育である。消費者庁を中心とした取組みであり、消費者庁は地方組織をもたないものの、各都道府県とすべての市町村に消費者行政の担当者がいるほか、消費者相談センターも全国にあるため、地域においては精力的に取り組んでいる。4つ目が、財政教育プログラムである。これは財務省を中心に行っている。その他、法教育、知財教育、環境教育などさまざまな役所が学校に話を持ち込んでおり、現場はパンクしてい

るというのが実態である。

　金融庁の担当者の立場からすれば、金融教育は、G20のコミュニケに入ったり、PISAの対象になったりする国際的なイニシアティブであり、他の○○教育以上に重要だ、と主張するわけだが、当然他の役所には別の理屈があるわけであって、最後は先生方の判断も重要である以上、金融リテラシーって大事だよね、という世論をつくり、現場の先生の理解を得ていくといった地道な取組みも大事になる。

## (9)　グローバルイシューとしての金融経済教育

　本章において、金融経済教育はグローバルイシューだと主張した。自分でインターネットで調べた限りなので、バイアスもあるが、○○教育のなかで、世界中のほぼすべての国で取り組まれていて、かつ当局も、アカデミズムも、NPOも相当の大きなテーマと設定している分野は、ほかにほとんどない。唯一、環境教育にはプレーヤーの数的に負けてしまうかなという気は実はしているのだが。一方、金融経済教育に対する批判も存在し、たとえば金融庁は、単に自分たちの所管業者がかわいいから、子供のうちから教育して、いずれ投資させたいだけではないか、もっと堅実に働くことの尊さを教えるべきだ、といったものが代表的であろうか。

　この先は完全に私見だが、やはり金融というのは多くの方にとって、非常にむずかしいし、あまりおもしろくないものだと思う。銀行に行くことを考えてわくわくするという人はあまりいないだろう。預金通帳をみると、ため息が出ることのほうが多いかもしれないし、クレジットカードの明細などはよりそうかもしれない。ただ、一方で、資本主義社会に生きる以上、お金の問題からは逃れられないのも事実である。町にもSNS上にも、さまざまな広告があふれるなかで、誰もがお金の問題とは、それぞれ折り合いをつけて生活しているのが、現代社会である。

　特にわれわれのような金融当局の立場からすると、金融というのが、お金持ちのためだけのものになることは、きわめて問題である。金融というのは、リスクを分散し、将来の備えの手段を提供し、また個人の挑戦を助ける

もの、という金融論の教科書に載っているような社会的意義がある一方、やはり、お金持ちをよりお金持ちにし、知識のない人をより経済的に困窮させる、という要素もある。そういう意味では、金融を中心にした資本主義は、本来的に結構脆弱なものなので、そこで個人もお金とか金融の知識をつけないと、金融の意義も吹き飛んでしまう。そして、それは資本主義や金融の発展度合いにかかわらず、すべての社会で共通の課題であるし、政府としての大きな課題、というのが私なりの結論である。

## ③ 本章の理解を助けるQ&A

**Q1** 金融経済教育の担い手で、6つあげられていたが、イギリスのYoung Money（旧PFEG）のようなNPOのような機関は、日本にもあるのか。もしない場合は、どうやってつくればよいのか。

**A1** まず、Young Moneyは、パートタイム職員込みで100人以上の職員が在籍する金融経済教育に関するNPO組織であったと思う。日本にも金融経済教育に取り組むNPOは存在するが、規模も財源も大きく異なると聞いている。

この議論は、金融経済教育の担い手は誰かという議論と、裏表の議論として、どこから資金を調達するのかといった議論があると思う。質問のあったYoung Moneyを含め、金融経済教育の分野でNPOや半官半民の組織が一定のプレゼンスをもっている国も多いと聞いている。公式に統計をとって比較したわけではないが、政府だけではなく、大手の金融機関がそういったNPOにファンディングしているようだ。実際、Young Moneyの公式サイトをみると、さまざまな大手金融機関から支援を受けていることが示されている。日本においても、金融機関が金融経済教育に後ろ向きということは決してないが、自らがCSR活動として教材開発や出張授業を行ったり、協会として金融経済教育の普及に務めたりといったかたちがメインとなっている。つまり、NPOを陰から支援する、

といったかたちでの取組みは、少なくとも英米と比べると規模が小さいようだ。

　いずれにせよ、金融機関以外が、金融経済教育に取り組むNPOに多額のファンディングをしてくれるとは考えにくいので、日本においてYoung Money的なものをつくり育てていくとなると、そういった理念に共感する金融機関が出現するか、といった問いになるのではないか。また、こういったその他教育における企業と政府との関係とか、企業がどういったかたちで支援するか、といった点は、１つの答えがあるわけではないだろう。ただ、現状の日本モデルがベストというわけでもないだろうから、考えるうえでは海外の事情だけでなく、わが国の例でも、消費者教育やICTリテラシー教育なども参考になるだろう。

**Q2**　金融リテラシー教育の話で、家庭は非常に重要な場所だと思う。現状、給与が振込みになり、自営業の人も減り、さらにはお金をスマホで管理するようになると、お金に対する接触の度合いが非常に少なくなり、結果として、教育はむずかしくなるという側面もあると思うが、いかがか。

**A2**　大変重要な指摘かと思う。家庭での教育や習慣づけこそが最も重要という点は、さまざまな調査の分析でもなされている。株式などのリスク性資産の購入に抵抗のない人は、親もそういった資産運用をしていて、資産運用の話も家庭内でしていたことが多いといった話も聞く。

　一方、家庭に対して国がアプローチするのは、学校教育以上にむずかしいとも想像される。金融庁としては、たとえばイベントに親子両方で来てもらい、親にもう少しむずかしい金融の話をして、子供にはお金ってなんだろう、といった話をするなど、親子でお金の問題を考えてもらうことは、重要な取組みだと考えている。

　最後に、お金がバーチャルになってみえにくくなるという話は、まさにそのとおりだと思う一方で、社会のデジタル化に人々は慣れていくのかなという感想をもっている。

# おわりに

　2019年10月から、京都大学経済学部で「金融リテラシー」の講義を開始した。本書がその講義に基づいているのは、幸田博人特別教授が「はじめに」で書いたとおりである。

　2013年、筆者は「金融リテラシー」と最初に出会った。日本証券業協会が設けた「金融経済教育を推進する研究会」である。この研究会のそもそものねらいは、中学校と高等学校での金融経済教育に関する取組み強化にあった。このため、文部科学大臣に対し、学習指導要領の改訂を要望した。

　幸い、金融経済教育の拡充に向けた学習指導要領の改訂がなされた。これを受け、教科書での金融経済の記述が増えるだろう。

　実のところ、「金融教育」はもちろん、「金融リテラシー」という一種の流行語を好きになれない。上記の研究会も、当初は「証券業界の走狗」のようで好きでなかった。筆者もそうだが、関西人特有のへそ曲がりかもしれないが。

　というのも、「金融」を知っておくのは生きるうえで当然のことだと、子供の頃から思ってきたからである。多分、多くの関西人にとっては呼吸のようなものかもしれない。仙人や、常識を隔絶した技量をもっている芸術家ならともかく、そうでない凡人にとって、金融というか金銭に無関心であり、さらにそれを人任せにするのなら、どこかで人生の破綻者になる可能性が非常に大きくなる。このような感覚が身についている。

　友人に群馬県人がいる。「国定忠治を生んだ国、上毛（群馬）では、宵越しの金をもたないのが心意気」と自慢していたが、では金銭感覚がゼロかといえば、その反対にすこぶる発達している。金銭感覚に鋭いことと、金銭に拘泥することとは別だと断言できる。

　金銭感覚とは何なのか。その出発点は、「うまい話には裏がある」とか、「ただ飯はない」とかの教訓めいた言葉にあるだろう。常に相手の目線から物事をみるべきである。「そんなうまい話なら、なぜ自分だけでこっそり楽

しないのか」「自分の行動からすれば、誰かにランチをご馳走するのは、何かのお礼か、何かを頼みたい場合にほぼ限定される」、そう考えるのが自然である。

　金融リテラシーとは、要するに常識とか、当然の発想のうえに成り立っている。生きていくための当たり前の知恵でもある。

　生きていくための当たり前の知恵とはいえ、受け身ではなく、多少積極的に金銭と接するためには、多少の知識も必要となる。また、経済の状況は10年、20年と経つと大きく変わる。常に新しい感覚が求められる。

　現在と過去を比較した場合、最大の変化は、銀行預金の利子率が「限りなくゼロ」になったことだろう。これは先進各国にほぼ共通の状態である。何十年と日本で生きていた者として、かつて郵便局に貯金（定額貯金）しておくと、10年後に倍になって返ってきた時代があったことを思い出す。

　もう1つの大きな変化は、海外の金融市場である。半世紀近く前、日本円をドルなどの外貨に交換するにはパスポートが必要だった。いまは外貨の交換はもちろん、外貨預金、外貨建て債券、海外株式の取引に大きな制約はない。

　金融取引においてこれらの変化に応じるには、またその変化を活用するには、新しい知識が必須となる。これこそ、狭義の意味での金融リテラシーだろう。何かで学ばなければならない。

　とはいえ、インターネット上の情報は玉石混交である。もっといえば、信頼性に欠ける情報はもちろん、偽情報も多く混じっている。といって、ハウツー物は我田引水的な雰囲気がある。専門的なものがあったとしても、とっつきにくい。「帯に短し襷に長し」である。適切なテキストが切に求められている。

　この第1分冊の目次に目を通し、内容をざっと眺めればわかるように、本書のねらいは、「個人が生きていくうえで必要な金融に関する知識」「グローバルな観点からの現在の金融市場」を紹介し、理解を得てもらうことにある。

　金融というか金銭とは何なのか。それに関する知識が必要な理由とは何な

のか。何が基本なのか。これらはあまりにも幅広い。

　とはいえ、基本として頭に叩き込んでおかないといけないことの１つは、投資を含め、お金の貸し借りには対価が必須だということである。お金を借りれば金利を払わないといけない。逆にお金を貸せば金利をもらわないといけない。投資も同じである。金利もしくはそれに相当する収益が対価である。

　ただし、貸したお金を返してもらえない可能性が小さくないと思うと、対価が大きくなる。大学の講義でよく用いるのが、「まじめな友人と、いい加減な友人とに、１週間だけ１万円を貸してくれと請われたとき、どうすればいいのか」の質問である。

　いろいろな対応があろうが、筆者なら、まじめな友人になら、「いいよ」とすぐに貸すだろう。いい加減な友人なら、「では倍返しね」といって貸すふりをするか、「１万円なんてもってない」と断るかだろう。現実には、１週間で倍返しは法律違反である。そもそも、いい加減な友人なんて、彼／彼女に特異な能力でもないかぎり、「お断り」である。

　金融リテラシーについて、象徴的な事例がある。ある友人がいうには、「子供が社会人１年生になり、勤務先で、いきなり確定拠出年金をどうするのかの決定を迫られたそうで、珍しいことに、私（すなわち父親）にどうしたものかと相談してきた」と。

　確定拠出年金の場合、確定拠出年金とは何なのかは会社側から説明されるだろうが、それだけでは、最初の一歩（最初の選択）が最終的にどういう効果をもたらすのかをイメージするのは、金融に関する事前の知識がない限りむずかしい。

　安全だとされる預金にするのか、株式型の投資信託にするのかで、10年先、20年先に大きな差異が生じる。同じような投資信託であっても、その商品性の違いは、チリも積もれば的な差異を生じさせる。

　金融リテラシーを語るとき、頭に入れておくべきなのは「機会損失」である。

　リスクをとらず、預金にしておけば損はしない。しかし、リターンはゼロ

である。とすれば、確定拠出年金の最大のメリットである税的恩恵もゼロである。

　もしも、その時にリスクをとり、株式型の投資信託を選んでいたのなら、損失も当然あるだろうが、経済の発展を信じる限り、その損失は一時的であり、最終的にはリターンが得られただろう。税的恩恵も受けられただろう。

　退職を迎え、株式型の投資信託を選んでいた友人と確定拠出年金の話題になり、「そんな差ができたの」と後悔すること、それが機会損失の表面化である。何十年もの先のことは誰にもわからないのだが。

　どう行動するのかは個人の自由である。ただし、知ることで広がった行動の範囲のなかから1つを選択することと、知らずに行動が1つに決まることとでは、どちらが優れているのだろうか。

　本書の執筆に携わった1人として、「知ることで行動範囲が広がること、そのなかから最適と考えられる選択をすること」が望ましいとの立場をとる。本書が金融知識と金融行動の広がりに多少なりとも役立つことができたのなら、喜ばしい限りである。


**川北　英隆**

金融リテラシー入門 ［基礎編］

2021年 1 月21日　　第 1 刷発行
2022年11月 7 日　　第 3 刷発行

編著者　幸　田　博　人
　　　　川　北　英　隆
発行者　加　藤　一　浩

〒160-8520　東京都新宿区南元町19
発　行　所　　一般社団法人 金融財政事情研究会
企画・制作・販売　　株式会社きんざい
　出　版　部　TEL 03(3355)2251　FAX 03(3357)7416
　販売受付　TEL 03(3358)2891　FAX 03(3358)0037
　URL https://www.kinzai.jp/

校正：株式会社友人社／印刷：株式会社太平印刷社

ISBN978-4-322-13829-0